Desmond Morris

Warum klappert der Storch?

Körpersprache und Verhaltensformen der Tiere

Übersetzung und fachliche Beratung
Dr. Marcus Würmli

**Wilhelm Heyne Verlag
München**

HEYNE SACHBUCH
Nr. 19/397

Titel der englischen Originalausgabe:
ANIMALWATCHING. A Field Guide to Animal Behaviour.
Die Originalausgabe erschien 1990 im Verlag Jonathan Cape Ltd., London

Dieser Titel beruht auf der Hardcover-Ausgabe *Warum hat das Zebra Streifen?*, erschienen im Wilhelm Heyne Verlag, und wurde für die Taschenbuchausgabe in zwei Bände aufgeteilt. Der erste Band *Warum hat das Zebra Streifen?* erscheint unter der Bandnummer 19/370 im Heyne Sachbuchprogramm.

Taschenbuchausgabe im Wilhelm Heyne Verlag GmbH & Co. KG, München
Copyright © 1990 by Desmond Morris
Copyright © 1991 der deutschen Ausgabe by Wilhelm Heyne Verlag
GmbH & Co. KG, München
Printed in Germany 1996
Umschlagillustration: Bruce Coleman
Umschlaggestaltung: Atelier Adolf Bachmann, Reischach
Lithographie: reproteam siefert, Ulm
Satz: DTP
Herstellung: Ulrike Walleitner
Druck und Bindung: RMO, München

ISBN 3-453-09140-X

Inhalt

Bildquellen

Aquila: S. 105, 108 Mitte und unten.

Ardea: S. 9 oben, 18 oben rechts, 18 unten links und rechts, 25 oben, 28 unten, 30, 41 unten, 54, 80 oben und unten, 86, 88 unten, 100, 124 unten, 130, 145 links und rechts, 149 oben und unten, 163 links, 169 unten, 194, 196 unten, 199, 223 unten rechts, 241, 257 unten.

Biofotos: S. 25 unten, 183, 206, 232, 237.

Chris Bowden: S. 7.

Bruce Coleman: S. 18 oben links, 24, 44 oben links, 59, 60 oben und unten, 63, 64, 69 rechts, 87, 93, 94, 98, 99, 111 oben, 116, 144 unten, 164 oben und unten, 191, 196 oben, 197 unten, 203 oben und unten, 215, 216, 217 oben links, 223 oben und unten links, 234, 235, 250, 257 oben.

Food and Agricultural Organization of the UN: S. 20 oben.

Eric and David Hosking: S. 37 unten, 88 oben, 103, 162 oben.

Image Bank/Ocean Images: S. 79 unten, 114.

Jacana: S. 25 oben, 42 links, 44 unten links und rechts, 90, 91 unten, 154 links und rechts, 170, 243 unten, 251 oben und unten.

Frank Lane Pictures Agency: S. 26, 39 oben, 121 unten, 124 oben, 179, 184, 185, 212 unten, 226 links und rechts, 243 oben, 256 oben.

Mantis Wildlife: S. 9 unten, 37 oben rechts, 202, 205, 223 oben rechts.

The National Photographic Index of Australian Wildlife: S. 97, 219, 227.

Natural History Photographic Agency: S. 10, 14 oben, 36, 40 unten, 43 oben, 44 oben rechts, 45, 56, 91 oben, 92, 125, 126, 127, 135, 153 unten, 162 unten, 169 oben, 175 rechts, 176, 178, 180, 220, 221, 228, 239 unten, 249 links und rechts.

Natural Science Photos: S. 22 oben, 27, 35 oben (C. Jones), 35 unten (K. Cole), 37 oben links, 40 (C. Jones), 51 links, 67 (K. Cole), 74 (D. Scott), 75 (P. & S. Ward), 107 (L. Hes), 115 (P. & S. Ward), 119, 121 oben (O.C. Roura), 122 (A.P. Barnes), 129 (J. Grant), 134 (J. Warden), 153 oben (A.

Smith), 160 (R. Watson), 163 rechts (B. Gibbs), 181 oben links (B. Gibbs) 186 oben (C. Blaney) und unten (U. Glimmerveen), 195 (D. Yendall), 246 oben (M. Chinery), 253, 254 (L. Hes), 256 unten (C. Jones).

Oxford Scientific Films: S. 14 unten, 21, 22 unten, 33, 39 unten, 41 oben, 43 unten, 46, 47, 51 rechts, 52 unten, 57, 70, 73, 77 oben, 84, 106, 123, 144 oben, 157 links und rechts, 177, 181 oben rechts, 182, 189, 190, 207, 212 oben, 217 unten links und oben rechts, 231, 233 oben und unten, 236 unten, 238, 239 oben, 245, 252.

Einführung: Der Tierbeobachter

Als Junge war es eines meiner größten Vergnügen, Tiere zu beobachten. Meine ganze Freizeit galt den Hunderten von Tieren, die ich zu Hause hielt, und den Wildtieren in der Landschaft um Wiltshire. Ich widmete ihnen soviel Zeit, daß ich wie sie zu denken und die Welt von ihrem Standpunkt aus zu betrachten begann. Und ich identifizierte mich mit ihnen so sehr, daß ich Menschen, die auf Tiere Jagd machten, mit der Zeit als Feinde ansah. Damals war das eine völlig unzeitgemäße Anschauung. Jagen, Schießen und Fischen war allgemein verbreitet und galt als normal. In der englischen Landschaft, in der ich umherstreifte, tat es praktisch jeder. Aus irgendeinem Grunde war ich jedoch von klein auf dagegen. Mir waren die Füchse lieber als die Hunde, die Füchse jagten. Ich fand wilde Vögel faszinierender als die Menschen, die auf sie Jagd machten. Und ich haßte all die fröhlichen Angler mit ihren scharfen Haken, die nicht begriffen, was sie einem Fisch antaten, wenn sie ihn aus seiner nassen Welt in unsere trockene zogen.

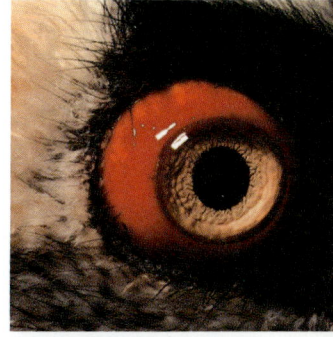

Vor allem wollte ich die Welt der Tiere verstehen. Es gab da so viele Geheimnisse, daß ich kaum wußte, wie oder wo ich beginnen sollte. Ich versuchte, näher an die Tiere heranzukommen, und fand heraus, daß das erste große Geheimnis darin bestand, möglichst lange still zu sitzen. Mir fiel auf, daß die meisten Menschen, auch erfahrene Naturforscher, dauernd durchs Unterholz und durch Wälder und Felder streiften, immer auf der Suche nach etwas Neuem. Mir er-

schien die umgekehrte Strategie viel besser: nämlich zu warten, bis die Natur zum Beobachter kam, anstatt ihr ungeschickt hinterherzulaufen.

Als jemand einmal Picasso fragte, wie er denn male, antwortete er: »Ich suche nicht, ich finde.« Bereits in meiner Kindheit war genau das der Weg, wie ich die Tiere studierte. Wenn man durch ein Feld oder einen Wald geht, versetzt man alle Lebewesen, die sich darin befinden, in Alarmzustand. Der sich bewegende menschliche Körper ist groß, auffällig und wird als Eindringling empfunden. Setzt man sich hingegen ruhig hin, wird man nach einer gewissen Zeit sozusagen unsichtbar. Die Natur nimmt ihre Tätigkeit wieder auf, und die Tiere zeigen wieder jene Verhaltensweisen, die durch das eigene Erscheinen jäh unterbrochen wurden. Das gilt für alle Lebensräume, für eine Wüste oder einen Wald ebenso wie für das Korallenriff.

Als ich noch sehr klein war, baute ich mir aus alten Brettern und

Ölfässern ein Floß. Ich ließ es in einem kleinen See zu Wasser und legte mich auf die Holzplanken, das Gesicht ganz nahe am Wasser. Das Floß trieb langsam ab und störte niemanden. Durch die spiegelglatte Oberfläche hindurch sah ich einen riesigen Hecht, der wie ein gefährliches U-Boot auf Beute wartete. Nichtsahnend näherte sich ihm eine Gruppe junger Rotaugen. Im letzten Augenblick erkannten sie die Gefahr und schlossen sofort die Reihen, bevor sie davonschossen. Durch das Zusammenrücken erhöhten sie die eigene Sicherheit. Ich war diesem Geschehen so nahe, daß ich geistig langsam in ihre Welt eindrang und lebhaftesten Anteil an den dramatischen Geschehnissen nahm.

Dies alles geschah vor einem halben Jahrhundert, noch bevor die Atemgeräte für Taucher erfunden waren. Aber ich war damit der Welt des Wassers schon so nahegekommen, daß sie mich ein Leben lang nicht mehr losließ. Das tat natürlich meinem Interesse an Säugern, Vögeln und Reptilien keinen Abbruch. Es erweiterte meine Untersuchungen nur um eine neue Dimension. Ich wollte unbedingt alles über die einfachsten wie die komplexesten Tiere wissen, und mein Hunger kannte keine Grenzen. Es war ohne Zweifel meine Bestimmung, Zoologe zu werden.

Als ich schließlich meinen Doktortitel in Zoologie gemacht hatte, stand ich vor einem großen Problem. Ich wollte mir die Faszination der Kindertage bei meiner Berufskarriere als Erwachsener erhalten. Am liebsten wollte ich Experimente an Tieren durchführen. Damals war die Zoologie jedoch in einer Phase, die Laborversuchen das größte Gewicht zumaß, und das reizte mich überhaupt nicht. Ich war einfach nicht bereit, so mit Tieren umzugehen. Ich betrachtete mich als ihnen zugehörig, und es kam für mich keinesfalls in Frage, mir meinen Lebensunterhalt dadurch zu verdienen, daß ich an meinen Freunden schmerzhafte Experimente durchführte. Es sah daher so aus, als müßte ich mir einen anderen Beruf suchen.

Gerade als ich im Begriff war, die Zoologie aufzugeben, hatte ich das Glück, einen Vortrag des großen Verhaltensforschers Niko Tinbergen zu hören. Ich hatte keine Vorstellung, was Verhaltensforschung oder Ethologie wirklich war, fand es aber schnell heraus. Es war die

Untersuchung tierischen Verhaltens, wie es jeder Naturforscher betreiben kann. Tinbergen bewies, daß ein wissenschaftliches Studium von Tieren möglich ist, indem man sie einfach beobachtet. Man mußte die Beobachtungen nur systematisch und analytisch anlegen. Auf diese Weise gelangen Feldexperimente, bei denen das Tier möglichst wenig gestört wurde. Tinbergen lehrte uns, wie man durch quantitative Auswertung von Feldbeobachtungen, die auch Amateure durchführen konnten, professionelle wissenschaftliche Arbeit leisten konnte.

Für mich war das wie eine Offenbarung. Es bedeutete, daß ich durch sorgfältiges Zählen und Registrieren verschiedener Handlungen von Tieren innerhalb bestimmter Zeitabschnitte komplizierte Analysen durchführen konnte, die dazu beitrugen, die verwickelten Verhaltensmuster vieler Arten zu enträtseln. Dieses Verfahren bedeutete Sicherheit: Anstatt nur Vermutungen anzustellen, daß das Vorhandensein eines roten Flecks oder die Bewegung des Schwanzes vielleicht ein Droh- oder Balzsignal bedeuteten, konnte ich dies nun beweisen. Da gab es für mich kein Zurück mehr. Eine ganze neue Welt zoologischer Forschung lag offen vor mir und läßt mich seit jener Zeit nicht mehr los.

Nachdem ich ungefähr fünfzig wissenschaftliche Arbeiten über Verhaltensforschung verfaßt hatte, wollte ich mich an ein größeres Publikum wenden: Ich ging zum Fernsehen und bemühte mich Woche für Woche, meine Begeisterung für die Tierwelt über den Bildschirm zu vermitteln. Bis dahin hatte ich mich nur mit Fischen und Vögeln beschäftigt. Doch nun weitete ich meine Studien auch auf die Säuger aus und wurde schließlich Kurator der größten Sammlung von Säugetierarten der Welt, des Londoner Zoos. Hier konnte ich zusammen mit einem Team junger Forscher die Verhaltensstudien auf Gebiete ausdehnen, die Zoologen normalerweise verschlossen sind. Ich konnte genausogut über Marmosetten wie über Elefanten arbeiten. In besonderem Maße interessierten mich die Menschenaffen, und ich befaßte mich lange mit der Beobachtung von Schimpansen. Zu dieser Zeit stellte ich fest, daß man Menschen auf die gleiche Art wie andere Lebewesen untersuchen konnte. So studierte ich nach den Schimpansen das Verhalten jenes merkwürdigen Wesens, das ich den »nackten Affen« nannte.

Ich wandte dieselben Verfahren der Zoologie auch auf die Men-

schen an und beobachtete sie, anstatt mit ihnen zu sprechen. Auf diese Weise erfuhr ich sehr viel darüber, wie Menschen miteinander in Beziehung treten. Ich veröffentlichte die Ergebnisse in einem Buch mit dem Titel *Manwatching (Der Mensch, mit dem wir leben)* und fuhr die nächsten 20 Jahre mit meinen Beobachtungen jener bizarren Art Homo sapiens fort.

Obwohl dieses Werk eigentlich aus lebenslanger Tierbeobachtung hervorging, hatte ich den Vorläufer dazu selbst nie geschrieben. Zunächst war ich zu sehr mit wissenschaftlichen Arbeiten beschäftigt, und später spezialisierte ich mich auf Studien des menschlichen Verhaltens. Schließlich nahm ich an, daß inzwischen ein anderer Forscher ein Pendant zu *Manwatching* über die Tiere geschrieben haben mußte, und hielt Ausschau danach. Zu meiner Überraschung gab es ein solches Buch aber nicht. Ich fand zwar eine beträchtliche Zahl hervorragender wissenschaftlicher Lehrbücher über Tierbeobachtung, doch hatte sich bisher offensichtlich noch niemand die Mühe gemacht, die Beobachtung von Tieren dem normalen Leserpublikum nahezubringen. So kam

es, daß ich dieses Buch schließlich selbst verfaßte.

Anstatt darin Theorien und akademische Abstraktionen zu diskutieren, habe ich mich auf solche Verhaltensmuster von Tieren konzentriert, die jeder Interessierte sehen und beobachten kann. Es ist von großem Nutzen, wenn man über eine größere Zahl klarer unterschiedlicher Konzepte und Vorstellungen verfügt, die man schnell und leicht auf die bisweilen verwirrende Vielfalt tierischer Verhaltensweisen anwenden kann. Deswegen habe ich jedes Kapitel kurz gehalten. Es umfaßt nicht mehr als einige Seiten und beschreibt die auffälligsten Beispiele für die betreffende Verhaltensweise.

Wer sich wirklich ernsthaft mit tierischen Verhaltensweisen beschäftigen will, muß von einer grundlegenden Voraussetzung ausgehen: Jeder Farbfleck, jede etwas merkwürdige Haltung, jede Bewegung eines Tiers hat eine besondere Bedeutung. Und all diese Farben und Verhaltensweisen kann man durch näheres Studium verstehen lernen. Es gibt nichts, was man im Tierverhalten nicht erklären könnte, sofern man genügend Zeit und Geduld für die Beobachtung aufwendet. Jede Verhaltensweise hat ihren Sinn und verbessert in irgendeiner Hinsicht die Überlebenschancen der betreffenden Tierart. Am Ende können alle Geheimnisse der Tierwelt gelöst werden.

Einige Romantiker mögen dies als bedauerlich empfinden. Sie ziehen es vielleicht vor, die Geheimnisse der Natur möglichst im dunkeln zu belassen. Sie meinen vielleicht, die Schönheiten der Natur würden durch eine Erklärung zerstört. Doch das ist falsch. Wenn wir wissen, daß zum Beispiel ein Balztanz oder besonders helle Farben der Verteidigung des Territoriums oder der Fortpflanzung der Art dienlich sind, schmälert das nicht deren Schönheit. Wenn wir die Bedeutung des Vogelgesangs kennen, kann er uns dennoch entzücken. Die romantisch begründete Weigerung, Erklärungen zu suchen, führt in die falsche Richtung und auch zu gefährlichen Vorurteilen. Für den Romantiker ist ein Paradiesvogel viel aufregender als ein simpler Haussperling. Jedes Tier, das oberflächlich betrachtet etwas eintönig aussieht, wird einfach ignoriert, ja vielleicht sogar mißhandelt. Für die Verhaltensforscher hingegen ist jede Art faszinierend, weil sie den Endpunkt eines Evolutionsgeschehens darstellt, das Jahrmillionen gedauert hat. Jede Tierart hat ihr eigenes, hochkompliziertes Verhaltensrepertoire zum Überleben. Scheinbar langweilige Arten werden plötzlich ungeheuer aufregend, wenn man ihre Verhaltensweisen näher kennenlernt. Das Sozialverhalten des Haussperlings ist für den ernsthaften Tierbeobachter genauso interessant wie das Verhalten des Paradiesvogels.

Das Wort Tiere umfaßt alle Lebewesen von den Amöben bis zu den Elefanten. Die Tierbeobachtung reicht also von mikroskopisch kleinen Lebewesen bis zu den Riesen unter den Säugetieren. Ich muß allerdings zugeben, daß ich in diesem Buch altvertrauten Arten den Vorzug gegeben habe. Es hat nämlich wenig Sinn, Verhaltensmuster bei Tieren zu beschreiben, die äußerst schwierig zu beobachten sind. So blieb die mikroskopische Welt zum größten Teil ausgeklammert, einfach aus dem Grund, weil kaum jemand ein Mikroskop besitzt. Ich habe mich hier auf die höheren Formen beschränkt, nicht nur weil sie leichter zu beobachten sind, sondern auch weil sie mehr Bedeutung haben für unsere eigene Art. Wir können von Affen mehr über uns selbst erfahren als von Amöben. Und wenn wir uns in unserer modernen Welt umsehen, so wird uns klar, daß wir möglichst viel über uns selbst lernen sollten.

In meinen Büchern über das Verhalten des Menschen bin ich zu der Feststellung gelangt, daß wir nichts weiter als besonders eingebildete Lebewesen sind. Je eher wir dies einsehen, um so besser für uns. Als Menschenaffen, die Karriere gemacht haben, beherrschen wir diesen kleinen Planeten heute so effizient, daß wir Gefahr laufen, ihn vollends zu zerstören. Zu unserem eigenen Vorteil können wir von den Tieren sehr viel lernen. Es ist höchste Zeit, daß wir uns die Muße nehmen, uns hinzusetzen und die anderen Lebewesen zu beobachten, mit denen wir die Erde teilen. Sie könnten uns viel beibringen, und ich hoffe, die folgenden Seiten werden Ihnen eine Vorstellung davon vermitteln.

Sozialverbände

Unter den höherentwickelten Tieren hat jede Art eine ihr eigene Sozialstruktur. Einige Tiere leben als Einzelgänger in Territorien, die sie gegen alle anderen Angehörigen ihrer Art verteidigen. Sie geben diese isolierte Lebensweise nur zur Fortpflanzung für kurze Zeit auf, um sich mit dem anderen Geschlecht zu treffen. Dann kehren sie wieder zu ihrem Leben als Einzelgänger zurück.

Andere Tiere bilden auf Lebensdauer ein Paar, tun sich aber nie zu größeren Gruppen zusammen. Ein Steinadlerpaar verteidigt ein Territorium bis zu einer Größe von vierzig Quadratkilometern und lebt dort in völliger Abgeschiedenheit von den übrigen Artgenossen. Im scharfen Gegensatz dazu lebt der afrikanische Blutschnabelweber in dichten Schwärmen von bis zu zehn Millionen Vögeln. Tagsüber verteilen sie sich zur Nahrungssuche, aber abends finden sie sich zu den erwähnten riesigen Gemeinschaften zusammen. Dabei bedecken sie ganze Wald-

Alle höheren Tiere bilden unterschiedliche, aber wohl definierte Sozialverbände. Einige leben als Einzelgänger, während andere riesenhafte Massenansammlungen bilden, wie etwa die Flamingos hier im Bild.

abschnitte mit ihren Körpern, so daß die Bäume kaum noch zu sehen sind.

Doch selbst die riesigen Vogelschwärme stellen noch nicht den Superlativ im Tierreich dar. Ein Schwarm von Wanderheuschrecken kann mit Leichtigkeit aus vierzig Milliarden Einzeltieren bestehen. Der größte jemals beobachtete Schwarm erstreckte sich über dreitausend Kilometer und wurde auf ungefähr 250 Milliarden Insekten geschätzt. Ein durchschnittlicher Heuschreckenschwarm frißt täglich 20 000 Tonnen Pflanzenmaterial. Es handelt sich dabei aber nicht um organisierte und strukturierte Tiergesellschaften, sondern um abnorme explosionsartige Vermehrungen der Heuschreckenpopulation, die den Samen der eigenen Vernichtung schon in sich tragen. Ähnliches gilt auch für moderne menschliche Gesellschaften, die sich in dieselbe Richtung entwickeln. Auch wir Menschen haben wie alle anderen Lebewesen eine optimale Größe des Sozialverbandes. Diese haben wir allerdings schon längst auf gefährliche Weise überschritten, so daß wir bereits von einer massiven Selbstzerstörung bedroht sind. Ähnlich wie bei Heuschreckenschwärmen werden auch die menschlichen Populationen an einem bestimmten Punkt zusammenbrechen. Dann kehren wir wieder zu einer natürlichen Populationsgröße zurück. Aber das ist eine andere Geschichte. Kehren wir also zu den Tieren zurück. Welche Sozialverbände können wir dort unterscheiden? Noah war der Ansicht, alle Tiere lebten wie die Steinadler paarweise zusammen. Tatsächlich gibt es jedoch eine ganze Reihe grundlegend verschiedener Sozialverbände, das Paar ist nur einer davon. Bei der folgenden Klassifikation müssen wir sehr stark vereinfachen.

Gegenüberliegende Seite: Massenansammlungen finden wir bei den unterschiedlichsten Tierarten, zum Beispiel bei Raupen, die ihre Trägerpflanzen völlig kahlfressen (oben links). Überwinternde Strumpfbandnattern (oben rechts) teilen sich die geringe produzierte Körperwärme. Große Schulen dienen vielen Fischen als Schutz vor Räubern (unten links). Und Monarchfalter (unten rechts) finden sich an ihren Überwinterungsquartieren in großer Zahl ein.

1. Einzelgänger

Die erwachsenen Männchen und Weibchen leben allein (»solitär«) und treffen nur während der Fortpflanzungszeit zusammen. Nach der Balz und der Paarung trennen sie sich wieder und haben bis zur nächsten Fortpflanzungszeit keine weiteren Beziehungen mehr zueinander. Das Weibchen kümmert sich ohne Unterstützung durch das Männchen um die Jungen. In gewissen Fällen ist es auch umgekehrt: Das Männchen kümmert sich um die Jungen.

Die allein lebenden erwachsenen Tiere können in einem nur vage festgelegten Aktionsraum umherstreifen oder sich auf klar abgegrenzte und von Ihnen verteidigte Territorien beschränken.

Zu den Tieren, die in diese Kategorie fallen, zählen manche reviergebundene Fische wie die Groppe, viele Reptilien, besonders Schlangen, einige Vögel, etwa der Kampfläufer, und viele

Säugetiere, wie Bären, Waschbären und Pandas.

Bei den Vögeln und Säugetieren kümmert sich fast immer das
Weibchen ohne Hilfe des Männchens um die Nachkommen. Bei
vielen Fischen hingegen liegen
die Dinge umgekehrt: Alle Elternpflichten werden von den
Männchen wahrgenommen. Das
gilt etwa für die nestbauenden
Stichlinge und die Seepferdchen
mit ihren Bruttaschen.

2. Paare

Wenn die Brutpflege für einen El-
ternteil zuviel wird, entwickeln
das Männchen und das Weibchen
eine enge Bindung zueinander
und leben als Paar zusammen.
Nestbauende Fische wie etwa die
Buntbarsche (Cichliden) bilden
solche Paare und teilen sich die

*Ähnlich wie der Puma leben viele Tiere
den größten Teil des Jahres als Einzelgänger. Nur zur Fortpflanzungszeit treffen sie mit Artgenossen zusammen.
Sonst wandern sie in ihrem Revier umher oder verteidigen ihr Territorium gegenüber Eindringlingen.*

elterlichen Pflichten. Das gleiche gilt für über 95 Prozent aller Vogelarten, bei denen das Bebrüten der Eier und die Brutpflege besonders viel
Einsatz verlangen. Bei Reptilien sind Paarbindungen verhältnismäßig
selten. Und obwohl sie etwa bei Bibern, Schakalen, Füchsen und Gibbons vorkommen, stellen sie auch für Säuger nicht den typischen Sozialverband dar. Die Weibchen kümmern sich entweder ohne Hilfe des
Männchens um die Jungen, oder es besteht bei Bedarf eine Tendenz zur
Bildung größerer Gruppen.

Wenn die Elternpflichten eine Zusammenarbeit von Vater und Mutter erfordern, so tun sich Männchen und Weibchen zu einem Paar zusammen (oben). Wenn das junge Weibchen eines Schabrackenschakals zum erstenmal brünftig wird, folgen ihm mehrere junge Männchen. Eines davon nimmt sich das Weibchen als langfristigen Partner. Das Männchen versorgt das Weibchen und die Jungtiere mit Nahrung und hilft bei der Aufzucht mit.

In manchen Fällen kümmern sich beide Eltern um die Aufzucht der Jungen. In dieser Zeit ist die Familie der natürliche Sozialverband, wie im Fall der Schwäne (unten). Je länger sich die Nachkommen im Schoß der Familie aufhalten, um so mehr Lernerfahrungen können sie zu ihrem angeborenen Verhaltensrepertoire hinzufügen.

3. Familienverband

Es handelt sich hier um eine Ausweitung der Elternfamilie. Der Nachwuchs bleibt oft so lange bei den Eltern, bis er ganz oder fast ganz ausgewachsen ist. Gegen Ende dieser Entwicklung ziehen die fast erwachsenen Tiere oft mit ihren Eltern umher und bilden damit eine größere Gruppe. Gelegentlich überlappen sich zeitlich auch einzelne Würfe, so daß noch ältere Kinder im Familienverband sind, während bereits wieder jüngere großgezogen werden. In solchen Fällen sieht ein Familienverband recht komplex aus, beruht aber eigentlich immer noch auf dem ursprünglichen Paar. Wenn die Jungen ganz erwachsen sind, werden sie vertrieben oder verlassen den Familienverband, um selbst neue Paare zu bilden.

4. Harem

Ein für Säugetiere typischer Sozialverband besteht aus einem dominanten Männchen und einem Harem von Weibchen. Dessen Größe schwankt von Art zu Art. Bei polygamen Affen hat jedes Männchen nur wenige Weibchen, während ein Seebärenharem riesig sein und aus bis zu hundert Weibchen bestehen kann. Auch Hirsch- und Antilopenmännchen können in der Fortpflanzungszeit größere Harems um sich versammeln und sie beherrschen. Wenn diese aber zu groß werden, verlieren die Männchen die Kontrolle darüber, und weniger dominante Männchen stehlen ihnen Splittergruppen von Weibchen. Das Haremssystem hat natürlich zur Folge, daß viele Männchen in der Fortpflanzungszeit kein Glück haben und selber nicht zum Zuge kommen. Sie werden dann zu Einzelgängern oder bilden rein männliche Gruppen. Wenn die Herrscher des Harems zu alt werden oder erkranken, übernehmen die stärksten Junggesellen deren Weibchen. Typisch für dieses Sozialsystem ist ein ausgeprägter Sexualdimorphismus, bei dem die Männchen normalerweise viel größer werden als die Weibchen. Dies ist eine Folge des Wettkampfes unter den Männchen um Dominanz.

Abgesehen vom Verlust der Kontrolle über die Weibchen bergen große Harems noch eine weitere Gefahr. Bei einigen polygamen Arten

Bei vielen Arten ist der Harem der übliche Sozialverband. Ein dominantes Männchen umgibt sich dabei mit einer größeren Zahl fortpflanzungswilliger Weibchen. Dies gilt zum Beispiel für den Mantelpavian (oben), den Seebär (rechts oben) und den Rothirsch (rechts unten). Die Anzahl der Weibchen in einem Harem schwankt von Art zu Art. Beim Seebären sind es bis zu hundert, der Pavian hingegen kommt mit nur fünf oder sechs aus. Die Leittiere oder Paschas unterscheiden sich äußerlich stets beträchtlich von ihren Weibchen; sie sind oft größer und verfügen in vielen Fällen über Waffen am Kopf.

wie dem Husarenaffen werden die Männchen gepiesackt. Bei dieser Art sind Harems bis zu zwölf Weibchen üblich. Obwohl das Männchen Anführer, Wächter und Verteidiger der Gruppe bleibt, zieht es bei Auseinandersetzungen mit den Weibchen oft den kürzeren. Es gibt genügend Weibchen, die sich gegen das Männchen verbünden und es beherrschen, dieses bleibt jedoch der »Verwalter« der Gruppe.

Einige Harems bestehen auf Dauer, andere lösen sich am Ende der Fortpflanzungszeit wieder auf. Die einzelnen Tiere zerstreuen sich dann oder gehen neue Sozialverbände ein. Beim Rothirsch bilden sich am

Ende männliche und weibliche Gruppen mit dominanten Individuen. Zu Beginn der nächsten Fortpflanzungszeit begeben sich die Männchen wieder zu den weiblichen Gruppen und kämpfen miteinander um den neuen Harem.

5. Matriarchat

Durch eine Machtverschiebung zwischen den Geschlechtern kann aus einem Harem ein Matriarchat werden. Bei diesem Sozialverband stehen mehrere Weibchen zusammen im Mittelpunkt, während die  Männchen eher am Rande bleiben. Die dominanten Männchen übernehmen während der Fortpflanzungszeit nicht mehr die Weibchen, sondern haben nur zur Paarung Zutritt und werden dann wieder vertrieben. Dieses Sozialsystem finden wir bei ganz unterschiedlichen Arten, etwa bei Elefanten und Nasenbären.

Als viktorianische Naturforscher erste Feldstudien am Afrikanischen Elefanten betrieben, waren sie überzeugt, daß der älteste Bulle der Anführer der Herde wäre. Das paßte in ihre Vorstellungen von der dominanten Vaterfigur beim Menschen. Heute wissen wir, daß die älteste Elefantenkuh die Gruppe anführt. Die großen Bullen leben als Einzelgänger am Rande dieser Elefantengesellschaft. Gelegentlich bilden mehrere Männchen zusammen eine lockere Gruppe. Ob sie das tun oder nicht, spielt jedoch keine große Rolle. Das Entscheidende ist, daß die weiblichen Tiere zusammen die Kontrolle über die Herde ausüben, die Jungen aufziehen und verteidigen.

6. Oligarchie

Wenn wir die Leiter zu komplexeren Sozialverbänden aufsteigen, kommen wir zur Oligarchie, wo sich eine Elite dominanter Männchen die Macht teilt. Der Steppenpavian hat eine solche Sozialstruktur. Jede Hor-

---

Das Haremssystem hat zur Folge, daß es viele überschüssige Männchen gibt. Bei den meisten Arten bilden diese ausgestoßenen Männchen eigene Verbände, etwa beim Rothirsch. Aus ihrer Mitte wird eines Tages ein neuer Haremsherrscher hervorgehen.

Eine Arten haben Sozialverbände, in denen Weibchen die herrschende Rolle spielen. Wahrscheinlich sind sie aus einem Haremssystem hervorgegangen, bei dem die Weibchen mit vereinten Kräften das dominante Männchen besiegt und schließlich vertrieben haben. Ein solches Matriarchat haben wir zum Beispiel beim Afrikanischen Elefanten vor uns, bei dem eine alte erfahrene Elefantenkuh die Gruppe anführt, die ausschließlich aus Weibchen und Jungtieren besteht.

de, die ihr Revier durchstreift, besteht aus mehreren mächtigen Männchen, den gemeinsamen Weibchen und deren Nachkommen. Junge erwachsene Männchen werden von der Horde ausgestoßen und vertrieben und bilden getrennte Junggesellengruppen, die ihre Zeit abwarten müssen, bis sie selbst junge Weibchen zu sich nehmen und eine eigene Oligarchie aufbauen können.

Der Vorteil dieser Sozialstruktur besteht darin, daß sie eine wirksame Verteidigung gegen Räuber gewährt. Bei einem Angriff durch einen Leoparden beispielsweise laufen alle dominanten Männchen auf den Räuber zu und können ihn gemeinsam einschüchtern. Einzeln sind die Tiere dem Leoparden unterlegen, doch gemeinsam können sie ihn vertreiben.

Die dominanten Tiere helfen sich auch gegenseitig bei einem Angriff durch rivalisierende Pavianmännchen, die ihnen die Weibchen rauben

In den Sozialverbänden des Steppenpavians herrscht – im Gegensatz zum Mantelpavian – eine Oligarchie: Mehrere dominante Männchen teilen sich die Macht. Dieses System funktioniert, weil sich diese Männchen gemeinsam und damit erfolgreich gegen Räuber zur Wehr setzen. Die Zoologen beobachten auch eine gewisse Arbeitseinteilung, wobei einige Männchen Wache schieben.

wollen. Auch wenn ein Weibchen zu dominant wird, wird es gemeinsam zurechtgewiesen.

Dieses Sozialsystem verlangt von den dominanten Männchen ein gewisses Maß an Einschränkung und Zusammenarbeit, bietet als Ersatz dafür aber deutliche Vorteile. Oligarchische Verbände findet man in leicht veränderten Formen bei vielen Arten. In einigen Fällen gibt es eine strenge Rangordnung bei den Männchen, bisweilen auch bei den Weibchen.

Bei manchen Raubtieren paart sich nur das dominierende Männchen mit den Weibchen. Die anderen Männchen bekommen nie eine Chance. Bei anderen Gruppen paart sich das ranghöchste Männchen am häufigsten, die übrigen Männchen bekommen

nur gelegentlich eine Chance. Bisweilen ist das ranghöchste Weibchen so mächtig, daß es als einziges zur Fortpflanzung kommt. Die rangniederen Weibchen wiederum müssen warten, bis die Reihe an ihnen ist.

Bei den Wölfen hat das ranghöchste Tier gelegentlich mit einem Nachteil zu kämpfen. Wenn das Rudel zu groß wird und nicht mehr zu bändigen ist, muß das Leittier seine gesamte Zeit darauf verwenden, es unter seine Kontrolle zu bringen. Es ist damit oft so beschäftigt, daß rangniedere Männchen sich oft unbeobachtet mit dessen Lieblingsweibchen paaren können. Dieses Beispiel zeigt, daß machthungrige Leittiere in mittelgroßen Rudeln besser dran sind.

7. Männchengruppen

Einige Arten haben rein männliche Gruppen besonderer Art entwickelt. Die Männchen der Kampfläufer und die Birkhähne beispielsweise sammeln sich zur Fortpflanzungszeit auf besonderen Plätzen oder Arenen. Hier führt jedes Tier, so temperamentvoll es kann, seinen Balztanz vor. Die Weibchen besuchen den Balzplatz und wählen sich ein Männchen aus, paaren sich mit ihm und verlassen es gleich darauf, um die Jungen allein aufzuziehen. Mehr darüber im Kapitel über die Arenabalz.

8. Hierarchie

In der sozialen Hierarchie, die wir auch als Hackordnung bezeichnen, nimmt jedes Individuum einen ganz bestimmten Rang ein. Während reviergebundene Tiere auf ihrem eigenen Territorium dominant sind, auf fremdem hingegen einen niederen Rang einnehmen, haben hierarchisch gruppierte Individuen überall denselben Status, gleichgültig wohin sie sich begeben. Ihre Rangordnung wird nicht vom Ort, sondern von ihrer Person bestimmt. Einige Individuen schaffen es, alle ihre Gefährten einzuschüchtern, und rücken damit zur Spitze der Hierarchie oder Rangordnung vor. Alle anderen Individuen nehmen niedere, fein abgestufte Ränge ein. Dieses Sozialsystem hat bei einigen Arten nur während der Fortpflanzungszeit Gültigkeit, doch es ist auch oft anderweitig beobachtet worden. Dann entwickelt sich eine Hierarchie im Hinblick auf die Nahrungsressourcen: Die ranghöchsten Individuen vertreiben die schwächeren von den Futterplätzen und gewinnen weitere Vorteile, einfach weil sie stärker und zäher als ihre Gefährten sind.

Unter den staatenbildenden Insekten gibt es riesige Tieransammlungen, bei denen allerdings eine komplexe soziale Ordnung herrscht. Bei Bienen, Wespen, Ameisen und Termiten gibt es ein außerordentlich hohes Maß an Arbeitsteilung. Ihre Kasten umfassen Königinnen und Könige, Arbeiter und Arbeiterinnen, Soldaten und Drohnen.

9. Aggregation

Außerhalb der Fortpflanzungszeit können Gruppen bestimmter Tierarten riesige Ausmaße annehmen, besonders während der Wanderungen, wie zum Beispiel bei den Streifengnus und den Lachsen. Auf solchen Wanderungen ist die Sozialstruktur nur gering ausgeprägt, dennoch gehören sie zu den großartigsten Schauspielen der Tierwelt. Massenzüge sind vor allem bei Insekten, Fischen, Antilopen und Vögeln zu beobachten.

10. Kastensystem

Unter den staatenbildenden Insekten gibt es äußerst komplexe soziale Organisationsformen mit unterschiedlichen Klassen von Individuen, die auch Arbeitsteilung kennen. Termiten, Ameisen, Bienen und Wespen kennen ein solches Kastensystem. Eine ähnliche komplexe soziale Differenzierung finden wir sonst bei keinem Wirbeltier – außer beim Menschen. Diese staatenbildenden Insekten haben Königinnen, Könige, Arbeiter oder Arbeiterinnen, Soldaten und Drohnen. Sie alle haben spezielle Aufgaben zu erfüllen und bilden zusammen ein großes Nest.

Dies sind die zehn grundlegenden Arten von Sozialverbänden. Für den Tierbeobachter hat es einen besonderen Reiz, wenn er auf neue Varianten davon stößt. Auf den ersten Blick scheint manche Tierart eine Standardversion einer dieser Kategorien darzustellen. Bei näherem hinsehen zeigen sich dann aber Besonderheiten, und nun stellt sich die Aufgabe, den Wert dieser speziellen Abweichungen für das Überleben der Art festzustellen. Normalerweise spielen dabei Bedürfnisse eine Rolle, die durch gemeinsames Teilen entstehen, zum Beispiel Arbeitsteilung beim Erlegen eines großen Beutetieres oder bei der Verteidigung der Gruppe gegen Räuber, beim Teilen der Körperwärme gegen die Kälte in der Nacht, beim Zuteilen der Nahrung, die von anderen Gruppenmitgliedern beigebracht wurde, usw. Jede Umwelt und jede Art bedingt eine einzigartige Kombination sozialer Bedürfnisse, und dies führt zu einem vielfältigen Spektrum bei den Sozialverbänden. Über einige Tierarten wissen wir heute recht gut Bescheid. Bei der weitaus größeren Zahl jedoch ist unser Wissen über ihr Sozialverhalten bruchstückhaft. Selbst bei den Säugetieren und Vögeln bleibt noch viel zu erforschen.

Nahrungserwerb

Auf der Erde gibt es heute ungefähr eineinhalb Millionen Arten von Lebewesen. Davon sind 1 124 000 Tiere und 359 000 Pflanzen. In runden Zahlen sieht die Verteilung auf die Tierarten folgendermaßen aus:

4 000	Säuger
9 000	Vögel
6 000	Reptilien
3 000	Amphibien
20 000	Fische
80 000	Weichtiere (Muscheln, Tintenfische und Schnecken)
4 000	Stachelhäuter (Seesterne, Seeigel, Seegurken, Seelilien)
923 000	Gliederfüßer (Insekten, Spinnen, Skorpione, Krebstiere, Tausendfüßler)
9 000	Hohltiere (Quallen, Seeanemonen, Korallen)
66 000	niedere Formen (Würmer, Einzeller)

Jede dieser Arten hat ihre eigene Form des Nahrungserwerbs entwickelt. Dennoch kann man mehrere grundlegende Kategorien unter-

Der Gepard ist das schnellste vierfüßige Tier auf der Erde. Auf kleinen Strecken erreicht er Geschwindigkeiten von fast 100 Kilometer pro Stunde. Er verfolgt seine Beute jedoch nur über kurze Entfernungen, meist nicht mehr als 200 Meter. Fängt er dabei nichts, gibt er meistens auf. Wenn er hingegen Glück hat, reißt er sein Opfer zu Boden und verbeißt sich in dessen Kehle, wobei das Beutetier erstickt.

Die afrikanischen Hyänenhunde greifen ihr Beutetier im Rudel an und verfolgen es bei Bedarf über mehrere Kilometer hinweg. Ihr Erfolgsgeheimnis ist das Durchstehvermögen und nicht ihre Höchstgeschwindigkeit. Haben sie ein Beutetier gestellt, töten sie es auf ungeschickte, aber effiziente Weise. Sie reißen einfach Fleischstücke aus dem Opfer, bis dieses an Blutverlust stirbt. Die kleineren Beutetiere beginnen die Hyänenhunde zu fressen, während diese noch am Leben sind.

scheiden. Ganz oben an der Spitze der Nahrungspyramide befinden sich die Räuber, die wir auch als Prädatoren oder Freßfeinde bezeichnen. Sie töten zum Nahrungserwerb andere Tiere. Einige darunter sind hochspezialisiert und leben nur von einer Art Beutetier. Alles andere Fleisch lehnen sie ab, selbst wenn es genauso viele Nährstoffe enthält. Andere Räuber sind Opportunisten: Sie töten alles, was sie gerade fangen können. Die Spezialisten führen ein ziemlich ruhiges, oft zurückgezogenes Leben, während die Opportunisten immer auf der Suche nach einer neuen Mahlzeit hierhin und dorthin hetzen. Adler, Schlangen und Katzen sind typische, eher ruhige Spezialisten. Krähen, Mungos und

Der Löwe lauert seiner Beute auf. Mit seinem massigen Körper erreicht er nur Höchstgeschwindigkeiten von ungefähr 55 km/h. Das sind ungefähr 25 km/h weniger, als die meisten Beutetiere erreichen. Deswegen muß der Löwe auf ein Überraschungsmoment setzen. Wie bei Wölfen wird die Beute oft eingekreist, und das Opfer kann dem Gemeinschaftsangriff kaum entkommen. Der Löwe schlägt sein Beutetier nieder und packt es dann an der Kehle oder am Maul, um es zu ersticken. Dann versammeln sich die Löwen zum gemeinsamen Mahl.

Der Waschbär ernährt sich mit Vorliebe von Wassertieren. Eigentlich ist er ein Allesfresser. Seine Vorliebe für kleine wasserbewohnende Lebewesen als Bestandteil seiner Mischkost hat sich vielleicht auf die gleiche Weise ergeben wie bei unseren Vorfahren, den ersten Primaten, die auf Jagd gingen.

Der Alaska-Braunbär ernährt sich vor allem von Pflanzen, etwa von Wurzeln, Früchten und Beeren. Bei Gelegenheit nimmt er jedoch gern auch tierische Kost zu sich. Einmal im Jahr ziehen die Lachse flußaufwärts, um sich im Oberlauf der Gewässer fortzupflanzen. Dann gibt es ein großes Festessen für die Bären. Sie fangen die Lachse im Wasser, bringen sie auf eine Sandbank und verschlingen sie sichtlich mit Genuß. Wie ein erfahrener Koch zerteilt der Bär den Fisch, so daß am Ende nur das Skelett übrigbleibt.

Hunde zählen hingegen zu den geschäftigen Opportunisten. Der Nahrungserwerb der Spezialisten ist oft so fein auf die Beutetiere abgestimmt und so erfolgreich, daß sie den größten Teil des Tages sitzend, dösend oder schlafend verbringen können. Die Opportunisten hingegen sind viel aktiver, sie müssen unentwegt suchen, schnüffeln und wittern. Es handelt sich also um zwei gänzlich verschiedene Lebensweisen. Der Unterschied zwischen Spezialisten und Opportunisten erlangt dann entscheidende Bedeutung, wenn man die Tiere in Gefangenschaft hält, vor allem in zoologischen Gärten. Die Spezialisten sind dort viel leichter zufriedenzustellen – sofern es gelingt, ihnen die richtige Nahrung zu beschaffen. Sie sitzen dann ruhig in ihren Käfigen, genauso wie sie auch in der freien Natur ruhig dasitzen und dösen würden. Die Opportunisten hingegen leiden furchtbar unter solchen Bedingungen. Selbst bei guter Fütterung hören sie nicht auf, die Umgebung zu erforschen, denn dies ist in ihrem Verhaltensrepertoire zu einem Selbstzweck geworden. Das Problem besteht darin, daß es in den nackten Betonkäfigen mit dem bißchen Auslauf nichts zu erforschen gibt. Deswegen sind solche Tiere so frustriert, daß sie sich selbst in den eigenen Körper beißen, um sich neue Stimulationen zu verschaffen. Daraus ist zu ersehen, wie ungeeignet selbst die modernsten zoologischen Gärten für diese Art von Tieren ist. Opportunisten brauchen, um

Oben links: Manche Reiher haben eine hochspezialisierte Jagdtechnik entwickelt, die ihnen – aus unserer Sicht – viel Zurückhaltung abverlangt. Sie stehen völlig still und ohne jede Bewegung im Wasser, bis sich die Fische an sie gewöhnt haben und unvorsichtig werden. Dann schlagen sie blitzschnell mit ihren spitzen Schnäbeln zu. Oben rechts: Die ersten Säuger waren kleine nachtaktive Lebewesen, die Jagd auf Insekten und andere Kleintiere machten. Die heutigen Buschbabys haben diese urtümliche Ernährungsweise beibehalten. Unten: Viele Greifvögel wie dieser Waldkauz, der gerade auf eine Maus herunterstößt, sind vom Aussterben bedroht. Sie stehen nämlich am Ende der Nahrungskette und nehmen mit ihrem Futter in lebensbedrohlichen Mengen Pestizide auf, die der Mensch versprüht hat.

sich wohlzufühlen, eine komplexe, reich gegliederte Umwelt. In zoologischen Gärten wäre dies nur mit einem sehr großen umfriedeten Auslauf möglich.

In der freien Natur verbringen die spezialisierten Räuber nur einen geringen Teil mit dem Nahrungserwerb. Einem Räuber, der große Beute jagt, reicht es, alle paar Tage ein Beutetier zu erlegen. Danach kann er sich daran gütlich tun, ausruhen und dabei langsam das Fleisch verdauen, an dem er sich sattgefressen hat. Die Nahrung ist von höchster Qualität, und diese Technik des Nahrungserwerbs ist insgesamt am effizientesten, obwohl immer das Risiko besteht, daß der Räuber sich dabei verletzt.

Je kleiner das Beutetier wird, um so mehr Mühe macht der Nahrungserwerb. Jedes Beutetier muß aufgespürt und getötet werden, stellt jedoch nur eine kleine Mahlzeit dar. Der Nährwert ist aber noch sehr hoch, sofern es sich um ein Wirbeltier handelt, etwa einen Nager, einen Vogel oder einen Fisch.

Insektenfresser haben es da schon schwerer. Sie müssen jeden Tag große Mengen an Insekten fangen, um den Magen voll zu kriegen. Jedes Insekt enthält einen hohen Prozentsatz an unverdaulichem Außenskelett. Diese Ernährungsweise hat aber auch ihre Vorteile: Es gibt überall viele Insekten.

Die zweite bedeutende Lebensform im Hinblick auf die Ernährungsweise bilden die Aasfresser. Diese sind Fleischfresser, die ihre Beute nicht selber erlegen. Das hat den Vorteil, daß sie um die Gefahren der aktiven Jagd herumkommen. Ein Kadaver kann niemanden verletzen. Die Nahrung ist allerdings immer nur zweite Wahl und besteht aus dem, was die Jäger übriggelassen haben. Und statt des Verletzungsrisikos besteht immer die Gefahr einer Erkrankung. Geier scheinen allerdings immer bemerkenswert gesund zu sein.

Am anderen Ende der Skala stehen die Partikelfresser, zum Beispiel Meereswürmer, die auf oder im Boden leben und sich einfach vom organischen Abfall ernähren, der reichlich von oben herabsinkt. Solche Tiere leiden selten Hunger, stellen aber selbst eine leichte Beute für Räuber dar, denn sie haben nur eine ganz geringe Mobilität, um sich zu verteidigen.

Die bedeutendsten und größten Aasfresser der Welt sind ohne Zweifel die Geier (oben). Sie nehmen Kadaver mit ihrem scharfen Gesichtssinn wahr. Sie können aus großer Entfernung etwas Verräterisches wahrnehmen und fliegen dann mit hoher Geschwindigkeit dorthin. Andere Geier sehen diesen schnellen Flug von fern und schließen sich an. Auf diese Weise kann ein Kadaver innerhalb kurzer Zeit Geier aus weiter Entfernung anlocken. Am Kadaver fressen sie sich so voll, daß sie später kaum mehr abheben können.

Seesterne (unten) sind die Geier des Meeresbodens. Hier frißt eine Gruppe von Seesternen einen Fischkadaver.

Eine ähnliche Gruppe sind die Filtrierer. Sie lassen einen Wasserstrom durch ihren Körper ziehen und entnehmen ihm alles, was sie an Nahrung brauchen. Die Filtrierer stellen eine sehr vielfältige Gruppe dar. Das größte Tier – der Blauwal – ist alles andere als statisch. Er wird bis zu dreißig Tonnen schwer und ernährt sich dadurch, daß er mit offenem Mund schwimmt. Mit Hilfe seiner Barten seiht er Garnelen wie den Krill aus dem Wasser aus. Bei einer Mahlzeit nimmt er so bis zu zwei Tonnen Nahrung in seinen Magen auf. Auch die größten Haie und Rochen sind Filtrierer.

Unter den Vögeln haben die Flamingos eine Filtersystem im Schnabel entwickelt. Die Tiere bewegen ihren Oberschnabel seitlich im Wasser hin und her. Die Zunge fungiert als Pumpe und dient dazu, Wasser mit kleinen Lebewesen darin anzusaugen. Mikroskopisch kleine Algen und wirbellose Tiere bleiben daran hängen und werden verschluckt. Auch gründelnde Enten haben ein wenn auch nicht so ausgeklügeltes Filtersystem im Schnabel. Unter den niederen Lebewesen ist die filtrierende Ernährungsweise weit verbreitet. Die Tiere sitzen im allgemeinen fest wie die Muscheln und bewegen einen Wasserstrom durch ihren Körper. Tausende winziger Wimpern schlagen das Wasser und filtern alles Eßbare heraus. Viele solcher Tiere sehen eher wie Pflanzen aus, zum Beispiel der festsitzende Pfauenfederwurm.

Auf dem Festland haben die Weidegänger eine ähnlich zuverlässige Nahrungsquelle zur Verfügung wie die Filtrierer. Sie müssen aber viel Nahrung zu sich nehmen, um eine ausreichende Ernährung zu gewährleisten. Pflanz-

Die Hyänen galten seit jeher als klassische Aasfresser. Heute weiß man jedoch, daß sie vor allem nachts auf die Jagd gehen. Tagsüber hingegen finden sie sich eher bei Beutetieren ein, die andere erlegt haben. Oft tragen sie Körperteile weg, die andere Tiere nicht mehr knacken können.

liche Nahrung enthält nämlich nur wenige Nährstoffe und viele Ballaststoffe. Dafür haben die Weidegänger den enormen Vorteil, daß ihre Nahrung überall wächst, soweit das Auge reicht. Sie wächst sogar innerhalb kurzer Zeit nach, gleichgültig wieviel sie davon abweiden. Pflanzenfresser müssen allerdings den größten Teil der Zeit, die sie wach sind, mit Fressen verbringen. Das endlose Ab-

Flamingos sind hochspezialisierte Filtrierer. Sie stehen in seichtem Wasser mit gesenktem Kopf, den Oberschnabel nach unten gedreht. Mit seitlichen Kopfbewegungen nehmen sie Wasser in den Schnabel auf, wobei die Zunge wie eine Kolbenpumpe funktioniert.

Die größten Walarten wie dieser Buckelwal filtern ihre Nahrung mit den Barten aus dem Wasser. Sie schwimmen dazu mit offenem Mund. Dann schließen sie ihn und pressen mit der Zunge das Wasser durch die Barten heraus. Vor allem Garnelen bleiben daran hängen und werden dann mit Hilfe der Zunge verschluckt. Manche Wale tauchen auch auf den Meeresboden und pflügen sich durch das Sediment, um die dort befindlichen Kleinlebewesen herauszufiltern.

äsen und Zerkleinern der Nahrung wird zu einem Lebensstil, der den gesamten Tagesablauf beherrscht, etwa bei Kaninchen und Hasen, manchen Nagetieren, Beuteltieren wie den Känguruhs und den Wallabys, vielen Huftieren und auch den Heuschrecken.

Auf der Suche nach etwas saftigerer Nahrung wandten viele Pflanzenfresser ihre Aufmerksamkeit den höher wachsenden Pflanzen wie

Einen stets gedeckten Tisch wie die Filtrierer finden auch die Weidegänger wie diese Känguruhs. Pflanzliche Nahrung ist allerdings nicht sehr nährstoffreich, und so müssen Känguruhs und Huftiere große Mengen an Pflanzennahrung aufnehmen, um ihren Bedarf zu decken. Fressen und Verdauung wird zur Hauptbeschäftigung, so daß man mit einem Recht von Freßmaschinen sprechen kann.

Sträuchern und Bäumen zu. Antilopen wie die langhalsigen Gerenuks, die Giraffen und Elefanten kommen an Pflanzenteile heran, die für die meisten übrigen Weidegänger zu hoch liegen. Koalas, Faultiere und manche Affen begeben sich direkt in diese Vegetationsschicht. Sie haben Nahrung in Hülle und Fülle, stehen aber auch vor dem Problem, daß sie einen geringen Nährwert hat.

Eine weitere Lebensform konzentriert sich stärker auf die nährstoffreicheren Teile von Pflanzen – auf Früchte, Nüsse, Samen und Blüten. Die Nahrung der Fruchtfresser ist reich an Wasser, Kohlenhydraten, Vit-

Manche Weidegänger fressen nicht mehr nährstoffarmes Gras, sondern sind auf saftigere Blätter übergegangen. Zu ihnen zählen das Gerenuk (links), die Giraffe (Mitte) und der Elefant (rechts), der mit seinem Rüssel auch Blätter in größerer Höhe erreichen kann.

amin C, gelegentlich auch Öl, doch arm an Proteinen. Deswegen brauchen die meisten Fruchtfresser zusätzliche Nahrungsquellen; sie sind deswegen eigentlich mehr zu den Allesfressern zu zählen. Früchte haben jedoch so viel Geschmack und sind so süß und saftig, daß sie für viele ganz verschiedene Säuger, Vögel und Reptilien eine bevorzugte Nahrungsquelle darstellen. Gleichzeitig spielen diese Tiere eine große Rolle bei der Verbreitung dieser Pflanzen, denn die Samen werden meist nicht verdaut, sondern gelangen unbeschädigt mit dem Kot ins Freie.

Was die Versorgung mit Nährstoffen anbelangt, so sind Samenfresser noch besser dran. Samen enthalten nämlich viel Proteine und Kohlenhydrate und stellen eine fast vollständige Nahrung für viele Vögel und Nagetiere dar. Dazu kommt der Vorteil, daß sie sich speichern lassen. Unzählige Millionen von Ratten und Mäusen legen sich für ihr Überleben große Vorratslager an. Und auf der ganzen Welt leben riesige Schwärme von Finken davon, daß sie Pflanzen nach Samen absuchen. Sowohl in bezug auf ihre Anzahl als auch auf ihre Verbreitung zählen die Samenfresser ohne Zweifel zu den erfolgreichsten Säugetieren und Vögeln.

Die winzigen australischen Kletterbeutler haben pinselartige Zungen, um Blütennektar aufzulecken. Wie die Kolibris müssen sie ihre Diät aber auch durch Insekten ergänzen.

Spezialisierte Blütenbesucher sorgen dafür, daß die Blütenpflanzen bestäubt werden. Die Blüten haben die Aufgabe, die geschlechtliche Fortpflanzung zu gewährleisten. Durch ihre Farbe und Form locken sie dazu Insekten, Vögel, Fledermäuse, sogar kleine Beuteltiere und Nagetiere an. Diese Tiere dienen als Vermittler der Bestäubung. Als Werbegeschenk steht süßer energiereicher Nektar zur Verfügung. Die Tiere können ihn aufsaugen oder auflecken, indem sie tief in die Blüten eindringen. Dabei bedecken sie sich selbst mit Pollen-

Viele Fledermausarten haben sich auf den Blütenbesuch spezialisiert. Sie haben lange Zungen mit vielen Papillen und nehmen damit Nektar und Pollen auf. In tropischen Gegenden spielen sie als Blütenbestäuber eine wesentliche Rolle.

staub – dem botanischen Äquivalent von Sperma. Beim nächsten Blütenbesuch lagern sie den Pollen auf der weiblichen Narbe ab. Damit erfolgt die Fremdbestäubung. Selbst wenn einige Blütenbesucher den
proteinreichen Pollen plündern, ist davon immer noch genügend vorhanden, um die Bestäubung zu gewährleisten. Mit ihren Formen und
bunten Farben zeigen die Blüten an, daß es hier Nektar als Geschenk
gibt: Die gelbe und weiße Farbe ist für Blütenbesucher mit kurzer Zunge, die rote, blaue und violette Farbe für Besucher mit langer Zunge da.

*Blütenbesuchende Kolibris setzen sich zum Nektarsaugen nicht nieder, sondern
bleiben schwirrend vor der Blüte in der Luft stehen. Ihr Schwirrflug wird durch eine Flügelbewegung ermöglicht, die eine Acht beschreibt. Kolibris können auch
rückwärts fliegen, und beim Vorwärtsflug erreichen sie eine Geschwindigkeit von
über 40 km/h. Jeder Kolibri muß täglich die Hälfte seines Körpergewichtes an Nektar aufnehmen. Zur Proteinversorgung frißt er auch Spinnen und Insekten.*

Da süßer Nektar sehr viele anlockt, wurden die Pflanzen mit der Zeit wählerisch. Sie lassen nur noch wenige Auserwählte zu, die gute, aktive Blütenbestäuber sind. Andere Arten sollen ausgeschlossen bleiben. So enthalten einige Pflanzen in ihrem Nektar einen chemischen Stoff, der für alle außer ihre bevorzugten Bestäuber giftig ist. Andere entwickelten tiefe Blütenkelche, in die nur Tiere mit sehr langen Zungen oder Schnäbeln eindringen können. Wieder andere besitzen gekrümmte Blütenkelche für Vögel mit ebenso gekrümmten Schnäbeln. Eine weitere Möglichkeit besteht darin, die Nektarmenge so drastisch zu reduzieren, daß nur kleine Blütenbesucher angelockt werden. Damit bleiben große Tiere fern, die ohnehin eher plündern als bestäuben. Pflanzen, die Insekten als Bestäuber bevorzugen, zeigen dies durch ultraviolette Muster an, die andere Tiere wie Säuger und Vögel gar nicht sehen können. Sind

Die außergewöhnlichsten Rüssel des Tierreichs finden wir bei den Schwärmern. Bei einigen Arten werden sie über 25 Zentimeter lang. Während der Nektaraufnahme steht das Tier schwirrend wie ein Kolibri in der Luft. Charles Darwin sagte einmal angesichts einer Orchidee, die ihre Nektardrüsen ganz tief unten am Ende eines langen Sporns hatte, daß eines Tages gewiß ein Schwärmer gefunden werden würde, dessen Rüssel lang genug für sie sei. Das trat dann auch ein, und der Schmetterling erhielt den Beinamen »praedicta«, die »Vorhergesagte«.

die Hauptbestäuber Fledermäuse oder Nachtfalter, so öffnen die Pflanzen ihre Blüten nur nachts.

Wer sich von Blüten ernährt, hat kein leichtes Leben. Er muß sehr fleißig sein, wie uns die Beobachtung von Bienen und Wespen, von Kolibris und Nektarvögeln verrät. Um das Futtersammeln effizienter zu gestalten, entwickelten die Bienen ein komplexes Kommunikationssystem. Heimkehrende Bienen übermitteln den Stockbienen Informationen über Richtung, Entfernung und Reichhaltigkeit der neuen Nektarquelle. Eine Biene, die Futter gesammelt hat, führt den Schwänzeltanz auf. Dessen Winkel zur Vertikalen gibt einen Hinweis auf die Richtung der Nahrungsquelle in bezug auf den Sonnenstand. Die Intensität des Schwänzelns sagt etwas über die Entfernung der Futterquelle vom Stock aus. Und besondere Flügelbewegungen verraten, wie reichhaltig die Futterquelle ist.

Kolibris haben sich durch die Anpassung an die Nahrungsaufnahme aus Blüten in vieler Hinsicht extrem entwickelt: Sie sind extrem klein, extrem schnell und haben einen extrem raschen Stoffwechsel. Die kleinste Art wiegt deutlich weniger als drei Gramm und damit weniger als einige der größeren Nachtfalter. Die Flügel schlagen zwischen fünfzig- und achtzigmal pro Sekunde – beim Haussperling sind es nur siebzehnmal pro sekunde. Kolibris können vier Stunden lang in der Luft schweben, ohne sich irgendwo niederzulassen. Das bedeutet, daß sie mit ihren Flügeln ohne Pause über eine Million mal schlagen können. Sie haben den höchsten Energieverbrauch pro Körpergewicht unter allen warmblütigen Tieren und müssen deshalb jeden Tag die Hälfte ihres Körpergewichts an Nektar zu sich nehmen. Forscher haben eine bizarre Rechnung angestellt, um den Stoffwechsel eines Kolibris mit dem eines Menschen zu vergleichen: Würde ein

Parasitische Tiere wie dieser Kaninchenfloh im Bild oben, der gerade Blut saugt, genießen den Vorteil einer sicheren Futterversorgung, sind aber völlig von ihren Wirten abhängig. Der Kaninchenfloh hat sich in einem solchen Maß dem Lebenszyklus des Kaninchens angepaßt, daß er sich sogar noch bei der eigenen Fortpflanzung nach ihm richtet. Zur Fortpflanzungszeit des Kaninchens löst eine Veränderung des Hormonspiegels in dessen Blut die Fortpflanzung auch beim Floh aus. Diese ist so abgestimmt, daß die jungen Flöhe und die jungen Kaninchen zur gleichen Zeit auf die Welt kommen.

Mensch so viel Energie verbrauchen wie ein in der Luft schwebender Kolibri, so hätte er bald keinen kühlenden Schweiß mehr. Sein Körper würde sich auf 400 °C erwärmen. Das läge jenseits des Schmelzpunktes von Blei, und sein Körper würde in Flammen aufgehen. Um ihren Stoffwechsel aufrechtzuerhalten, müssen diese kleinen Vögel am Tag zwischen fünfzig und sechzig Mahlzeiten zu sich nehmen. Nachts schlafen sie nicht wie andere Tiere, sondern verfallen in eine Art Kältestarre. Dabei reduziert sich ihr Energieverbrauch auf ein Zwanzigstel des bei normalem Schlaf Üblichen. Nur auf diese Weise überleben sie die Nacht.

Kolibris weisen noch weitere Superlative auf: Ihr Herz schlägt zum Beispiel über tausendmal in der Minute, und ihre Lungen atmen 250mal in derselben Zeitspanne.

Vampire saugen kein Blut, sondern lecken es auf wie eine Hauskatze. Die Vampirfledermäuse fliegen möglichst ruhig zu ihrem Opfer, landen in dessen Nähe und schleichen sich dann an. Mit ihren rasiermesserscharfen Schneidezähnen machen sie einen kleinen, fast schmerzlosen Einschnitt in die Haut. Das Opfer schläft weiter, während langsam Blut aus der Wunde tropft und gierig aufgeleckt wird. Der Speichel der Fledermaus enthält ein gerinnungshemmendes Mittel. Damit kann sich der Parasit mehr als eine Viertelstunde lang von einer Wunde ernähren. Er kann dabei bis zu 40 Prozent seines Körpergewichts an Blut aufnehmen.

Die Evolution, die aus ihnen Pendants zu schwirrenden Insekten machte, führte auch zu ganz eigentümlichen Verhaltensweisen. Kolibris sind extrem aggressiv, denn jedes Tier muß seine Futterquellen eifersüchtig vor Rivalen schützen. Ihr Leben hängt von einer reichlichen Tagesration Nektar ab, und sie können es sich nicht leisten, großzügig mit anderen zu teilen, wenn sie überleben wollen. Dasselbe gilt auch für die Nektarvögel, die in der Alten Welt die gleiche ökologische Nische einnehmen wie die Kolibris in der Neuen. Man hat berechnet, daß der afrikanische Goldschwingen-Nektarvogel zu seinem Überleben ein Territorium mit 1600 Blüten verteidigen muß. Die tatsächliche Größe des Territoriums spielt dabei keine Rolle, solange es die angegebene Zahl an Nahrungsquellen enthält. Wo viele Blüten vorhanden sind, kommt der Vogel auch mit einem verhältnismäßig kleinen Territorium aus.

Eine weitere, recht unterschiedliche Lebensform in bezug auf die Ernährung haben all jene Tiere, die im Innern ihrer Nahrung leben. Sie graben dabei Gänge in die Gewebe, von denen sie fressen. Das ist der Traum jedes gierigen Vielfraßes, den wir auch aus dem Schlaraffenland kennen. Für diesen unvergleichlich sicheren »Made-im-Speck«-Lebensstil müssen die Tiere aber eine eingeschränkte Bewegungsfreiheit und beengte Wohnverhältnisse in Kauf nehmen; in der eigenen Nahrung zu leben ist nicht besonders abenteuerlich, aber bemerkenswert sicher.

Zu dieser Lebensform zählen Tiere, die Minen und Gallen anlegen, in Pflanzenstengeln und im Holz bohren und auch jene, die sich buchstäblich durch den Boden fressen. Viele üble Schädlinge sind darunter; man denke etwa an den Hausbock oder den Holzwurm oder den Schiffsbohrwurm, eigentlich ein Weichtier, das vor allem früher die Planken der Schiffe zerfraß. Wegen des Schadens, den sie anrichteten, sind diese Tiere bei uns unbeliebt. Noch verhaßter ist die letzte Kategorie von Nahrungssuchenden – die Schmarotzer oder Parasiten. Viele Insekten, Tausende von Wurmarten und unzählige weitere mikroskopische Lebewesen haben das unabhängige Leben aufgeben und sich einem Wirtstier angepaßt, ohne das sie nicht überleben können. Sie ernähren sich entweder auf der Außenseite des Wirts, wie die Flöhe, Läuse, Zecken und Wanzen, und heißen dann Ektoparasiten, oder sie halten sich im Innern des Wirtskörpers auf, in seinen Geweben, in dessen Blut oder Verdauungskanal (Endoparasiten). Viele Parasiten stören nur ein bißchen, während andere schwere Erkrankungen hervorrufen, die zum Tode führen können. Der Wirt führt dann einen steten Krieg gegen seine Parasiten. Viele Wirte verfügen über ausgeklügelte Verteidigungssysteme, um die Schmarotzer fernzuhalten oder um den Schaden bei einer Infektion möglichst gering zu halten. Manche Wildtiere können bemerkenswert viele Parasiten mit sich herumtragen, ohne unter normalen Bedingungen allzusehr beeinträchtigt zu werden. Unter außergewöhnlichem Streß jedoch erscheint ihre Widerstandskraft geschwächt und sie brechen schnell zusammen. Das ist besonders zu beobachten, wenn man wilde Tiere in Gefangenschaft bringt. Der Streß durch die unnatürliche Umgebung führt schnell zu einer erhöhten Aktivität der Parasiten, und das Tier stirbt bald. Das war bei vielen sogenannten »schwierig zu haltenden« Arten der Fall, bevor man in den zoologischen Gärten begann, die Neuankömmlinge ausgiebig veterinärmedizinisch zu untersuchen.

Die Geschichte der Humanmedizin ist weitgehend eine Geschichte unserer Bemühungen zu verhindern, daß unser Körper von Eindringlingen als Nahrungsquelle benutzt wird. Wir waren dabei so erfolgreich, daß wir nun vor einem neuen Problem stehen, nämlich wie wir genügend Nahrung für uns Menschen beschaffen können. Wir sind glücklicherweise keine Nahrungsspezialisten, sondern Opportunisten, die fast alles essen können. Bei der heutigen Überbevölkerung ist das auch gut so.

Verwendung von Ködern

Bei Hunger sammeln einige Tiere einfach Nahrung, die vorhanden ist, andere gehen aktiv auf Jagd, wiederum andere legen sich auf die Lauer, und noch andere versuchen, Beutetiere anzulocken. Sie liegen mit einem attraktiven Köder auf der Lauer. Arten, die eine solche Jagdtechnik entwickelt haben, haben ein leichtes Leben. Es ist in der Tat erstaunlich, daß nicht mehr Formen mit Hilfe von Ködern Beutetiere anlocken, anstatt ihnen nachzujagen.

Den berühmtesten Köder im Tierreich hat der Anglerfisch. Es handelt sich um ein fast kreisrundes, sehr gut getarntes Tier mit einem riesenhaft vergrößerten Maul. Wenn ein kleiner Fisch in dessen Nähe gerät, reißt der Anglerfisch es auf und saugt seine Beute ein. Der Anglerfisch weist auch eine außergewöhnliche Rückenflosse auf. Wie bei anderen Fischen besteht sie aus einer Reihe von Flossenstrahlen, die

Der Anglerfisch wartet unbeweglich und getarnt auf seine Beute. Wenn sich ein Beutefisch nähert, versetzt der Anglerfisch seinen Köder auf dem Kopf in zuckende Bewegungen. Das lockt den Fisch näher heran. Der Anglerfisch reißt dann plötzlich seinen Mund auf und verschluckt seine Beute. Währenddessen klappt er seinen Köder nach hinten, um ihn nicht versehentlich selbst zu verschlucken. Es gibt ungefähr zweihundert Arten von Anglerfischen, darunter viele Tiefseeformen. Hier sind zwei verschiedene zu sehen.

Tiefseeanglerfische gehören zu den bizarrsten Tieren, die es gibt. Sie haben Köder, die in der dunklen Tiefe der Ozeane von selbst leuchten. Anglerfische (oben) tragen ihre Köder am Oberkiefer, während er bei anderen Tiefseefischen wie dem Drachenfisch (unten) auch an der Unterseite des Kiefers befestigt sein kann. Manche der selbstleuchtenden Köderlappen sind sehr kompliziert aufgebaut mit haarähnlichen Fortsätzen (gegenüberliegende Seite oben).

als Stützen für die Flossenhaut dienen. Der erste Flossenstrahl sieht beim Anglerfisch aber ganz anders aus. Er hat sich völlig von der restlichen Rückenflosse getrennt und besteht nun aus einem langen Stiel mit einem farbigen Fleischfetzen an der Spitze. Die Form des Köders schwankt von Art zu Art, doch sieht er normalerweise wie ein kleiner Wurm aus. Die Anglerfische können ihren Köder zitternd hin und her bewegen, so daß er auf kleine Fische in der Umgebung unwiderstehlich wirkt. Der Anglerfisch verbringt den größten Teil seines Lebens bestens getarnt auf dem Meeresboden. Sobald er ein potentielles Opfer erblickt, setzt er

seinen Köder in Funktion. Wenn sich der Beutefisch nähert, schwingt der Anglerfisch seine Fischerrute nach vorn und bewegt sie heftig hin und her. Damit liegt der Köder genau über dem riesenhaften Maul des Anglerfisches. Dieser wartet nun so lange, bis der Beutefisch zum Biß auf den Köder ansetzt. Dann öffnet der Räuber seine riesigen Kiefer und saugt das ahnungslose Opfer in die Mundhöhle ein. Das geschieht  so schnell, daß man es mit bloßem Auge kaum verfolgen kann. Beim Aufreißen des Mauls entsteht ein derartiger Sog, daß der Anglerfisch es kaum nötig hat, wie andere Fische auf sein Opfer zuzuschwimmen. Dabei muß er natürlich aufpassen, daß er nicht seinen eigenen Köder verschluckt. Beim Öffnen der Kiefer schwingt er ihn nach hinten, so daß der Köder keinen Schaden nimmt.

Es gibt über zweihundert Arten von Anglerfischen, und zu ihnen zählen wohl einige der merkwürdigsten Kreaturen des Meeres. Die bekannteste Art ist der Seeteufel, der dem Feinschmecker unter der französischen Bezeichnung »Lotte« wohlbekannt ist. Gegessen wird dabei aber nur der Schwanz. Unter den Anglerfischen gibt es auch viele Tiefseeformen, die am Ende ihrer Flossenstrahlen leuchtende Köder verwenden. Einige Formen verkürzen beim Herannahen eines Beutetieres stetig ihre Fischerrute, bis sie nur noch zubeißen müssen.

Den Höhepunkt der Täuschung erreicht einer dieser Tiefseeanglerfische. Anstatt einen leuchtenden Wurm am Ende eines Flossenstrahls hin und her zu bewegen, hat er seinen Leuchtköder am Dach seines weitgeöffneten Mundes. Das kleine Beutetier schwimmt, glücklich über den Fund, mitten zwischen die Kiefer und beendet so sein kurzes Leben.

Die Anglerfische sind nicht die einzigen, die solche Mundköder verwenden. Die amerikanische Geierschildkröte verwendet eine ähnliche

Vorrichtung. Sie liegt mit weitgeöffnetem Mund ganz ruhig auf dem Gewässerboden. Ihr Körper ist so gut getarnt, daß er kaum wahrzunehmen ist. Nur ein hellroter zweizipfeliger Fortsatz an der Zunge zuckt hin und her. Kleine Fische werden darauf aufmerksam. Sie schauen auf den Köder, nähern sich und untersuchen ihn. Das ist dann auch das letzte, was sie in ihrem Leben tun, denn die Kiefer der Geierschildkröte schnappen zu.

Dieses »Anglerthema« kennt viele Variationen. Bisweilen richtet sich der Köder an ganz bestimmte Beutetiere. Ein Fledermausfisch lockt mit seinem Köder vor allem kleine Krebstiere an, die auf dem Meeresboden auf Nahrungssuche gehen. Sein Köder ist deswegen auch nach unten gerichtet. Andere Fischräuber haben sich auf pflanzenfressende Beutetiere spezialisiert und bieten ihnen auch ein strikt vegetarisches Menü: Ihr Köder ist kein Wurm, sondern ein Bündel Algen. Bisher war die Rede von hochentwickelten Ködern, doch oft sind derart extreme Spezialisierungen gar nicht notwendig. Welse suchen mit ihren Barteln, auf denen viele Sinneszellen liegen, Nahrung auf dem Gewässerboden. Bei einigen Arten sehen diese Barteln wie kleine Würmer aus und können tatsächlich Kleinfische anlocken, während sich der Wels ganz ruhig verhält. Da die Barteln am Mundwinkel befestigt sind, fällt es den Räubern dann leicht, nach der Beute zu schnappen.

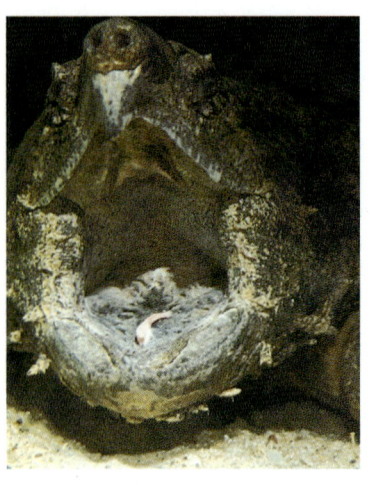

Die Geierschildkröte lauert mit geöffnetem Maul auf Beute. Ein wurmähnlicher Fortsatz an der Zungenspitze bewegt sich dabei einladend hin und her und sieht für einen vorüberschwimmenden Fisch wie ein appetitlicher Wurm aus. Wenn der Fisch zwischen die Kiefer schwimmt, um nachzusehen, wird er im Nu verschluckt.

Auch die gefräßigen riesigen südamerikanischen Hornfrösche kennen eine ähnliche Taktik. Sie sitzen völlig bewegungslos da. Nur ein Finger an den Vorderbeinen beginnt sich zu bewegen. Wenn ein kleines Tier in die Nähe kommt, wird die Bewegung heftiger. Es sieht aus, als würde der Finger ein unsichtbares Orchester dirigieren. Wenn das unglückliche Beutetier nahe genug herangekommen ist, um den einladenden Finger zu begutachten, schnappt der Frosch zu.

Unter den Säugern gibt es zwei bizarre Beispiele für Lockverhalten. Das erste betrifft den Potto, einen afrikanischen Halbaffen. Er bewegt sich nur sehr langsam und kann nicht durch das Unterholz tollen wie seine Verwandten. Deswegen muß er sich auch auf eine andere Weise ernähren. An seinen Geschlechtsteilen hat der Potto besondere Drüsen. Sie verströmen einen starken Geruch, der auf andere Pottos hocherotisch wirkt. Merkwürdigerweise werden dadurch aber auch zahlreiche Insekten angelockt, die sich der Duftquelle und damit ihrem Verderben fliegend oder auch krabbelnd nähern. Ein sexuell aktiver Potto kann so sehr schnell ein fetter Potto werden.

Das zweite Beispiel ist so bizarr, daß man es erwähnen muß, obwohl es vielleicht so gar nicht stimmt. Möglicherweise handelt es sich nur um eine afrikanische Legende. Doch hört sie sich so seltsam an, daß sie auf einer wirklichen Beobachtung beruhen könnte. Sie betrifft eine große Mungoart. Diese soll auf einen Busch klettern, der mit großen roten Blüten übersät ist. Dort drehe sich das Tier so, daß dessen Rumpf nach außen sehe. Der Mungo stülpe dann seinen After so weit aus, daß er wie eine solche rote Blüte aussehe. Über seine Schulter hinweg beobachtet er genau, ob ein großes Insekt auf der Blüte landen wolle. In einem solchen Fall drehe er sich schnell um, schnappe seine Beute und nehme dann wieder die gewohnte Köderstellung ein. Es wäre interessant zu wissen, ob es sich bei diesem Fall nur um einen verstopften Mungo handelte, der von Insekten belästigt wurde, oder ob hinter der Beobachtung wirklich mehr steckt.

Abgesehen einmal von dieser fraglichen Verhaltensweise des Mungos gibt es Tiere, die in Farbe und Form Blüten nachahmen und dadurch selbst als Köder wirken. Diese Erscheinung ist vor allem bei den Gottesanbeterinnen zu beobachten. Eine afrikanische Art, die »Teufelsblume«, läßt sich von einem Zweig hängen und tut so, als sei sie eine hellgefärbte Blüte. Der größte Teil des Körpers sieht wie ein grüner

Stiel aus. Doch der Vorderkörper ist nahe am Kopf abgeflacht, bunt gefärbt und erinnert an Blütenblätter, wobei der Kopf der Gottesanbeterin in der Mitte liegt. Wenn ein Schmetterling sich auf diese einladende Blüte setzt, packt die Gottesanbeterin ihn schnell mit den Vorderbeinen.

Bei einer solchen aggressiven Mimikry sucht das Tier nicht Schutz vor anderen, sondern versteckt sich, um andere Tiere zu überfallen. Diese Erscheinung wurde zum erstenmal von dem viktorianischen Spinnenspezialisten E.G. Peckham untersucht, und deswegen sprechen wir heute noch von Peckhamscher Mimikry. Spinnen verwenden in einigen Fällen Köder. Man darf aber keineswegs die Verwendung von Ködern mit dem Aufstellung von Fallen verwechseln. Fast jedes Spinnennetz ist eine Falle, doch zieht es die Beute nicht an wie ein Köder. Krabbenspinnen zeigen uns den Unterschied ganz deutlich. Eine Gruppe ist gut getarnt und lauert mit dieser Tracht auf Beute. Eine zweite Gruppe ist ebenfalls getarnt und wartet im Innern von Blüten, wo natürlich, angelockt vom Duft und vom Nektar der Blüte, regelmäßig Besucher eintreffen. Diese Krab-

Die Larven einer neuseeländischen Pilzmücke hängen Fäden auf, die mit glitzernden Leimtropfen besetzt sind, und strahlen diese mit dem Licht ihrer Körper an. Diese Lichtflecken ziehen Insekten an; sie bleiben kleben und werden dann gefressen.

benspinnen verwenden die Blüte als Köder. Eine dritte Gruppe nun ködert Beutetiere selber an. Die Tiere sehen wie Vogelkot aus, sind weiß gefärbt mit dunklen Streifen. Um ihren Körper herum spinnen sie ein weißliches asymmetrisches Netz, das wie Spritzer von Vogelkot aussieht. Auf diese Weise getarnt, liegen sie ruhig auf einem grünen Blatt auf der Lauer. Schmetterlinge werden von der Feuchtigkeit und den Stickstoffsalzen eines solchen Kotfleckens stark angezogen. Sobald sie landen, werden sie eine Beute der wartenden Krabbenspinnen.

Jeder Hausbesitzer weiß, wie sehr ein Licht an der Außentür nachts Insekten anzieht. Diese Tatsache machen sich auch einige Räuber zunutze. Die Larve einer neuseeländischen Pilzmücke lebt in dunklen Höhlen. Sie hängt an der Höhlendecke senkrecht herabhängende Seidenfäden mit Leimtröpfchen daran auf und beleuchtet alles durch ihren biolumineszenten Körper. Das Licht, das die Larve aussendet, spiegelt sich in den Tröpfchen und zieht kleine Insekten an, die an den Leimtröpfchen kleben bleiben. Die Larve klettert nach unten, frißt ihre Beute, repariert ihren Fliegenfänger und kehrt dann zum Ausgangspunkt zurück.

Nicht in allen Fällen muß die Verwendung von Ködern zum Tod des angelockten Tieres führen. Der kleine Putzerfisch betreibt eine Meeresklinik für größere Fische, die von Parasiten befallen sind. Diese suchen die Putzerstation auf, öffnen Kiemendeckel und Mund und lassen den Putzerfisch die Parasiten abfressen. Niemals würden sie auf den Putzerfisch losgehen. Dieser hat jedoch einen Nachahmer in der Familie der Schleimfische. Er ist seinem Vorbild in Färbung und Verhalten sehr ähnlich. Wenn sich nun ein großer Fisch an der Putzerstation niederläßt, erlebt er eine böse Überraschung, denn der Nachahmer mit der wissenschaftlichen Bezeichnung *Aspidontus taeniatus* befreit nicht von Parasiten, sondern reißt ihm Haut- und Fleischstücke aus dem Leib. Dabei geht es aber nur darum, eine Mahlzeit zu ergattern, nicht darum, das Opfer zu töten.

Noch merkwürdiger ist der Fall einer nordamerikanischen Süßwassermuschel, die vorgibt, ein kleiner Fisch wachse aus ihrem

Junge Kupferköpfe haben eine hellgefärbte Schwanzspitze. Die Schlangen bewegen sie wie einen Köder hin und her und ziehen damit Beutetiere an – wie diesen Frosch. Wenn sie nahe genug sind, fängt die Schlange sie.

Körper heraus. Sie muß auf irgendeinem Weg ihre Larven auf die Kiemen eines großen Fisches bringen. Dort entwickeln sie sich parasitisch, bis sie abfallen, auf den Meeresboden zurückkehren und selbst wieder zu festsitzenden Muscheln werden. Das ist kein leichtes Unterfangen, besonders nicht in einem schnellfließenden Fluß. Die Muschel löst das Problem mit einem fischähnlichen Auswuchs am Rand ihres Mantels. Er weist ein vorgetäuschtes Auge und einen falschen Schwanz auf und bewegt sich im Wasserstrom wie ein kleiner Fisch. Ein größerer Fisch bemerkt dies und schwimmt heran, um ihn zu schnappen. Sobald dessen Schatten über die Muschel zieht, hält der Fischköder in der Bewegung inne, und Tausende kleiner Muschellarven werden auf den Raubfisch abgeschossen. Bevor der sich zurückziehen kann, nimmt er notgedrungen viele Larven mit dem Mund auf, die sich an der Innenseite der Kiemen festklammern. Auch hier wird das Opfer nicht getötet, sondern nur für eigene Zwecke mißbraucht.

Schließlich gibt es auch noch eine Verwendung von Ködern, bei denen das Opfer nicht einmal ausgenutzt wird. Eine südamerikanische Salmlerart verwendet einen Köder während der Balz. Das Männchen trägt auf jedem Kiemendeckel einen langen Faden mit zwiebelartig verdickter Spitze. Beim Werben um ein Weibchen und bei zunehmender sexueller Erregung verdunkelt sich das verdickte Ende und beginnt zu zucken. Das vermittelt dem Weibchen den Eindruck, es sehe etwas Eßbares, dem es nun eifrig folgt. Durch geschickte Bewegungen bringt das Männchen den Köder direkt vor das Maul des Weibchens. Es beginnt daran zu knabbern und folgt dem Männchen dabei stetig. Auf diese Weise lockt das Männchen das Weibchen fort, um sich später mit ihm zu paaren, wenn es dazu bereit ist.

Vorbereitung des Futters

Die meisten Tiere beginnen sofort mit dem Fressen, wenn sie Futter vor sich haben: Sich den Bauch vollzuschlagen ist ein dringendes Bedürfnis, und dabei ist keine Zeit zu verlieren. Das Futter wird zerkleinert, gekaut oder einfach ganz hinuntergeschlungen. Einige Arten haben es aber nicht so leicht. Ihr bevorzugtes Futter hat vielleicht ein unappetitliches Äußeres, das vor dem Fressen erst entfernt werden muß. Für diese Tiere wurden besondere Techniken der Futtervorbereitung zu einem wesentlichen Verhaltenselement. Tatsächlich ist das entsprechende Verhalten oft so wichtig, daß es eine eigene Motivation ausübt. Gibt man einem Käfigtier bereits vorbereitetes Futter, so ist es so frustriert, daß es dennoch die entsprechenden Verhaltensweisen der Futtervorbereitung zeigt, obwohl sie gar nicht notwendig sind.

Das kann man zum Beispiel am Verhalten der Agutis in zoologischen Gärten beobachten. Diese

Der Waschbär ist als Futterwäscher bekannt. In Wirklichkeit versucht er aber niemals, seine Nahrung zu reinigen. In Gefangenschaft kann der Waschbär seinen Jagdtrieb nicht ausleben, und um das zu kompensieren, läßt er seine Nahrung in die Wasserschale fallen, »verliert« sie dort, sucht nach ihr und findet sie schließlich wieder. Auf diese Weise kann er seinen Jagdtrieb etwas befriedigen. Dem unbedarften Beobachter kommt dies alles jedoch so vor, als wasche das Tier sein Futter. In der freien Natur verbringen Waschbären viele Stunden an Flußufern, wo sie im seichten Wasser mit ihren Fingern nach lohnender Beute suchen.

langbeinigen südamerikanischen Nagetiere halten sich auf dem Waldboden auf, wo sie Wurzeln und andere pflanzliche Teile ausgraben. Diese sind oft von einer dicken Schmutzschicht bedeckt und haben ge-

Der süd- und mittelamerikanische Aguti schält seine Nahrung sorgfältig, bevor er sie frißt. Normalerweise ist die Schale ungenießbar. In Gefangenschaft erhalten die Agutis Kartoffeln. Die Tiere schälen sie, essen erst das Innere und dann auch noch die Schalen.

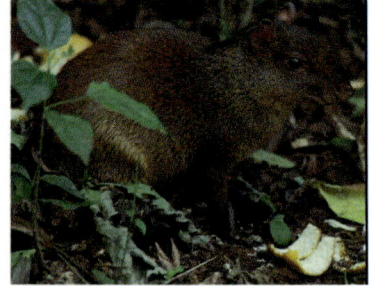

legentlich auch eine ungenießbare Haut, welche die Tiere entfernen müssen, um an das fleischige Innere zu gelangen. Dazu setzen sie sich auf ihre Hinterbeine und führen das Futterstück mit den Vorderbeinen zum Mund. Mit den großen Nagezähnen reißen sie, von links nach rechts fortschreitend, Streifen von Haut und Schmutz herunter. Dann drehen sie die Wurzel leicht, ähnlich

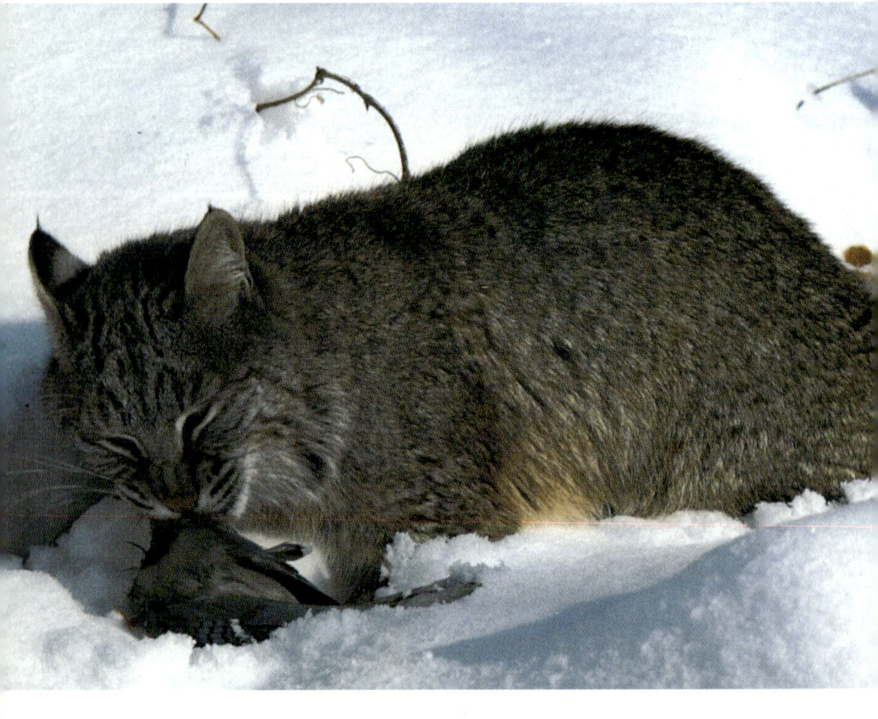

Altweltliche Katzen

Neuweltliche Katzen

Erlegte Vögel müssen Katzen vor dem Fressen erst rupfen. Neuweltliche Katzen rupfen erst die Federn aus und befreien sich dann von ihnen durch seitliche Bewegungen des Kopfes. Altweltliche Katzen führen beide Handlungen gleichzeitig aus, wie die beiden Kurven (oben) zeigen.

wie wir es tun, wenn wir Maiskörner direkt vom Kolben essen. Streifen für Streifen entfernen die Agutis so die äußere Schicht. Das ganze Vorgehen wirkt hochstilisiert und rhythmisch und ist ein eigenes Essensritual, das mit großer Konzentration und Genauigkeit durchgeführt wird. Gibt man nun einem gefangenen Aguti eine wundervoll gewaschene Kartoffel, so führt es die ganze Verhaltenssequenz vor. Dabei spielt es keine Rolle, daß die dünne, saubere und überdies nährstoffreiche Kartoffelschale dies gar nicht nötig macht. Bei gefangenen Agutis lassen sich daher auch beim Fressen solcher Kartoffeln drei Phasen beobachten: Erst schälen sie die Kartoffel, dann essen sie das Innere und dann die abgeschälte Haut. Selbst Brötchen versuchen sie zu schälen – so tief verwurzelt ist der Drang, das Futter vorzubereiten.

Das Verhalten der Futtervorbereitung ist den Agutis angeboren und tritt somit selbst bei in Gefangenschaft geborenen Tieren auf, die noch nie schmutzige Nahrung bekommen haben. Affen hingegen müssen dieses Verhalten erlernen. Bei einer Gruppe japanischer Makaken im Japanischen Affenzentrum beobachtete man, wie ein junges Weibchen schmutzige Süßkartoffeln zum Meer trug, um sie von Sand und anderem Schmutz zu reinigen. Erst dann wurden sie gegessen. Bald ahmten ihre Spielgefährten das nach. Das Weibchen war eineinhalb Jahre alt, als es seine große Entdeckung machte, und die japanischen Forscher beobachteten neugierig, ob sich dieses neue Verhalten in der Kolonie ausbreiten und zu einer kulturellen Tradition würde. Nach einer Weile kamen auch die Mütter mit ihrer Nahrung ans Meeresufer und begannen sie zu waschen. Bald reinigte fast die ganze Kolonie regelmäßig ihre schmutzige Nahrung. Eine Ausnahme bildeten nur die reifen erwachsenen Männchen. Diese hielten sich zähneknirschend – im wörtlichen Sinne – an das Althergebrachte.

Schließlich kamen in der Affenkolonie neue Babys auf die Welt. Sobald sie sich selbständig ernähren konnten, schlossen sie sich dem allgemeinen Waschen an. Dies galt für Weibchen und Männchen. Als die jungen Männchen schließlich erwachsen wurden, wuschen alle Mitglieder der Kolonie regelmäßig ihre Nahrung. Mit dem Tod der alten Männchen starb der Widerstand gegen diese neue Verhaltensweise aus. Anhand dieses einfachen Verhaltensmusters kann man verfolgen, wie auch Traditionen und kulturelle Unterschiede bei den Menschen ihren Anfang nehmen: Sie werden von spielerisch veranlagten, neugierigen jungen Mitgliedern der Gesellschaft erfunden, stoßen erst auf Widerstand bei den Älteren, werden aber schließlich von der ganzen Kultur akzeptiert.

Der wohl berühmteste Futterwäscher des Tierreiches ist – wie schon sein Name verrät – der Waschbär. Auf lateinisch heißt er *Procyon lotor,* und der Artname *lotor* bedeutet wiederum »Waschbär«. Leider stimmt das alles aber nicht. Die Waschbären waschen niemals ihre Nahrung – es scheint nur so. Die Erklärung ist ganz einfach. In der freien Natur verbringen diese Tiere einen großen Teil ihrer Zeit an Flußufern, wo sie nach Garnelen und anderen Krebsen, Weichtieren und kleinen Fischen suchen. Dazu führen sie mit beiden Händen unter der Wasseroberfläche paddelnde oder plätschernde Bewegungen durch. Die Finger sind dabei weit gespreizt, und die Arme führen wiederholt kreisende Bewegungen durch. Wenn die Tiere dabei auf ein potentielles Beutetier stoßen, packen sie sofort zu und fressen es.

In Gefangenschaft haben die Waschbären keine natürlichen Flußufer zur Verfügung. Sie erhalten ihre Nahrung und ihr Wasser jeweils getrennt in einem Napf. Auf diese unnatürliche Situation reagieren sie, indem sie die Nahrung Stück für Stück in den Wassernapf tun und dann auf die herkömmliche Weise nach ihm suchen. Wer das nicht weiß, erhält den Eindruck, das Tier wasche seine Nahrung sorgfältig. Versuche

Japanische Makaken einer bestimmten Kolonie lernten es, Süßkartoffeln ans Meerufer zu bringen und sie dort vor dem Essen zu waschen und zu säubern. Begonnen hatte damit ein eineinhalbjähriges Weibchen. Das Verhalten breitete sich nach und nach in der ganzen Kolonie aus. Nach neun Jahren wuschen die meisten Angehörigen der Gruppe ihre Kartoffeln.

zeigten jedoch, daß dies nicht der Fall war. Die Waschbären »wuschen« ihre Nahrung, ob sie nun sauber oder schmutzig war, und weiche Nahrung wie Brot ruinierten sie durch das Waschen völlig, so daß daraus ein ungenießbarer Brei wurde. Es ging beim Waschen auch nicht darum, das Futter zu befeuchten. Die Waschbären tunkten nämlich feuchte Nahrungsstücke öfter ein als trockene. Und Beobachtungen in der freien Natur zeigten, daß Waschbären nie ihre Nahrung zum Wasser trugen. Trockene Nahrung aßen sie trocken an Land, während sie feuchte Nahrung in den Flüssen jagten. Mit anderen Worten: Was uns als Nahrungsvorbereitung erscheint, ist in diesem Fall eigentlich eine Jagd, die ins Leere geht. Gefangene Waschbären haben ein starkes Verlangen, Beutetiere in Flüssen und Bächen zu jagen. In der Gefangenschaft werden sie jedoch daran gehindert, und so »erfinden« sie eine Jagd, indem sie ihre Nahrungsstücke ins Wasser legen, sie verlieren, eifrig danach suchen und sie dann wiederfinden. Das ist so wichtig für sie, daß sie lieber riskieren, weiche Nahrung durch Einlegen in das Wasser zu zerstören, als daß ihr Jagdtrieb unbefriedigt bleibt. Das tun die Tiere in Gefangenschaft schon seit Jahrhunderten, so daß ihr Verhalten bereits im Artnamen verewigt wurde.

Eine weitere Verhaltensweise, die in Gefangenschaft leicht zu Frustration führen kann, ist das Rupfen der Beute durch Katzen. Diesmal handelt es sich um eine echte Vorbereitung des Futters. Wenn Wildkatzen in der Natur einen großen Vogel erlegt haben, rupfen sie ihn sorgfältig, bevor sie sich ans Fressen machen. In zoologischen Gärten erhalten Katzen niemals tote Vögel mit ihren Federn, weil beim Rupfen so

viel Unordnung und Schmutz entsteht. Alles Fleisch, das Katzen erhalten, ist nach menschlicher Art vorbereitet. Das ist sehr frustrierend für sie. Wenn sie einmal zu Beobachtungszwecken einen vollständigen Vogel bekommen, verfallen sie in eine regelrechte Rupforgie. Ein Serval berauschte sich fast am Rupfen. Nachdem er alle Federn einer Taube gerupft hatte, begann er die langen Grashalme neben dem Kopf des toten Vogels zu rupfen. Dabei verwendete er dieselben Bewegungen: Er riß den Stengel aus und schüttelte ihn dann mit seitlichen Bewegungen des Kopfes ab. Er schien von seiner Tätigkeit völlig gefangengenommen. Es war ein eindrückliches Beispiel für die Bedeutung spezieller angeborener

Der Schnabel des Austernfischers ist so geformt, daß er ihn leicht in eine Muscheln einführen und dort den Schließmuskel packen kann. Das Weichtier kann dann die Schalen nicht mehr richtig schließen, so daß der Austernfischer mit Leichtigkeit an den nahrhaften weichen Inhalt kommt.

Verhaltensmuter, die bei der Haltung in Gefangenschaft nicht berücksichtigt werden.

Die Katzen in der Alten und Neuen Welt rupfen ihre Beute übrigens auf unterschiedliche Weise. Das erfuhr man durch Filmaufnahmen, die man in Zeitlupe abspielte. Kleinere amerikanische Katzen wie der Ozelot rupfen die Federn aus, heben den Kopf in die Höhe und schütteln ihn erst dann kräftig hin und her, um sich von den Federn zu befreien. Dann senken sie den Kopf wieder gerade nach unten und reißen ein weiteres Maul voll Federn aus. Altweltliche Katzen wie der Serval hingegen rupfen die Federn und schütteln den Kopf gleichzeitig. Diese seitlichen Bewegungen beginnen sofort mit dem Heben des Kopfes und halten auch noch während des Senkens an. Auf den Filmen verfolgten die Forscher die Bewegung der Nasen und konnten damit »Rupfkurven« zeichnen. Diese zeigen deutlich den winzigen, aber signifikanten Unterschied im Verhalten der kleinen Katzen aus der Neuen und der Alten Welt. Solche Verhaltensunterschiede bekommen dann auch einen taxonomischen Wert und können zur Klassifikation der Tierarten eingesetzt werden.

Immer wenn ein hungriges Tier vor einem schwierigen Futterstück steht, gibt es für den Tierbeobachter interessante Dinge zu sehen. Vieles muß erst noch genauer untersucht werden, und manche frühe Berichte sind einfach falsch. Beobachtungen an Austernfischen zum Beispiel zeigten, daß diese Vögel die Schalen der Muscheln nicht mit roher Gewalt durch Drehen des Schnabels in der Schale öffnen, wie man früher gemeint hatte. Statt dessen führen die Vögel ihren schlanken Schnabel vorsichtig in die offene Muschel ein und durchstechen den Muskel, der die Schale schließt. Bevor also das Weichtier etwas zu seiner Verteidigung unternehmen kann, indem es sich fest schließt, ist es schon dieser Fähigkeit beraubt. Erst dann dreht der Vogel seinen Schnabel in der Schale und öffnet sie ohne Schwierigkeit. Er hält den weichen Molluskenkörper mit dem Schnabel fest und schüttelt die unerwünschte Schale ab.

Vorratshaltung

Haushunde gehen oft merkwürdig mit einem Knochen um. Sie tragen ihn in eine Ecke des Zimmers, legen ihn auf einen Polstersessel oder sogar in ein Bett und vollführen dann mit den Vorderbeinen kratzende Bewegungen. Wenn sie zu ihrer Befriedigung ein imaginäres Loch gegraben haben, legen sie den Knochen feierlich hinein und bedecken ihn mit nicht existenter Erde. Das tun sie durch schaufelnde und stoßende Bewegungen der Schnauze. Schließlich treten sie die unsichtbare Erde nieder und zockeln von dannen. Der Knochen liegt vielleicht noch völlig sichtbar da oder ist von einem Teppich oder Kissen bedeckt. Auf jeden Fall hat der Hund damit eine alte Verhaltensweise zur

Unser Fuchs hat verschiedene Vorratslager, in denen er seine Futterüberschüsse anlegt. Von Zeit zu Zeit kehrt er zurück, um davon zu fressen.

Einige Wildkatzen vergraben oder verstecken ein Beutetier, das sie nicht auf einmal aufessen können. Dieser Puma bedeckt gerade einen großen erlegten Maultierhirsch, um ihn vor Konkurrenten zu schützen. Die nächsten Tage wird er regelmäßig zurückkehren, um vom Fleisch zu fressen.

Vorratshaltung durchgeführt. In der Welt des Haushundes hat sie allerdings keinen Sinn mehr, dennoch ist sie mit allen Elementen in ihrer ursprünglichen Form erhalten geblieben.

Hunde tun dies nur, wenn sie einen Überschuß an Futter haben; ein solcher Überschuß ist überhaupt der entscheidende Auslöser für alle Formen tierischer Vorratshaltung. Wenn Wölfe in der Natur ein besonders großes Tier erlegen, etwa einen Hirsch, so können sie nicht alles Fleisch auf einmal fressen. Ein einzelner Wolf kann zwar an die zehn Kilogramm Fleisch verschlingen. Doch selbst wenn sich das ganze Rudel vollgefressen hat, kann noch beträchtlich viel übrigbleiben. Lassen sie es an Ort und Stelle liegen, so zieht es Aasfresser an, und die Wölfe finden nichts mehr vor, wenn sie am nächsten Tag zurückkommen. Die einzige Lösung ist, das Fleisch zu verstecken, so daß niemand es sieht und auch nicht daran kann. Dazu reißen die Wölfe große Fleischstücke ab, graben Löcher in die Erde oder den Schnee, legen das Fleisch hinein und bedecken es wieder mit Erde oder Schnee.

Dann wird das lose Material mit der Schnauze festgeklopft. Wenn die Wölfe am nächsten Tag mit weniger geschwollenen Bäuchen zurückkehren, graben sie das Fleisch mit den Vorderpfoten aus, packen es mit den Zähnen und schütteln es kräftig, um allen Schmutz zu entfernen. Dann lassen sie sich nieder und fressen es. Einige Individuen tragen die Fleischstücke lieber in die Nähe ihres Lagers und vergraben sie dort. Da können sie ein wachsames Auge auf ihre Nahrungsvorräte haben.

Genau dieses Wolfsverhalten zeigt auch der Haushund in der eigentlich unpassenden Umgebung des Wohn- oder Schlafzimmers. Bekommt er genügend zu fressen, ist so seine gesamte Nahrung eigentlich Überschuß und würde sich für die Vorratshaltung eignen. Das meiste darunter ist aber weiches Dosenfleisch, das der Hund nicht an einen be-

Der Leopard kann eine erbeutete Antilope, die mehr wiegt als er selbst, auf hochgelegene Äste eines Baumes zerren. Dort ist das Fleisch sicher vor räuberischer Konkurrenz wie Hyänen. Der Leopard kann seine Beute hier ungestört verzehren.

stimmten Ort bringen und vergraben kann. Das geht nur mit großen, festen Futterstücken. Das heißt, für den Hund kommt praktisch nur ein Knochen in Frage, den der Besitzer seinem Hund gibt. Daher also das merkwürdige Verhalten beim Hund, Knochen zu vergraben. Einige Hunde lassen sich allerdings auch von der weichen Konsistenz der Dosennahrung nicht stören und versuchen alles zu vergraben, inklusive Schüssel.

Nicht nur Wölfe und Hunde zeigen dieses Verhalten, sondern auch viele andere Fleischfresser, zum Beispiel Schakale, Kojoten, Füchse, Bären, Vielfraße, Nerze, Marder und Wiesel. Einige Arten tun dies nur bei ungewöhnlich großem Beuteüberschuß. Hier finden wir auch die Erklärung für das, was uns manchmal wie ein Blutbad im Hühnerstall vorkommt. Das Raubtier reagiert dabei nur auf etwas, das es als willkommene Gelegenheit empfindet, sich einen Futtervorrat anzulegen. Der Räuber wird dann allerdings mit der Situation nicht mehr fertig, weil er gar nicht alle Beutetiere wegschleppen und vergraben kann. Deswegen erscheint es uns so, als habe er in einem unkontrollierbaren Blutrausch gehandelt. In Wirklichkeit ist er von

Maulwürfe legen große Vorratslager an Regenwürmern an. Sie beißen jeden Wurm in das Vorderende und spritzen dabei ein lähmendes Gift ein. Die Würmer bleiben am Leben, können sich aber nicht mehr rühren.

Natur aus einfach nicht darauf eingerichtet, damit zurechtzukommen, daß Hunderte von Beutetieren sozusagen auf ihn warten. Kein Beutetier in der Wildnis wäre so leicht verwundbar. Und in der Natur wäre der Räuber froh, wenn er einige wenige Beutetiere mehr als momentan nötig schlagen könnte. Auf die unnatürliche Ansammlung von Hennen in einem Hühnerstall ist er einfach nicht programmiert.

Einige Raubtiere, wie die Schakale, legen nur dann Futtervorräte an, wenn sie Jungtiere zu ernähren haben. In dieser Zeit ist jedes

Gramm Fleisch wichtig. Alle Überreste werden sorgfältig vergraben und am nächsten Tag wieder hervorgeholt. Für Polarfüchse ist die Vorratshaltung lebensnotwendig. In den langen Wintermonaten ist das Futter so knapp, daß sie ohne vergrabene Speisekammern nicht durchkämen. Die Umweltbedingungen werden so streng, daß der Umfang ihres Futtervorrats kaum überraschen kann. In einem solchen Vorratslager fand man 36 Krabbentaucher, 4 Schneeammern, 2 Trottellummen und eine Menge Vogeleier.

Auch die nordamerikanischen Rotfüchse vergraben Eier, besonders wenn sie auf große Kolonien von Küstenvögeln stoßen, die nahe beieinander nisten. Die Füchse tragen die Eier Stück für Stück fort, doch legen sie sich keine eigentliche Vorratskammer an, sondern verteilen ihren Futtervorrat: Für jedes Ei graben sie ein eigenes Loch. So findet ein anderes futtersuchendes Tier zwar gelegentlich ein Ei, aber niemals den ganzen Vorrat. Die Füchse haben das Gebiet, in dem sie ihre Eier vergraben, gut im Gedächtnis. Wenn sie zurückkehren, um ihre Vorräte auszugraben, tun sie dies zielbewußt und ohne zu zögern oder irrezugehen.

Pumas und andere Wildkatzen vergraben zwar gelegentlich ihre Vorräte, doch legen sie nicht so tiefe Löcher an wie die Hundeartigen. Statt dessen häufen sie mit ihren Vorderbeinen pflanzliche Abfälle über ihre Beute. Das erinnert daran, wie die Hauskatze oft ihren Kot zudeckt. Pumas schleifen ihre Beute oft zu einem abgelegenen Ort und scharren dann Blätter, Zweige und Äste darüber, bis sie fast vollständig bedeckt ist. Nach einigen Tagen kehren sie zurück, legen ihre Beute frei und fressen wieder davon. Den Rest bedecken sie erneut. Sie kehren so lange zu ihrem Vorratslager zurück, bis alles gefressen oder das Fleisch zu sehr verwest ist.

Der Meister der Vorratshaltung unter den Katzen ist jedoch der Leopard. Nach der Jagd schleppt das Tier den Kadaver hoch hinauf auf einen Baum. Dann erholt es sich von der Anstrengung, und schließlich beginnt es, das Fell stückchenweise abzureißen. Liegt ein Stück Fleisch bloß, beginnt der Leopard mit dem Fressen. Es ist beeindruckend, wie Leoparden eine große Antilope, die viel mehr wiegt als sie selbst, bis in die Höhe von zehn Metern tragen. Sie haben ungeheuer viel Kraft in den

Krallen, den Bein- und besonders Halsmuskeln. Die Leoparden sind von dieser Arbeit aber dennoch oft so erschöpft, daß sie sich erst eine halbe Stunde erholen müssen, bevor sie mit dem Fressen anfangen können. Leoparden können ihre Beute nicht auf einmal fressen. Doch ihre Vorratshaltung ist absolut sicher vor Hyänen und Hyänenhunden.

Auch ein viel kleineres räuberisches Säugetier legt einen beeindruckenden Nahrungsvorrat an, allerdings von ganz anderer Art. Der simple, aber faszinierende Maulwurf frißt große Mengen Regenwürmer, und man weiß, daß er große Vorratskammern voller Würmer anlegt, die er in den Wintermonaten oft aufsucht. In einer solchen Vorratskammer wurden bis zu tausend Würmer gefunden. Aus der Sicht des Räubers handelt es sich um eine besonders sinnvolle Vorratshaltung, denn die Würmer werden nicht getötet, sondern nur gelähmt. Wenn der Maulwurf in seinem Gangsystem auf einen Wurm stößt, beißt er in dessen Vorderende. Der Biß ist giftig und führt zu einer Lähmung, so daß der Wurm weder kämpfen noch entkommen kann. Der Maulwurf sammelt weiter Würmer, beißt jeden und bringt ihn in seine Vorratskammer. Schließlich hat er genug und verschließt sein Lager. Erst später greift er auf seine Vorräte zurück. Auch die Kurzschwanzspitzmäuse, die mit dem Maulwurf verwandt sind, legen mit Hilfe ihres giftigen Bisses Vorratslager von Schnecken und großen Käfern an.

Unter den Säugern verbringen wohl die Nagetiere die meiste Zeit mit Lagerhaltung. Von 91 Arten weiß man, daß sie Vorräte anlegen, doch mit Sicherheit gibt es noch viel mehr. Ratten, Mäuse und Hamster sind berühmt für ihre Sammeltätigkeit, ebenso die Eichhörnchen, die überall auf ihrem Territorium Nüsse vergraben. Es gibt bei den Nagern zwei Formen der Vorratshaltung, eine zentrale und eine dezentralisierte. Ratten können in ihren unterirdischen Gängen gut einen größeren Vorrat anlegen. Die Hörnchen hingegen leben auf Bäumen und haben nicht die Möglichkeit dazu.

Die Ursprünge einer zentralen Vorratshaltung sind leicht zu verstehen. Nagetiere, die in Gängen leben, haben außerhalb ihrer Wohnung ständig Angst vor Räubern. Beim leisesten Anzeichen von Gefahr flüchten sie sich in Sicherheit. Wenn sie in diesem Augenblick gerade fressen, können sie das Futter im Maul behalten und später im Inneren des

Ganges in Ruhe weiterfressen. Von da ist es nur noch ein kleiner Schritt bis zur Vorratshaltung. Parallel dazu sind weitere Anpassungen erfolgt. Viele Nagetiere, die Gänge graben, haben Backentaschen entwickelt, in die sie beachtliche Mengen von Samen oder Nüssen aufnehmen können. Der Goldhamster füllt seine Backen zum Beispiel oft bis zum Platzen. Im Innern des Baues sperren die Tiere dann den Mund auf und leeren die Backentaschen mit Hilfe der Vorderpfoten. Mit der linken Pfote streicht das Tier an der linken Backentasche entlang, während es mit der rechten Pfote die Samen aus dem Mund herausholt. Dann tauschen die Pfoten ihre Rollen zum Leeren der rechten Backentasche.

Die Lage der Vorratskammer kann verschieden sein. Einige Nager häufen ihr Futter einfach an der Rückseite des Schlafnestes an. Andere

Nagetiere, die sich Gänge graben, wie diese kleine Waldmaus, haben zentrale Vorratslager in ihren Nestern oder in deren Nähe. Ein Feldhamster kann in einer Vorratshöhle bis zu neun Kilogramm Getreide speichern. Deswegen gruben die Bauern früher oft Feldhamsternester aus.

Nagetiere, die auf Bäumen leben, legen zahlreiche, dezentrale Vorratslager an. Sie vergraben große Mengen an Nüssen und Samen in ihrem Territorium. Im Winter graben sie das Futter aus und ernähren sich davon. Das Eichhörnchen findet vielleicht nicht mehr alle seine vergrabenen Nüsse, aber doch die meisten. Diese Art der Vorratshaltung spielt im Winter eine lebenswichtige Rolle.

graben dafür einen eigenen Seitengang. Wiederum andere wie die Wanderratte graben dazu eigene Gänge, getrennt vom Hauptbau. Sie befinden sich normalerweise zwischen dem Futterplatz und der Wohnhöhle. Die Ratten suchen den Vorratsbau oft auf und holen sich einen Bissen, um ihn dann im eigentlichen Wohnbau zu verzehren.

Manche Tiere behandeln ihre Vorräte auf besondere Weise. Viele Tiere horten nur wasserarmes, hartes Futter und fressen weiches Futter an Ort und Stelle. Andere gehen weiter. Die Fledermaus legt im Herbst Vorräte von Knollen für den Winter an. Von jeder Knolle entfernt das Tier die Triebe, um sie frisch zu halten. Das amerikanische Rothörnchen legt in hohlen Baumstämmen ein Vorratslager aus Pilzen an. Zuvor werden diese aber auf Ästen getrocknet. Forscher beobachteten, daß ein einziges Hörnchen nicht weniger als dreizehn unterschiedliche Pilzarten sammelte. Als man sie genau untersuchte, zeigte es sich, daß alle richtig getrocknet und perfekt konserviert waren. Das Rothörnchen hortet auch noch andere Nahrungsmittel, zum Beispiel grüne Kiefernzapfen, die es im feuchten Boden aufbewahrt. Das beweist, daß es die Konservierungstechnik dem Futter anpassen kann. Die Riesenkänguruhratte sammelt Samen und legt in einem großen Gebiet zahlreiche kleine Vorratslager an. Die Samen werden zwei bis drei Zentimeter unter der Erdoberfläche vergraben und bleiben dort so lange, bis sie getrocknet sind. Dann sammelt die Känguruhratte ihre Vorräte ein und bringt sie in eine Speisekammer in ihrem Bau.

Die Riesenkänguruhratte kennt also eine zentrale und eine dezentralisierte Lagerhaltung. Viele Arten legen nur dezentrale Lager an und machen keine Anstalten, eine richtige Vorratskammer aufzubauen. Ganz im Gegenteil: Sie sind sehr daran interessiert, kein zentrales Lager anzulegen. Die auf Bäumen lebenden Hörnchen und die bodenbewohnenden Agutis und Acouchis, die allerdings keine Baue graben, legen für große Mengen von Nüssen und Samen zahlreiche Lager an. Dabei vermeiden sie es möglichst, an einer Stelle zu graben, an der sich schon ein Vorratslager befindet. Der Grund dafür ist wahrscheinlich im Futterneid der Tiere zu sehen, die mit ihnen zusammenleben. Wenn ein Tier auf Futtersuche sieht, wie ein anderes frißt, versucht es vielleicht, ihm das Futter zu stehlen. Daraus entwickelte sich womöglich die Gewohnheit, unbeobachtet zu fressen. Dazu begibt sich das Tier von den

---

Obwohl Erdhörnchen Baue im Boden graben, legen sie zahlreiche dezentrale Vorratslager an. Darin sind sie den baumbewohnenden Hörnchen ähnlich. Dies legt die Vermutung nahe, daß sich die Erdhörnchen erst vor kurzem von den baumbewohnenden Hörnchen abgespalten haben. Das Erdhörnchen aus Kenia gräbt gerade eines seiner Vorratslager aus.

anderen fort und öffnet eine Nuß erst dann, wenn es allein ist. Von da bis zum Verstecken einer Nuß für einen ruhigeren Augenblick ist nur ein kleiner Schritt. Und wenn die Nuß gut versteckt wird, steigen auch die Chancen, daß sie unentdeckt bleibt. Man kann sich vorstellen, daß sich die dezentrale Lagerhaltung auf diese Weise entwickelt hat. Es ist bezeichnend, daß solche Tiere fast immer den Ort tarnen, wo sie ihre Schätze vergraben haben. Hörnchen graben ein Vorratslager mit den Vorderpfoten. Dann legen sie die Nahrung in die flache Grube und drücken sie mit den Zähnen in den Boden. Danach scharren sie mit den Vorderpfoten Erde darüber und treten sie fest. Schließlich legen die Hörnchen tote Blätter oder Steine auf den Ort ihrer Tätigkeit, um ihre Spuren zu verwischen.

Die Acouchis – langbeinige Verwandte des Meerschweinchens – gehen anders vor. Sie legen ihre Nahrung in selbstgegrabene Gruben und pressen sie dann mit den Füßen statt mit den Zähnen fest. Die Grube wird dann auch nur mit einer Vorderpfote gefüllt anstatt mit beiden. Die tarnenden Blätter kratzen sie auch nicht mit den Füßen zusammen, sondern sie sammeln sie mit dem Mund auf und lassen sie dann über die betreffenden Stelle fallen.

Das sind zwar unbedeutende Unterschiede, doch sie sind ein Zeichen dafür, daß sich die dezentrale Vorratshaltung mit einiger Gewißheit mehrmals unabhängig voneinander entwickelt hat.

Eine dezentrale Vorratshaltung hat mehrere Vorteile. Je besser die Nahrung verteilt ist, um so schwieriger ist es für ein anderes Tier, alle Lager auszuheben. Einige werden sicher gefunden, doch die meisten bleiben unentdeckt. Ein zweiter Vorteil besteht darin, daß der Besitzer der Vorräte keine neuen Lager anlegen muß, wenn er seinen Bau aufgibt und an eine andere Stelle zieht. Der dritte Vorteil ist, daß der Besitzer normalerweise nicht alle vergrabenen Nüsse wiederfindet. Diejenigen, die so übrigbleiben, werden keimen und sich am Ende zu einem Baum entwickeln, der seinerseits Nüsse trägt. Und die neuen Bäume werden den Nachkommen des Vorratssammlers sehr willkommen sein.

Interessanterweise haben auch einige Arten, die Baue graben, eine dezentrale Vorratshaltung. Zu ihnen gehört das afrikanische Erdhörnchen. Es hat sich offensichtlich erst vor kurzem von baumbewohnenden Hörnchenarten entwickelt und konnte seine Art der Vorratshaltung noch nicht seiner unterirdischen Lebensweise anpassen.

Die wasserbewohnenden Biber brauchen eine besondere Art der Vorratshaltung. Nach der Konstruktion ihres Baues rammen sie einen Teil der gesammelten Äste so fest in den Schlamm des Gewässerbodens, daß sie von der Strömung nicht weggeschwemmt werden können. Dieses Vorratslager unter Wasser wird während der Sommer- und Herbstmonate nicht angerührt und erst in Angriff genommen, wenn der Winter mit Schnee und Eis gekommen ist. Dann gefriert die Oberfläche des Flusses. Die Biber aber tauchen auf den Gewässerboden und holen sich die Äste, deren Rinde und weiches Holz sie fressen. Die Eisdecke hat auch den Vorteil, daß die Biber

Die meisten Vögel haben dezentrale Vorratslager. Nur der Eichelspecht legt sich in einem abgestorbenen Baumstamm ein großes Vorratslager aus Eicheln an. Er meißelt Hunderte kleiner Löcher in das tote Holz und klemmt darin je eine Eichel fest. Während der kalten Wintermonate frißt er dann von den Eicheln.

bei diesen Exkursionen geschützt sind vor Räubern und eisigen Winden.

Der Pfeifhase, ein kurzohriger Verwandter des Kaninchens und unseres Feldhasen, hat seine eigene Art der Lagerhaltung. Im Sommer sammeln die Männchen lange Grashalme und häufen sie in der Nähe ihres Lagers an. Die Gräser trocknen zu Heu und werden dann im Winter gefressen. Es besteht allerdings die Gefahr, daß diese Heuhaufen, sobald das Gras trockener wird, von starken Winden weggeweht werden. Das verhindern die Pikas, indem sie Schutzmauern aus herangeschafften Steinen errichten, die das Heu vor Windstößen schützen.

Unter den Vögeln kennen Krähen, Häher, Elstern, Spechte, Meisen und Kleiber eine Vorratshaltung. Fast alle gehen dezentral vor, und einige sind genauso aktiv wie die Nagetiere. Von einigen Hähern weiß man beispielsweise, daß sie mehrere tausend Eicheln einzeln vergraben. Im Gegensatz dazu haben die amerikanischen Eichelspechte eine Art Speisekammer. Sie suchen sich einen toten Baum aus und meißeln kleine Löcher in den Stamm. So bohren sie Hunderte Löcher, die nahe beieinanderliegen, und füllen jedes mit einer Eichel, die sie mit dem Schnabel fest verkeilen.

Immer wieder hört man die Meinung, die Tiere könnten sich gar nicht daran erinnern, wo sie ihre Nahrung versteckt haben. In Wirklichkeit finden die meisten Arten ohne größere Schwierigkeiten ihre Vorratslager wieder. In einigen Fällen sind die Gedächtnisleistungen erstaunlich: Einzelne Tiere erinnern sich nicht nur daran, wo sie ihre Nahrung versteckt haben, sondern auch welche Lager bereits ausgehoben sind und sogar was für Nahrung sie wo untergebracht haben. Gelegentlich werden zwar größere Mengen alter Vorratslager gefunden, so daß man glauben könnte, das betreffende Tier habe sein Gedächtnis verloren. Es ist aber sehr viel wahrscheinlicher, daß der Besitzer einem Raubtier zum Opfer gefallen ist und er sein Leben, nicht aber sein Gedächtnis verloren hat.

Gegenseitige Hilfe

Neben all dem Konkurrenzkampf, dem Fressen und Gefressenwerden, gibt es auch Beziehungen zwischen zwei Arten, die für beide Partner günstig und nützlich sind. Sie können eng miteinander zusammenleben und beide daraus einen Nutzen ziehen. Solche interspezifischen Beziehungen bezeichnen wir im allgemeinen als Symbiose. Das Wort bedeutet, aus dem Griechischen übersetzt, eigentlich »Zusammenleben«. Bei lockeren Formen des Zusammenlebens, mit nicht so deutlich erkennbarem Nutzen für beide Partner sprechen die Zoologen auch von »Allianz« oder »Mutualismus«. Die Übergänge sind hier aber absolut fließend, und oft ist auch gar nicht leicht zu erkennen, ob beide Partner gleichviel Nutzen aus dem Zusammenleben ziehen.

In den Korallenriffen der ganzen Welt bieten Putzergarnelen ihre Dienste an. Sie entfernen Hautparasiten vom Körper zahlreicher Fische, auch von Zackenbarschen (oben) und sogar von den räuberischen Muränen (unten).

Die Partnerschaft zwischen dem Krokodil und dem Krokodilwächter, einem Vogel aus der Gruppe der Regenpfeifer, ist eines der ältesten Beispiele für eine Symbiose. Doch heute noch streiten sich die Gelehrten darüber. Vor zweieinhalbtausend Jahren berichtete der griechische Historiker Herodot, alle anderen Tiere und Vögel würden das Krokodil meiden. Nur der kleine Krokodilwächter dürfe auf dem mächtigen Reptil herumtrippeln und ginge sogar in dessen Mund, wo er Parasiten abpicke und auffresse. Ein paar Jahrhunderte später berichtete der römi-

Der Schiffshalter galt früher oft als Parasit, doch heute weiß man, daß er mit seinem Partner eine Verbindung zu gegenseitigem Nutzen eingeht. Der Schiffshalter heftet sich am Körper des Haies fest. Für Transport, Nahrung und Schutz revanchiert er sich mit seiner Putzertätigkeit. Er befreit den Hai von Hautparasiten. Der Saugnapf an der Oberseite des Kopfes ist eine modifizierte Rückenflosse.

sche Autor Plinius das gleiche, meinte aber, der Vogel würde vor allem Fleischreste aus dem Gebiß des Krokodils entfernen. Im Laufe der Zeit betrachtete man diese Überlieferung einer fast rührenden Partnerschaft als unumstößliche Wahrheit. Der Vogel bekam Nahrung vom Reptil, und das Krokodil profitierte vom Service, den der gefiederte Zahnstocher zu bieten hatte. Dieser reinigte aber nicht nur die Zähne des Krokodils und entfernte Parasiten wie Blutegel von dessen Haut, sondern er bot auch ein Frühwarnsystem: Wenn Gefahr drohte, schlug er Alarm. Solche Geschichten wurden von Generation zu Generation weitererzählt.

Als viktorianische Naturforscher auf der Bildfläche erschienen, um detaillierte Feldstudien zu unternehmen, konnten sie zu ihrer Enttäuschung diese Berichte nicht bestätigen. Sie sahen Krokodile, die auf Flußbänken in der Sonne lagen, und sie sahen auch die kleinen Krokodilwächter, die eifrig hin und her flogen und Insekten fraßen, die von den Reptilien angezogen wurden. Aber niemals konnten sie den Höhepunkt der Beziehung zwischen Vogel und Krokodil beobachten, nämlich wie der kleine Vogel im weit aufgesperrten Maul des Reptils umherspazierte.

Immer und immer wieder mußten die Zoologen von ihren Mißerfolgen berichten. Schließlich einigten sie sich darauf, daß es sich bei der alten Überlieferung nur um eine Legende handelte. Diese neuen Erkenntnisse wurden dann endlos in vogelkundlichen Publikationen verbreitet.

Vor kurzem wurde der Fall des Krokodilwächters neu untersucht. Dabei stiegen neue Zweifel auf. Augenzeugen beobachteten, wie nicht eine, sondern fünf Vogelarten das Zahnfleisch ruhig daliegender Krokodile reinigten. Es handelte sich dabei um den Krokodilwächter, den Spornkiebitz, den Wassertriel, den Flußuferläufer und die Bergstelze. Einem Beobachter zufolge fordert das Krokodil durch Öffnen des Mauls zur Reinigung auf.

Aus alledem kann man den Schluß ziehen, daß Herodot doch recht hatte. Dennoch bleiben Fragen offen. Wenn es dieses Verhalten offensichtlich gibt, warum tritt es dann so selten auf, daß viele Tierbeobachter es nicht sehen konnten? Die Antwort liegt vielleicht in der Rolle des Vogels als »Wachhund«. Wenn er in dieser Partnerschaft auch die Aufgabe hat, bei herannahender Gefahr Alarm zu schlagen, so wird er ohne Zweifel auf das Erscheinen menschlicher Beobachter reagieren, die er als gefährlich empfindet, und aufgeregt sein. Unter solchen Bedingungen bleibt er zwar vielleicht in der Nähe der Krokodile, ist aber zu erregt, um eine Mundpflege durchzuführen. Nur sehr geduldige Beobachter, die lange Zeit regungslos warten, bis sie selbst ein Teil der Umgebung geworden sind, können wahrscheinlich sehen, wie ein solcher Vogel in das Maul des Krokodils hüpft. Zur Lösung dieser Fragen sind weitere Beobachtungen unerläßlich.

Keine solchen Zweifel gibt es bei anderen Formen des Putzverhaltens. Man weiß heute schon ziemlich viel darüber. Im Grunde geschieht immer dasselbe: Ein kleines Tier entfernt schädliche Parasiten von einem großen. Und das große Tier greift es nicht an, obwohl das kleine Tier eigentlich eine leichte Beute wäre. Der Nutzen ist beiderseitig: Das kleine Tier findet Nahrung, und das große kommt in den Genuß von Hygiene.

Dieses System gegenseitiger Hilfe funktioniert auf der ganzen Welt und führte zu einigen bemerkenswerten Partnerschaften. In den Korallengärten tropischer Ozeane betreiben zarte, lebhaft gefärbte Garnelen einen Reinigungsservice für viele Fische des Riffs. Mehrere Garnelenarten übernehmen eine solche Tätigkeit. Sie sitzen in ihren Putzstationen und bewegen ihre Fühler als Einladung für vorbeiziehende Fische. Im Gegensatz zu vielen ihrer Verwandten sind sie sehr auffällig gefärbt, werden aber in Ruhe gelassen. Wenn ein Fisch eine Hautverletzung oder Parasiten auf der Haut hat, hält er an der Putzstation und verharrt dort unbeweglich in der Schwebe, während die Garnele seinen Körper absucht. Bisweilen wagt sie sich auch in dessen Mund- und Kiemenhöhlen vor. Mit ihren Mundteilen putzt die Garnele die Fischhaut und bekommt zur Belohnung eine Mahlzeit aus Hautfetzen und Parasiten.

Eine ähnliche Beziehung besteht auch zwischen kleinen Putzerfischen und großen Fischen der Korallenriffe. Die Putzerfische sind wie die Garnelen auffällig gefärbt und haben bunte Streifen am Körper. Anstatt aber Fühler als Einladung zu bewegen, machen sie durch tänzelnde Schwimmbewegungen größere Fische darauf aufmerksam, daß sie bei ihnen ihre Hautprobleme loswerden. Bisweilen kann man eine regelrechte Warteschlange von Patienten beobachten. Wenn ein Fisch an der Reihe ist, begibt er sich in die richtige Stellung und macht den Mund so weit auf, wie es geht – ähnlich wie menschliche Patienten auf dem Zahnarztstuhl. Die kleinen Putzerfischer arbeiten unglaublichhart. Man hat gezählt, daß ein einziger Putzerfisch in sechs Stunden dreihundert Patienten versorgte.

Die Tätigkeit der Putzerfische ist auf dem Korallenriff lebenswichtig. Ohne sie wären die großen Korallenfische schnell von Ungeziefer verseucht. Das haben Forscher in einem Versuch beweisen: Sie fingen alle Putzerfische in einem bestimmten Abschnitt des Korallenriffs. Daraufhin verließen viele größere Fische einfach das Gebiet. Fische, die zurückblieben, litten stark unter Hautinfektionen. Doch dann erschie-

---

Die Meerschwalbe ist in den Korallengärten der bekannteste Putzerfisch. Er reinigt nicht nur die Körperoberfläche seiner Kunden, sondern darf auch in deren Mund und Kiemenhöhlen eindringen. Auch dort geschieht ihm nichts. Einer seiner vielen Kunden ist der Papageienfisch (gegenüberliegende Seite).

nen neue Putzerfische, und das normale Leben kehrte im Riff wieder ein. Was auf den ersten Blick als amüsantes Verhalten erscheint, erweist sich am Ende als lebensnotwendig im Korallenriff. Jeder Fisch besucht nämlich mindestens zweimal die Woche eine Putzerstation.

Einige Patienten werden zu guten Beschützern der kleinen Putzerfische. Während diese sich beim Putzen selbst einem Risiko aussetzen, halten ihre Kunden wie die großen Zackenbarsche ein wachsames Auge auf die Umgebung. Bei drohender Gefahr gibt der Zackenbarsch dem Putzerfisch bestimmte Signale. Arbeitet dieser gerade im Innern des großen Mauls, so schnappen plötzlich die Kiefer zu. Doch die Bewegung hält kurz vor dem völligen Schließen inne, so daß dem Putzerfisch genügend Platz bleibt, um herauszuschwimmen und sich zurückzuziehen. Ist der Putzerfisch gerade unter dem Kiemendeckel beschäftigt, so geschieht dasselbe. Der Zackenbarsch verschließt den Deckel bis auf einen Spalt, durch den der Putzerfisch entkommen kann. Ist die Gefahr vorbei, fordert der Zackenbarsch den Putzer auf, mit der Arbeit fortzufahren, indem er sich ganz ruhig verhält und die Kiefer wieder weit öffnet. Wenn er genug hat, schüttelt er sich mehrere Male. Die Putzerfische lassen den Barsch dann in Ruhe und kehren zu ihrem Korallenstück zurück, wo sie auf weitere Kunden warten.

Eine noch engere Beziehung herrscht zwischen dem Schiffshalter und großen Haien oder Meeresschildkröten. Der Schiffshalter trägt auf der Oberseite des Kopfes

In den afrikanischen Savannen kann man oft beobachten, daß Vögel sich um die Hautpflege der großen Huftiere kümmern. Dabei entfernen sie vor allem blutsaugende Zecken. Sie tun dies mit einer besonderen scherenartigen Bewegung, indem sie den Schnabel seitlich an die Haut anlegen. Bei Gefahr begeben sie sich sofort auf die geschützte Körperseite ihres Partners. Am häufigsten kann man solche Vögel auf Büffeln und großen Warzenschweinen beobachten. Die Säuger selbst nehmen vom Vorhandensein ihrer Partner kaum Notiz.

einen mächtigen Saugnapf. Er entwickelte sich ursprünglich aus der Rückenflosse. Die Schiffshalter saugen sich an großen Tieren fest und lassen sich mittragen. Dabei schädigen sie ihre Wirte nicht, wie man früher dachte. Vielmehr putzen sie deren Haut von Zeit zu Zeit und entfernen dabei Parasiten. Als Gegenleistung erhalten die Schiffshalter nicht nur Nahrung beim Putzen, sondern sie sind auch dann beteiligt, wenn ihr Wirt ein großes Beutetier erlegt hat. Überdies ist der Schiffshalter damit sicher vor möglichen Räubern, die es nie wagen würden, seinem stets gegenwärtigen, riesigen Partner zu nahe zu kommen.

Auch schwergewichtige Säuger lassen sich gelegentlich von Fischen putzen. Man hat gesehen, wie kleine Fische die Haut von Nashörnern nach Parasiten absuchten. Und Flußpferde reißen ihre Kiefer weit auf, damit eine

Zu den Putzervögeln gehören auch der Geierrabe auf dem Rücken dieses afrikanischen Büffels (oben) und die Kuhreiher auf indischen Wasserbüffeln (unten).

Barbenart Mundpflege vornehmen kann.

Auch einige Meeresvögel verrichten gelegentlich Putzdienste. Möwen entfernen Parasiten vom Rücken großer Mondfische, die etwas aus dem Wasser ragen. Bisweilen legt sich ein solcher Riesenfisch auch auf die Seite und bietet eine größere Hautoberfläche dar. Man hat auch schon beobachtet, wie Thorshühnchen auf dem Rücken von Pottwalen saßen und dort deren Haupt putzten.

Am berühmtesten sind jedoch die Vögel, die auf dem Rücken vieler Huftiere sitzen. In den afrikanischen Ebenen sind sie ein gewohnter Anblick. Sie verbringen fast das gesamte Leben auf dem Rücken ihrer Wirte. Sie ruhen und schlafen dort und halten sich dabei mit ihren extrem scharfen Krallen fest. Während der Fortpflanzungszeit zeigen sie auf dem Rücken der Huftiere ihre Balzspiele und paaren sich auch dort. Schließlich zupfen sie lange Haare aus dem Schwanz oder der Mähne ihres Wirts, um damit ihr Nest zu polstern. Die Säugetiere, die sie herumtragen, erscheinen von alldem aber ungestört. Eventuelle Unbequemlichkeiten nehmen sie für den Komfort der Hautpflege in Kauf. Ob Antilopen, Giraffen, Zebras, Rinder, Warzenschweine oder Nashörner, sie alle brauchen Vögel zur Hautpflege. Diese ernähren sich von den Zecken und Fliegen, gegen welche die Riesentiere sonst hilflos wären.

Kuhreiher bieten einen ähnlichen Service, doch ist das Verhältnis mit ihnen nicht so eng. Sie betreiben zwar Körperpflege, verbringen jedoch einen großen Teil ihrer Zeit damit, neben ihren Partnern einherzugehen. Dabei fangen sie jene Insekten, die von den großen Weidegängern aufgescheucht werden. In Nordamerika übernimmt der

Braunkopf-Kuhstärling die Rolle des Putzers. Bis zum Eintreffen des Menschen kümmerte sich dieser Vogel um die riesigen Bisonherden. Nachdem der Weiße diese fast ausgerottet hatte, wandte der Kuhstärling seine Aufmerksamkeit dem Hausrind zu. Zu den gloriosen Zeiten der Bisons mußten die Vögel mit den wandernden Bisonherden mitziehen und hat-

Eine der merkwürdigsten Partnerschaften unter den Tieren ist die zwischen dem Karminspint und der Trappe. Der große Vogel bietet auf seinem Rücken einen Sitzplatz, von dem aus der Spint Insekten fangen kann. Dieser befreit die Trappe dafür von lästigen Insekten, die dauernd um deren Kopf fliegen.

ten nicht genügend Zeit, ihre eigenen Jungtiere auszubrüten und aufzuziehen. Deswegen machten sie es dem Kuckuck nach und legten ihre Eier in die Nester anderer Vögel. Nachdem die Kuhstärlinge nun zum Hausrind übergegangen sind, besteht keine Notwendigkeit mehr dazu, dennoch zeigen sie ihr altes Brutverhalten noch heute.

Alle diese Putzervögel liefern zudem einen wichtigen Extraservice: Wenn sie einen Räuber ausmachen, bevor ihn ihr Partner wahrgenommen hat, schlagen sie Alarm. Das ist zum Beispiel der Fall, wenn sich der Räuber gegen den Wind nähert und sich nicht durch seinen Geruch verrät. Wenn der Partner gerade mit einem Grasbüschel beschäftigt ist und die Warnrufe des kleinen Vogels auf seinem Rücken ignoriert, wird dieser ganz aufgeregt, denn er braucht seinen Partner, weil er für ihn sein Territorium darstellt. Gelingt einem Räuber der Angriff, so müssen die Vögel sich ein neues Heim suchen, und das kann ziemlich schwierig sein, wenn alle anderen Säuger bereits besetzt sind. Deswegen geht die Alarmreaktion schnell in Panik über, wobei der Vogel auf dem Rücken seines Partners herumhüpft und schließlich voller Verzweiflung zu dessen Kopf eilt und mit dem Schnabel auf dessen Schädel herumhackt. Das Leben eines Putzervogels ist anstrengend.

Die Meerechsen der Galapagos-Inseln haben sehr unter Hautparasiten zu leiden. Für die Körperpflege sorgen die roten Felsenkrabben, die ungestört mitten unter den Meerechsen leben.

Wer schon einmal auf den Galapagos-Inseln war, kennt die hellroten Krabben, die zwischen den dichten Kolonien der Meerechsen umherlaufen. Diese bemerkenswerten Felsenkrabben gehören ebenfalls zu einer Putzersymbiose. Die

Der Anemonenfisch hält sich zwischen den nesselnden Tentakeln von Seeanemonen auf und ist dort vor räuberischen Fischen geschützt. Sie selbst nehmen keinen Schaden, weil sie ihren Körper mit einer schützenden Schleimschicht versehen.

Meerechsen lassen es zu, daß die Krabben ihnen – oft unter Schmerzen – Zecken aus der Haut entfernen. Dabei präsentieren die Echsen ihre Körper so, daß die Krabben besser an das Ungeziefer herankommen.

Das Verhältnis zwischen Putzer und geputztem Tier ist wohl die häufigste Form einer Symbiose. Doch es gibt noch andere Formen, die viel komplexer und faszinierender sind. Die Seeanemonen der Korallenriffe tragen in ihren Tentakeln Millionen von Nesselzellen. Bei einer Berührung lähmen sie einen gewöhnlichen Fisch. Die Tentakel packen ihn darauf, führen ihn dem Mund zu und fressen ihn. Es gibt aber ungefähr dreißig Arten kleiner riffbewohnender Fische, die gegenüber dem Gift der Nesselzellen in den Seeanemonen immun sind. Wir bezeichnen sie als Anemonen- oder Clownfische. Es handelt sich um sehr auffällige Tiere, die den größten Teil ihres Lebens zwischen den tödlichen Tentakeln ihrer giftigen Partner verbringen. Ihre geheime Verteidigungswaffe ist eine dicke Schicht aus einem besonderen Schleim, die den Körper völlig umhüllt. Er enthält chemische Stoffe, welche die Nesselzellen der Anemonen daran hindern, sich bei einer Berührung zu entladen. Man weiß noch nicht, um welchen chemischen Stoff es sich handelt und wie es zu dieser Wirkung kommt. Auf jeden Fall »glaubt« die Anemone, der Fisch sei für sie keine Nahrung. Einige Forscher meinen, der Trick des Fisches bestehe darin, einen Teil des Anemonenschleims auf den eigenen Körper zu übertragen. Die zahlreichen Tentakel einer Anemone reiben nämlich dauernd aneinander. Sie müssen zwangsläufig einen Hemmstoff aufweisen, der verhindert, daß sich die Anemone selber nesselt. Wenn der Fisch eine eigene Schleimschicht mit diesem Hemmstoff imprägniert, könnte er bei der Anemone den Eindruck erwecken, er sei ein Teil von ihr. Das würde die Sicherheit gewährleisten. Andere Fische haben diese Eigenschaft nicht: Ihr Schleim verträgt sich nicht mit dem der Seeanemone, und deswegen werden sie zu Tode genesselt.

Die Immunität der Anemonenfische kann auf genetischer Grundlage beruhen, erfordert für ein reibungsloses Funktionieren aber ein beträchtliches Maß an Anpassung. Der Fisch muß sich dazu jeden Tag für längere Zeit mit der Seeanemone in engstem Kontakt befinden. Muß er von einer Anemone zur anderen überwechseln, so beginnt die Akklima-

Auch einige Krustentiere leben in einer »Tischgenossenschaft« mit großen Seeanemonen.

tisierung von vorne. Und wenn man den Fisch von seiner Hausanemone sechs Wochen lang trennt, hat er nach der Rückkehr seine besondere Immunität verloren. Dann muß er wieder von vorne anfangen und seine eigene Schleimschicht mit dem Hemmstoff imprägnieren. Der Fisch tut dies durch immer nähere Kontakte: von einer sehr leichten, flüchtigen Berührung bis zu richtigen Schlägen auf die Nesseln der Körperfortsätze. Der Anemonenfisch legt seine Eier auf der Oberfläche eines Felsens in nächster Nähe seiner Anemone ab. Von diesem sicheren Punkt aus können die Jungfische in einem sehr frühen Stadium mit der Entwicklung ihrer Immunität beginnen – bald nachdem sie aus dem Ei geschlüpft sind.

Die Vorteile, die der Anemonenfisch genießt, liegen auf der Hand. Er wird von den Tentakeln vor jedem Räuber geschützt. Aber auch die Seeanemone genießt mehrere Vorteile. Zunächst dient ihr Hausfisch als Köder für andere Fische. Sie nähern sich mit räuberischen Absichten, werden dann aber selber getötet und verschlungen. Dann gibt es im Riff Lebewesen, die imstande sind, Anemonententakel anzugreifen und zu fressen, ohne selber Schaden zu nehmen. Solche Räuber vertreibt der Anomenenfisch.

Wenn er selber eine Beute erlegt hat und auffrißt, fallen zwangsläufig Nahrungsreste ab, die der Anemone zugute kommen. Schließlich dient der Anemonenfisch auch als Putzer: Er entfernt Abfälle, beschädigte oder infizierte Gewebe und verhilft dadurch dem Partner zu einer besseren Gesundheit.

Andere Fischer der Korallenriffe leben mit Seeigeln zusammen. Sie brauchen keine chemischen Stoffe, um sie zu neutralisieren. Statt dessen müssen sie sich hüten, von den scharfen Stacheln des Seeigels gestochen zu werden. Zwei Fischarten haben sich auf das Putzen von Seeigeln spezialisiert. Beide entwickeln schlanke Körperformen und akrobatische Schwimmtechniken. Sie bewegen sich frei im Gebiet der Stacheln und sind dort natürlich geschützt vor allen Räubern.

Eine riffbewohnende Krabbenart ist eine defensive Partnerschaft mit Seeanemonen eingegangen: In jeder Schere trägt sie, wie ein Pistolenschütze aus dem Wilden Westen, eine dieser Anemonen. Wenn sich ihr ein räuberischer Fisch nähert, schleudert sie ihm die Nesseln der Anemonen ins Gesicht. Die Scheren der Krabbe haben sich zu spezialisierten Anemonenhaltern entwickelt. Die Aufgaben, welche die Scheren eigentlich bei den Krabben zu erledigen haben, übernehmen in diesem Fall die vordersten Beine.

Andere Krabbenarten verwenden Seeanemonen als lebende Mittel zur Tarnung. Gewisse Einsiedlerkrebse tragen auf den Schneckenschalen, in die sie selber schlüpfen, eine oder mehrere Seeanemonen. Werden sie den-

Einige Einsiedlerkrebse tragen auf ihren Schneckenhäusern Seeanemonen oder lebende Schwämme. Die Krebstiere sind dadurch besser getarnt und genießen gleichzeitig einen Schutz vor räuberischen Tieren. Die Seeanemonen und die Schwämme werden herumgetragen und bekommen dadurch eine vielfältigere Ernährung.

Eine sehr enge symbiotische Beziehung hat sich zwischen einem blinden Krebs und einem Schleimfisch entwickelt. Beide teilen sich in einen Gang im Sandboden. Den Gang gräbt der Krebs, während der Fisch die Verteidigung des Partners übernimmt. Beide gehen gemeinsam auf Nahrungssuche, wobei der Schleimfisch den Krebs führt.

noch angegriffen, so übernimmt die Anemone mit ihren Nesselzellen die Verteidigung. Selbst der Krake, der gerne kleine Krabben frißt, zieht sich nachgewiesenermaßen schnell von diesem ungleichen Paar zurück.

Wenn der Einsiedlerkrebs in ein neues Schneckenhaus ziehen muß, steht sein Partner auch vor dem Problem des Wohnungswechsels. Bei einigen Arten lehnt sich die Seeanemone einfach über das alte Schneckenhaus hinaus, hält sich mit den Tentakeln am neuen fest, läßt mit dem Fuß los und siedelt auf die nächste Schale über. In anderen Fällen verpflanzt der Einsiedlerkrebs die Seeanemone.

Alle diese Seeanemonen profitieren von der Partnerschaft, weil sie dauernd bewegt werden und damit vielfältigere Nahrung fangen können. Und wenn die Krabbe frißt, fällt auch etwas für die Seeanemone ab.

Eine weitere Art der Einsiedlerkrebse hat eine ähnliche Partnerschaft mit dem orangegelben Häuschenschwamm. Die Krabbe schneidet ein Stückchen von dem Schwamm ab und hält ihn mit besonderen Haken an den Hinterbeinen wie einen kleinen orangefarbenen Hut auf der Schale fest. Der Schwamm beginnt in seiner neuen Lage bald zu wachsen, bis er die ganze Oberfläche der Krabbe bedeckt. Er sorgt dabei für eine lebende Tarnung. Überdies schmeckt diese Tarnung schlecht und stößt auch jene Räuber ab, die den wohlschmeckenden Bissen darunter wohl erkennen. Der Häuschenschwamm genießt die gleichen Vorteile wie die transportierten Seeanemonen: Er gelangt dauernd in neue Futtergründe.

Ist es solchen Krebsen verwehrt, Schwämme auf ihren Schalen zu tragen, geraten sie unter schweren Streß und verwenden am Ende jeden Ersatz, den sie finden können. In Gefangenschaft schnitten sie sich Papier- oder Kartonstückchen zurecht, hielten sie beharrlich über ihre Schalen und warteten geduldig, daß sie zu wachsen anfingen. Diese Symbiose ist sehr eng und macht einen wesentlichen Teil des Verhaltensrepertoires aus.

Das vielleicht faszinierendste Beispiel gegenseitiger Hilfe ist die Symbiose zwischen einem Schleimfisch und einem blinden Krebs. Anstatt auf Fels, wo es für den Schleimfisch Höhlungen als Verstecke gäbe, leben die beiden im Sand zusammen. Der Beitrag des Krebses besteht darin, daß er einen Gang gräbt, was er ganz vorzüglich kann. Der Schleimfisch führt den blinden Krebs zu ergiebigen Nahrungsgründen. Dabei schwimmen die beiden im Tandem. Der Krebs folgt dem Schleimfisch, indem er mit seinen Fühlern Kontakt mit dem Schwanz des Fisches hält. Bei Gefahr gibt der Fisch ein Signal, indem er den Schwanz hin und her bewegt, und das Paar zieht sich zusammen in den Gang zurück.

Eine besonders elegante Partnerschaft entwickelte sich zwischen dem Bitterling und der Teichmuschel. Das Weibchen des Bitterlings, der im Süßwasser lebt, legt seine Eier über eine lange Legeröhre an der Unterseite seines Körpers in der Teichmuschel ab. Das Männchen vergießt dann seinen Samen. Die Muschel saugt ihn automatisch ein, und die Befruchtung geschieht in diesem ganz unüblichen lebenden Nest. Die Jungfische schlüpfen und ent-

Das Weibchen des Bitterlings legt seine Eier mit einer langen Legeröhre im Inneren von Teichmuscheln ab. Diese bieten ein sicheres Nest für die winzigen Jungfische. Als Gegenleistung sorgen die Jungfische für die Verbreitung von Muschellarven.

Impalaherden und Paviantrupps finden sich in den afrikanischen Savannen oft zu einer lockeren Partnerschaft zusammen. Die Antilopen erkennen Gefahren früher und warnen auch die Paviane. Im Falle eines Angriffs profitieren sie dafür von der erbitterten Verteidigung der Paviane.

wickeln sich im Innern des Weichtieres und verlassen dies nach einiger Zeit. Wenn man es so betrachtet, scheint der Nutzen dieser Partnerschaft recht einseitig zu sein. Was hat die Muschel davon? Die Antwort liegt darin, daß die eigenen Eier gerade dann ausschlüpfen, wenn die Jungfische die Muschel verlassen. Die Muschellarven heften sich an diesen kleinen Fischen fest, fallen nach einiger Zeit ab und nehmen ein unabhängiges Leben auf. Die Teichmuschel kann auf diese Weise ein ganzes Gewässer besiedeln.

Symbiotische Beziehungen zwischen verschiedenen Säugetierarten sind selten und auch nicht besonders intensiv. In den afrikanischen Savannen gibt es viele gemischte Herden, wobei Zebras, Gnus und verschiedene Antilopen zusammenleben. Diese eher zufällige Symbiose hat den Vorteil, daß die Tiere sich durch vereinte Wachsamkeit besser schützen können. Eine Art sieht vielleicht besser, die andere hört besser, und die dritte hat einen besseren Geruchssinn. Zusammen sind die Tiere sicherer vor Räubern, als sie es einzeln wären. Und in den meisten Fällen sind sie, was die Ernährung anbelangt, so spezialisiert, daß sie sich keine zu große Konkurrenz machen.

Eine ähnliche Beziehung existiert zwischen gewissen Antilopen, zum Beispiel den Impalas, und Paviangruppen. Die Antilopen schieben Wache, und die Paviane übernehmen die Verteidigung. Doch keine der beiden Arten ist von der anderen abhängig; beide treten getrennt häufiger auf als zusammen. Es handelt sich hier also um eine fakultative Form des Zusammenlebens.

Eine ganz merkwürdige Partnerschaft ist der Honigdachs oder Ratel eingegangen. Er ist in Afrika und Asien verbreitet, lebt als Einzelgänger und hat eine Schwäche für wilden Honig. Bei seiner Suche nach Bienennestern hilft ihm in einigen Teilen Afrikas ein kleiner Vogel, der Honiganzeiger. Wenn dieser einen Honigdachs sieht, ruft er laut und hüpft aufgeregt hin und her. Der Honigdachs reagiert mit einem kurzen zischenden Geräusch. Dann machen sich die beiden auf den Weg, wobei der Vogel seinem Partner immer fünf bis sechs Meter voraus ist. Der Honiganzeiger führt den Dachs unter dauernden Rufen zu einem Bienennest. Dann verstummt er und wartet. Der Honigdachs greift das Nest an, reißt es auf und frißt den Honig. Danach ist der Vogel an der Reihe. Er frißt die Maden und Puppen und besonders das Bienenwachs. In einigen Gegenden Afrikas hat der Mensch den Honigdachs bei dieser symbiotischen Beziehung abgelöst: Hier hat sich der Honiganzeiger als unschätzbare Hilfe bei der Suche nach nahrhaftem Honig erwiesen.

Beim Verhältnis zwischen Honigdachs und Honiganzeiger stellt sich die Fragen nach der genauen Aufeinanderfolge der Ereignisse. Einer Möglichkeit zufolge findet der Vogel erst das Bienennest, macht sich dann auf die Suche nach dem Honigdachs, findet einen und führt ihn zum entdeckten Nest zurück. Trifft dies zu, so deutet dies auf eine hochstrukturierte Verhaltensabfolge, die der Vogel nicht von seinen Eltern gelernt haben kann, da Honiganzeiger wie Kuckucke Brutparasiten sind und nie ihre richtigen Eltern kennenlernen.

Eine andere Möglichkeit wäre, daß der Vogel darauf programmiert ist, sich aufgeregt aufzuführen, wenn er auf seinem Territorium einem jagenden Honigdachs begegnet. Durch auffälliges Verhalten und Rufen lockt der Vogel den Honigdachs und führt ihn immer tiefer in den Wald hinein. Dabei schlägt er keine bestimmte Richtung ein, sondern fliegt einfach immer weiter, bis er auf ein Bienennest stößt. Dann verstummt der Vogel. Der Honigdachs hält ebenfalls inne, sieht das Nest, reißt es auf und erfüllt damit seine Aufgabe in der Symbiose. Diese Verhaltensabfolge wäre weniger organisiert. Viele Tierbeobachter neigen eher dieser Version zu. Doch um sicherzugehen, müßte man weitere Untersuchungen anstellen.

Trinken

Wir leben in einer Welt voller Flaschen und Fässer, Wasserhähnen und Tanks, und für uns ist der Durst daher praktisch kein Problem mehr. Für viele Tiere hingegen ist die Flüssigkeitsaufnahme immer noch eine der schwierigsten Lebensnotwendigkeiten. Einige müssen Tag für Tag weite Strecken auf der Suche nach einem Wasserloch zurücklegen. Andere haben tagtäglich damit zu kämpfen, daß ihre Umgebung entweder zu trocken oder zu salzig ist. In einigen Fällen wurde die Wasserbeschaffung so schwierig, daß die Tiere das Trinken ganz aufgaben und ihren Flüssigkeitsbedarf nun auf andere Weise decken.

Der Koala trinkt fast nie Wasser, sondern deckt seinen gesamten Flüssigkeitsbedarf mit den Blättern, die er frißt. Eine Koalagruppe braucht über einen Hektar Baumbestand, um überleben zu können. Ein erwachsenes Tier frißt jeden Tag zwischen zwei und drei Pfund Blätter.

Der wohlbekannte australische Koala ist eines dieser Tiere, die nicht mehr trinken. Sein Name stammt aus der Sprache der australischen Ureinwohner und bedeutet tatsächlich »nichts trinken«. Der Koala lebt auf Bäumen und ernährt sich nur von Eukalyptusblättern. Auf dem Boden bewegt er sich sehr ungeschickt. Er ist dann so verwundbar, daß er einen Baum nur verläßt, wenn es dort nichts mehr zu fressen gibt oder wenn er einige Kiesel als Verdauungshilfe braucht. Nur bei allergrößter Hitze verläßt er die Bäume und macht sich auf die Suche nach Trinkwasser. Die meiste Zeit des Lebens kommt er ohne

Wüstenbewohnende Nagetiere müssen besondere Wege gehen, um an Wasser zu gelangen. Die amerikanische Wüstenratte holt sich ihr Wasser aus der Nahrung, denn sie frißt fleischige Kakteen. Ihr Verdauungssystem kann die darin enthaltene Oxalsäure neutralisieren, die auf andere Tiere deutlich giftig wirkt.

Wasser aus und entzieht die nötige Feuchtigkeit einfach seiner Nahrung. Die Feuchtigkeit auf der Außenseite der Blätter und deren Saft müssen für alle Bedürfnisse des Tieres ausreichen. Sein Futter hat einen außerordentlich geringen Nährwert, und so überrascht es nicht, daß der Koala einen sehr trägen Eindruck macht. Ein Faultier wirkt im Vergleich zu ihm wie ein Spitzensportler. Achtzehn von vierundzwanzig Stunden verschläft der Koala in einer Astgabel. Wahrscheinlich ist diese Lethargie der einzige Weg, um zu verhindern, daß er richtigen Durst bekommt, den er dann doch nicht stillen kann.

Andere Tiere, die nicht trinken, haben das Problem der Flüssigkeitsaufnahme besser gelöst, und es gelingt ihnen, etwas aktiver am Leben teilzunehmen. Die kleinen Känguruhratten, die in den trokkensten Teilen der Wüste vorkommen, verbringen ihr ganzes Leben oft, ohne einen einzigen Schluck Wasser zu sich zu nehmen. Sie beugen Durst vor, indem sie ihre Nahrung befeuchten. Die Känguruhratten transportieren lufttrockene Samen, die sie auf der Erdoberfläche finden, in ihre Gänge und lagern sie in kühlen unterirdischen Tunnels. Hier nehmen die Samen Feuchtigkeit auf und absorbieren Wasserdampf aus der Erde. Erst dann werden sie gefressen. Auf diese Weise nehmen die kleinen Nagetiere die nötige Feuchtigkeit über die Nahrung auf. Im Gegensatz zu dem Koala sind sie aber sehr beweglich und aktiv. Wie schaffen sie das?

Durch sorgfältige Beobachtungen in Gefangenschaft und in der freien Wildbahn hat man herausgefunden, daß die Känguruhratten in verschiedener Hinsicht an das Leben in einer wasserlosen Welt angepaßt sind. Zunächst lassen sie sich niemals tagsüber auf der Erdoberfläche blicken. Sonst würden sie sich zu sehr aufwärmen, und das würde bedeuten, daß sie Körperflüssigkeit zur Temperaturregulierung einsetzen müßten. Deswegen verlassen sie ihre tiefen Gänge nur während der kühlen Wüstennacht. Zweitens haben sie keine Schweißdrüsen und können praktisch kein Wasser durch Verdunstung über die Haut verlieren. Den Wasserverlust über die abgegebene Atemluft reduzieren sie dadurch auf ein Minimum, daß deren Temperatur ungewöhnlich niedrig liegt. Ihr Harn ist hochkonzentriert und hat einen doppelt so hohen Salzgehalt wie Meerwasser. Schließlich sind auch die Exkremente äußert fest und trocken; ihr Wassergehalt liegt nur bei einem Fünftel dessen, was verwandte Arten aufweisen.

Am überraschendsten bei diesen Untersuchungen an Känguruhratten war jedoch, daß diese kleinen Wüstennager so gut an das Leben in Trockenheit angepaßt sind, daß sie saftige grüne Nahrung, die man ihnen gibt, verweigern und bei ihren trockenen Samen bleiben. Das zeigt, zu welch vollkommener Anpassung es Tiere bringen können, die unter extremen Umweltbedingungen leben. Für das Leben in heißen Wüsten gibt es jedoch noch mehr Lösungen. Die amerikanische Wü-

Dieser Schwarzkäfer aus der Namibwüste gewinnt das lebensnotwendige Wasser aus den Morgennebeln. Er stellt sich bei Tagesanbruch auf die Dünenkämme und hebt das Hinterende des Körpers höher als den Kopf. Auf seinem kühlen Körper kondensieren Nebeltröpfchen und fließen zum Mund, wo sie einen richtig großen Wassertropfen bilden.

Wilde Wellensittiche, die in trockenen Gebieten Australiens leben, können lange Zeit ohne Trinken auskommen. Nach einem Regen aber treffen sie sich zu Hunderten an den Wasserlöchern und nehmen gierig Wasser auf. Bei Temperaturen von über 30 Grad können sie 28 Tage ohne Trinken ausharren, bei niedrigeren Temperaturen entsprechend länger.

stenratte verfolgt eine andere Strategie. Anstatt ihre Flüssigkeitsaufnahme zu reduzieren, hat sie eine Toleranz für eine Sorte Wasser entwickelt, die für andere Tiere giftig ist. Sie lebt in Kaktuswüsten. Obwohl sie nur selten auf freies stehendes Wasser stößt, bekommt sie soviel Wasser, wie sie will, indem sie das Innere der sukkulenten Kakteen frißt. Diese Pflanzen bestehen zwar zu 90 Prozent aus Wasser, doch ihr Fleisch enthält Oxalsäure, und diese wirkt in größeren Mengen normalerweise hochgiftig. Die Wüstenratte hat es aber gelernt, diese Säure in ihrem Stoffwechsel abzubauen.

Das Dromedar verfolgt noch eine andere Strategie. Es speichert weder in seinem Höcker noch in seinem Magen Wasser, wie man früher einmal geglaubt hat. Wenn Wasser vorhanden ist, trinkt es indes gierig und nimmt innerhalb weniger Minuten bis zu 30 Prozent seines Körpergewichts an Wasser auf; ein großes Männchen hat man dabei beobachtet, wie es ganze 100 Liter trank. Doch dann geht das Dromedar während seiner langen Reisen in die Wüste sehr sparsam mit dem Wasser um und kann siebzehn Tage dursten.

Beim Wassersparen hilft ihm eine bemerkenswerte Fähigkeit. Wer schon einmal hohes Fieber gehabt hat, weiß nur zu gut, wie sich eine Erhöhung der Körpertemperatur auswirkt. Wenn das Thermometer auf 40 Grad oder mehr steigt, sind wir schwer krank und beginnen zu phantasieren. Der Mensch kann nämlich nur äußerst geringe Schwankungen seiner Körpertemperatur aushalten. Beim Dromedar ist das anders. Während der Tageshitze kann es sich auf über 40 Grad erwärmen.

Erst dann beginnt das Dromedar zu schwitzen und damit seine Körpertemperatur zu regulieren. Nachts kann seine Körpertemperatur bis auf 35 Grad fallen, ohne daß das Tier krank wird. Dabei wird es die überschüssige Körperwärme, die es tagsüber angesammelt hat, wieder los. Das geschieht jedoch ohne den üblichen Wasserverlust, mit dem andere Tiere ihre Körpertemperatur regulieren.

Flughühner versorgen ihre Jungtiere auf ungewöhnliche Weise mit Wasser. Der Vater fliegt zu einer Wasserstelle und taucht seine Brustfedern ein, bis sie tiefnaß sind. Dann kehrt er zurück und lockt die Jungvögel zu sich. Diese kriechen unter den Körper des Vaters und saugen das Wasser aus dem Gefieder an der Brust. Dabei wechseln sie sich ab, bis alle Feuchtigkeit aufgenommen ist.

Das ist noch nicht alles. Das Dromedar kann auch seine Nieren umgehen. Die meisten Tiere verlieren über ihren Harn sehr viel Wasser, weil sie giftige Stoffwechselprodukte aus dem Körper ausscheiden müssen. Das Dromedar hingegen ist unter bestimmten Umständen imstande, Abfallprodukte in die Leber zurückzuleiten und sie dort wieder für die Synthese von Proteinen zu verwenden. Weiterhin kann das Dromedar bei großem Durst verhindern, daß das Blut genauso schnell Wasser verliert wie die restlichen Körpergewebe. Zu Zeiten von Wassermangel führt die Entwässerung des Blutplasmas bei anderen Arten unmittelbar zu großen Schäden. Alle diese Anpassungen machen es möglich, daß das Kamel unbeschadet durch die großen Sandwüsten ziehen kann.

Kleintiere haben genauso unter Wüstenbedingungen zu leiden wie große. Die Schwarzkäfer in den Dünen der großen südwestafrikanischen Namibwüste haben das Problem der Wasserbeschaffung auf ihre eigene Weise gelöst. Pro Jahr fällt dort im Durchschnitt nur etwas mehr als ein Zentimeter Regen. Die einzige Feuchtigkeitsquelle ist dort ein leichter Nebel, der frühmorgens auftritt und den Sand für kurze Zeit befeuchtet, bevor die Tageshitze wieder überhandnimmt. Nachts graben

Meeresbewohnende Tiere wie die Sturmvögel (rechts) können Meerwasser trinken. Das überschüssige Salz scheiden sie über besondere Drüsen an der Schnabelbasis aus. Die hochkonzentrierte Salzlösung tropft aus den auffälligen äußeren Nasenöffnungen an der Schnabelspitze. Deswegen sieht dieser Riesensturmvogel so aus, als würde er dauernd unter einer Erkältung leiden. Meerechsen (unten) haben mit demselben Problem zu kämpfen. Auch sie verfügen in der Nasenhöhle über besondere Drüsen, die überschüssiges Salz ausscheiden. Um das Salz loszuwerden, schütteln beide Tierarten außerdem heftig den Kopf.

 sich die Käfer im Sand ein und verlieren nach und nach ihre Körperwärme. Frühmorgens kehren sie an die Sandoberfläche zurück und sind dann kalt genug, daß sich Feuchtigkeit aus dem Nebel auf ihren Körpern kondensieren kann. Um dieses Wasser in trinkbarer Form zu gewinnen, klettern sie auf die Anhöhe einer Düne und bleiben hier still stehen, wobei sie das Hinterende des Körpers höher anheben als das Vorderende. In dieser Haltung laufen die Tautropfen auf dem Rücken und dem Bauch nach vorne und bilden in der Mundgegend einen großen Wassertropfen. Die Schwarzkäfer trinken und beginnen dann mit der täglichen Suche nach Nahrung. Anscheinend gewinnen auch wüstenbewohnende Puffottern ihr gesamtes Wasser auf diese Weise.

Auch wüstenbewohnende Vögel haben mit denselben Problemen zu kämpfen; sie können sich allerdings von Zeit zu Zeit fliegend auf die Suche nach Wasserlöchern machen. Wenn einmal einer der seltenen Stürme über die australische Wüste gezogen ist, fallen riesige Vogelschwärme Heuschrecken gleich bei Wasserlachen und anderen Wasserstellen ein und streiten sich um das kostbare Naß. Die übrige Zeit gehen sie mit dem Wasser in ihrem Körper möglichst sparsam um; so haben sie zum Beispiel ausgesprochen trockene Exkremente. Allein schon am Aussehen des Vogelkots kann man erkennen, ob eine Vogelart aus einer eher feuchten oder einer besonders trockenen Umgebung stammt. Zebrafinken und Wellensittiche, die sehr gern in Käfigen gehalten werden, kommen aus trockenen Ländern und sind Arten mit sehr trockenem Kot. Das macht sie auch als Käfigvogel so beliebt, weil sich kaum ein unangenehmer Geruch entwickelt und die Tiere ihre Käfige viel weniger verschmutzen als etwa Fruchtfresser. Wasser ist für Zebrafinken so wichtig, daß sie nur nach Regenfällen zu brüten beginnen. Deswegen haben sie keine feste Fortpflanzungszeit, sondern gelangen einige Tage nach einem Sturm und einem ausgiebigen Schluck Wasser in die richtige Stimmung. In Gefangenschaft kann ein Wasserguß und etwas grünes Gras wahre Wunder für den Bruterfolg dieser Art bedeuten.

Die Fortpflanzung ist unter wüstenartigen Bedingungen erheblich erschwert, besonders für die heranwachsenden Jungtiere, die noch nicht zu weit entfernten Wasserlöchern fliegen können. Flughühner lösen dieses Problem auf eine ganz besondere Weise. Beim Trinken begibt sich das Männchen mit flauschig gesträubten Brustfedern in das flache Wasser, so daß sich diese vollsaugen. Dann fliegt der Vogel schnell zum Nest zurück, wo die Jungvögel die Feuchtigkeit aus den Federn saugen. Die Nestlinge kennen keinen anderen Weg, um an Wasser zu gelangen, und sind so auf diese Methode fixiert, daß sie in Gefangenschaft Wasser in einer Schale verweigern und es nur aus einem feuchten Material wie etwa nasser Watte saugen.

Abgesehen von den Wüsten gibt es noch zwei weitere Lebensräume, in denen Trinkwasser nicht so leicht zu beschaffen ist. In den Polargebieten ist das gesamte Wasser gefroren, doch ist dies kein allzu großes Problem. Die meisten Vögel kalter Gebiete ziehen zwar fließendes Wasser zum Trinken vor, doch wenn keines vorhanden ist, fressen sie Schnee, der schnell in ihrem Schnabel schmilzt. Man hat beobachtet, wie kleine Vögel während eines Sturms hin und her flogen und nach Schneeflocken schnappten, als ob es sich um Insekten handelte.

Viel größere Schwierigkeiten haben Tiere, deren Lebensraum das Meer ist, wo Süßwasser weitgehend oder völlig fehlt. Der Seeotter beispielsweise trinkt Meerwasser. Man weiß aber noch nicht, wie er es schafft, dabei zu überleben. Anatomisch gesehen hat er sehr merkwürdige Nieren, und wahrscheinlich produziert er wie die Känguruhratten einen hochkonzentrierten Harn. Dabei scheidet er überschüssiges Salz auf diesem Weg aus.

Viele Meeresvögel werden die unerwünschten Salzmengen auf andere Weise los. Auch sie trinken Meerwasser, haben aber zur Ausscheidung an der Schnabelbasis besondere Salzdrüsen. Der größte Teil des Salzes wird durch die Blutbahn zur Nase transportiert und dort in Form von Tröpfchen hochkonzentrierter Salzlösung von den großen äußeren Nasenöffnungen abgegeben. Durch wiederholtes Kopfschütteln befreit sich der Vogel von diesem unerwünschten Stoff. Wenn ein Meeresvogel viel Meerwasser zu sich genommen hat, sieht er deswegen aus, als würde er unter einer schweren Erkältung leiden – seine Nase tropft.

Wenn Meeresvögel in einer Gegend leben, wo es zufällig reichlich Süßwasser gibt, ziehen sie dieses Wasser zum Trinken vor. Meeresvögel, die man in Gefangenschaft ausschließlich mit Süßwasser aufgezogen hat, entwickeln nicht so große Salzdrüsen wie andere, die Meerwasser erhielten. Offensichtlich entwickeln diese spezialisierten Organe ihre volle Größe nur dann, wenn sie auch gebraucht werden.

In Lebensräumen mit genug Süßwasser bleibt immer noch die Frage, wie das Wasser aus der Pfütze in die Kehle gelangt. Der Elefant bedient sich dazu einer einzigartigen Technik. Er spritzt sich mit seiner verlängerten Nase das Wasser in den Mund. Junge

Die Giraffe hat ein besonderes Kreislaufsystem, damit sie ihren Kopf schnell heben und senken kann, ohne daß sie schwindlig oder gar ohnmächtig wird. Die dauernde Angst vor Räubern macht es nämlich notwendig, daß das Tier während des Trinkens immer wieder die Umgebung sichert.

Elefanten trinken die Muttermilch aber nicht mit dem Rüssel, sondern direkt mit dem Mund. Erst wenn sie älter werden, folgen sie dem Beispiel der Eltern, füllen den Rüssel mit Wasser und stecken ihn sich zwischen die Lippen. Beim erwachsenen Tier umfaßt jeder »Rüsselvoll« fast sieben Liter, und wenn ein Elefant sich richtig satt trinkt, kann er auf einmal etwa 230 Liter aufnehmen – ein absoluter Rekord.

Die Giraffen halten einen anderen Rekord. In ihrem Fell stellt sich nicht die Frage, wieviel sie trinken, sondern wie schnell sie ihren Kopf heben und senken können, ohne das Bewußtsein zu verlieren. Vor ei-

Elefanten sind die größten Trinker des Tierreichs. Sie können auf einmal rund 230 Liter aufnehmen. Sie sind auch die einzigen Tiere, die das Wasser in ihre verlängerte Nase aufnehmen und es dann in den Mund spritzen.

nem Wasserloch müssen sie ihre Beine spreizen und dann die Lippen zur Wasseroberfläche führen. Erst befindet sich der Kopf drei Meter über dem Herzen, dann fast zwei Meter unter ihm. Lange Zeit hat es die Zoologen gewundert, wieso dabei das Blutkreislaufsystem der Giraffe nicht zusammenbricht und das Tier nicht ohnmächtig oder schwindlig wird. Die Antwort liegt darin, daß die Giraffen einen ungewöhnlichen Kreislauf besitzen. Ihr Herz schlägt zum Beispiel erstaunlich schnell für solch ein Tier. Die Kuh hat einen Puls von 70 Schlägen pro Minute, der Elefant von 25, die Giraffe hingegen von 150. Auf diese Weise kann die Giraffe mit plötzlichen Veränderungen und Schocks besser fertigwerden. Die Blutgefäße, die das Gehirn versorgen, sind auf besondere Weise angeordnet; sie werden mit einem Blutüberschuß leicht fertig und weisen auch sehr elastische Gefäßwände auf. Bei einem plötzlichen Heben des Kopfes können sie sofort dem Gehirn genügend Blut zukommen lassen, um jede Benommenheit zu vermeiden. Eine weitere Anpassung zeigt sich in der großen Halsarterie. Ventile darin verhindern, daß bei plötzlichen Auf- und Ab-Bewegungen das Gehirn zuviel Blut verliert oder der Blutandrang zu hoch wird.

Diese Spezialisierungen sind besonders wichtig, weil die Giraffen beim Trinken am verwundbarsten sind. Sie brauchen eine lebenswichtige Sekunde oder zwei, um aus ihrer merkwürdigen Trinkhaltung in eine Körperstellung zu gelangen, die ihnen eine Flucht ermöglicht. Aus diesem Grund trinken die Tiere sehr nervös und schnell, wobei sie wiederholt den Kopf heben, um die Umgebung nach möglichen Räubern abzusuchen. Man hat bei einer durstigen Giraffe die Trinkzeiten an einem Wasserloch gestoppt. Sie trank erst 40 Sekunden lang, dann 19,

---

Die meisten Säuger lecken das Wasser auf und rollen dabei die Zunge löffelförmig ein. Das kann man besonders deutlich bei der Hauskatze beobachten. Nach jeder vierten oder fünften Leckbewegung schluckt sie dann die Flüssigkeit.

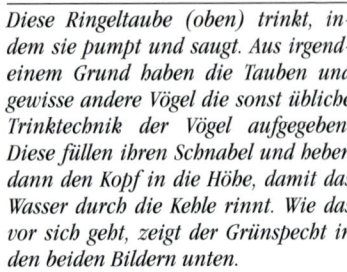

Diese Ringeltaube (oben) trinkt, indem sie pumpt und saugt. Aus irgendeinem Grund haben die Tauben und gewisse andere Vögel die sonst übliche Trinktechnik der Vögel aufgegeben: Diese füllen ihren Schnabel und heben dann den Kopf in die Höhe, damit das Wasser durch die Kehle rinnt. Wie das vor sich geht, zeigt der Grünspecht in den beiden Bildern unten.

dann 17, dann 33, dann 7 und schließlich 20 Sekunden. Dann ging sie weg. Zwischen jedem Trinken hob sie schnell den Kopf und sicherte die Umgebung. Der Kopf hatte dabei jedesmal einen Höhenunterschied von mehr als fünf Metern zu bewältigen. Das erklärt, warum dieses ungewöhnliche Tier ein derart leistungsfähiges Kreislaufsystem aufweisen muß.

Die meisten Säuger lecken das Wasser mit ihrer Zunge auf. Wenn man einer Hauskatze zusieht, die Milch trinkt, so erkennt man, daß sie ihre Zungenspitze zu einer leichten Löffelform einrollt. Damit schaufelt sie bei jedem Lecken kleine Mengen Flüssigkeit in den Mund; nach jedem vierten oder fünften Mal schluckt sie.

Ganz merkwürdige Trinksitten hat der Vielfraß, der auch Järv heißt und in den Wäldern des hohen Nordens vorkommt. Wenn er Wasser aufleckt, tritt er mit seinen Vorderbeinen auf der Stelle. Dieses Verhalten kann man bei vielen jungen Raubtieren beobachten, wenn sie an der Zitze ihrer Mutter trinken. Damit stimulieren sie den Milchfluß. Die Vielfraße hingegen behalten dieses Treteln bei und zeigen es auch im Erwachsenenalter. Durch gleichzeitiges Treten und Lecken können sie Wasser aus sumpfigerem Untergrund gewinnen. Dies ist ein so starres Verhaltensmuster, daß es auch dann ausgeführt wird, wenn es gar nicht sinnvoll ist. Vielfraße in Gefangenschaft werfen dabei leicht ihre Trinknäpfe um.

Vögel kennen zwei Arten der Füssigkeitsaufnahme: Nippen und Saugen. Beim ersten Verfahren füllt der Vogel seinen Schnabel mit Wasser und hebt dann den Kopf hoch, so daß ihm das Wasser durch die Kehle rinnt. Um seinen Durst zu löschen, muß er dies öfter wiederholen.

Beim Saugen bleibt der Kopf unten, und das Wasser wird durch eine peristaltische Bewegung der Speiseröhre eingesogen. Diese Bewegung kann ein Beobachter oft deutlich sehen.

Manche Zoologen behaupten kühn, daß nur Tauben saugen und alle anderen Vögel nippen, doch ist dies eine zu große Vereinfachung. In Wirklichkeit sind unter gewissen Umständen auch andere Vogelarten imstande zu saugen.

Es wurde schon die Meinung geäußert, die Tauben würden die Saugtechnik anwenden, weil sie auf diese Weise schneller Wasser aufnehmen und damit auch wieder schneller wegfliegen können. Wie alle durstigen Tiere sind sie

Die Zunge des Steppenschuppentiers ist bis zu vierzig Zentimeter lang und mit klebrigem Speichel bedeckt. Damit kann das Tier leicht trinken.

tatsächlich beim Trinken sehr verwundbar, und eine schnelle Wasseraufnahme ist daher auf jeden Fall anzuraten. Geschwindigkeit ist aber nicht das einzig wichtige Kriterium. Wachsamkeit ist mindestens ebenso bedeutsam. Vögel, die den Schnabel füllen und dann den Kopf heben, sind dabei deutlich im Vorteil. Mit jedem Heben des Kopfes kann das Tier die Umgebung nach möglichen Räubern absuchen.

Beide Arten der Flüssigkeitsaufnahme haben ihre Vorteile, und es läßt sich kaum entscheiden, welche nun die sicherere ist. Es gibt noch andere Erklärungen, warum das eine und nicht das andere Verfahren gewählt wird. Einen Hinweis geben uns einige kleine Grasfinkenarten. Sie verwenden beide Methoden, allerdings unter unterschiedlichen Bedingungen. In tiefem Wasser tauchen sie den Schnabel ein und heben dann den Kopf hoch. Ist nur ein flacher Wasserfilm vorhanden, saugen sie das Wasser ein. Die erste Methode wäre hier nicht effizient, während die zweite zum Erfolg führt.

Es ist möglich, daß die Tauben von Vorfahren abstammen, die immer häufiger aus extrem flachen Wasserpfützen trinken mußten, so daß schließlich das Saugen zu ihrer ausschließlichen Trinkmethode wurde, auch wenn tiefere Wasserpfützen zur Verfügung standen.

Kannibalismus

Einige Menschen sind schockiert, wenn sie erfahren, daß Kannibalismus im Tierreich weit verbreitet ist. Unser Entsetzen beim Gedanken daran, menschliches Fleisch zu essen, ist so stark, daß wir uns gerne vorstellen, es handele sich um ein Naturgesetz und Ausnahmen gebe es nur in der allergrößten Not. Bei vielen Arten jedoch ist Kannibalismus ein gewöhnlicher Bestandteil ihres Soziallebens. Es trifft zwar zu, daß zunehmender Streß zu mehr Kannibalismus führt, doch bei einigen Arten ist

Unter Fröschen ist Kannibalismus nicht selten. Hier frißt ein Frosch einen anderen Frosch, und Kaulquappen fressen eine andere Kaulquappe.

Kannibalismus eine normale Erscheinung, mit Streß oder ohne. Von Angehörigen der eigenen Art gefressen zu werden gehört zu den Wechselfällen des Lebens.

Eines der schlimmsten Beispiele kannibalistischen Verhaltens liefern uns Haie. Für junge Sandhaie und Makrelenhaie beginnt der Kampf ums Überleben schon früh. Obwohl man es kaum glauben mag, bringen diese Arten kannibalische Embryonen hervor. Zu Beginn der Trächtigkeit hat das Weibchen – das keine Eier legt – ungefähr ein Dutzend Embryonen im Bauch. Während sie noch im Eileiter heranwachsen, beginnen sie schon, sich gegenseitig aufzufressen. Dazu haben sie bereits scharfe Zähne. Die größeren und kräftigeren Embryonen reißen die kleineren und jüngeren in Stücke. Auch wenn sich neue Eier zu entwickeln beginnen, werden diese gefressen, bis am Ende nur noch ein großes wohlgenährtes Jungtier übrigbleibt, sozusagen vollgestopft mit seinen ungeborenen Geschwistern. Wenn keine Brüder und Schwestern mehr vorhanden sind, ändert dieses Jungtier seine Lage im Eileiter so, daß es dadurch die eigene Geburt auslöst.

Der Zoologe, der diesen vorgeburtlichen Kannibalismus (Adelphophagie) entdeckte, stieß auf die Erscheinung, als er einen toten weiblichen Hai sezierte. Zu seinem Erstaunen wurde er von einem zwanzig Zentimeter langen Embryo angegriffen und in die Hand gebissen. Später untersuchte er den Mageninhalt von Haiembryonen und entdeckte die aufgefressenen jüngeren Geschwister. Er beschrieb diese Haie zutreffenderweise als Arten, die ihre Jungen als »wohlentwickelte und erfahrene Wesen mit einem gefüllten Bauch« in die Welt entsenden. Die Haie sind mit dieser extremen Form der Konkurrenz unter Jungtieren jedoch nicht allein. Der Alpensalamander bietet seinen Nachkommen vielleicht noch geringere Chancen. Von den rund sechzig befruchteten Eiern überleben nur ein bis vier Larven. Nachdem sie ihre Geschwister aufgefressen haben, machen sie eine Metamorphose durch, bevor sie geboren werden.

Die Schaufelfußkröte, die in Wüsten lebt, hat eine etwas kompliziertere Entwicklung. Nach der Eiablage entwickeln sich zwei unterschiedliche Arten von Kaulquappen: Die eine ist harmlos und frißt Algen, die andere lebt räuberisch und frißt andere Kaulquappen. Diese Larvenformen unterscheiden sich grundlegend im Bau der Kiefer und der Zähne und sind an ihre unterschiedlichen Ernährungsweisen angepaßt. Die Räuber beginnen also damit, die algenfressenden Kaulquappen aufzufressen. Die Kannibalen werden groß und dick, bisweilen über fünfzehn Zentimeter lang. Was nun weiter passiert, hängt vom Wetter ab. Wenn es stark regnet, gibt es viele Algen, und die Algenfresser entwickeln sich gut. Bei Trockenheit hingegen bleiben sie klein und wer-

Wenn jüngere Löwenmännchen ältere Männchen vertreiben und deren Rudel übernehmen, töten sie oft deren Nachkommen und fressen sie auf. Dann paaren sich die jungen Männchen mit den Weibchen und zeugen eigene Nachkommen. Diesen gegenüber verhalten sie sich dann wie Musterväter.

den alle von den kannibalischen Brüdern aufgefressen. In beiden Fällen kann die Art überleben.

Die Jungen anderer Tierarten wenden sich nicht gegen ihre Geschwister, sondern gegen die hart arbeitenden Eltern. Haben die erwachsenen Tiere ihre Rolle als Erzeuger und Beschützer zu Ende gespielt, sind sie noch immer gut für eine Mahlzeit. Das Weibchen einer Spinnenart stirbt oft, bevor seine Jungen den Eikokon verlassen. Wenn dies geschieht, fressen sie als erstes den Kadaver auf. Auf diese Weise können sie sich frisch gestärkt ins Leben wagen. Ähnliche Vorgänge hat man auch bei anderen Spinnenarten beobachtet.

Viel häufiger jedoch ist die umgekehrte Situation: Die Eltern fressen ihre Jungen auf. Besonders oft tritt dies bei großem Streß auf. Die Jungen hören plötzlich auf, die üblichen Signale mit der Botschaft »Beschütze mich« auszusenden und werden damit zu einem bequem erhältlichen Stück Fleisch. Zahllose Arten von Säugern, Vögeln, Fischen und Insekten verhielten sich so, sowohl in der freien Natur, als auch in Gefangenschaft. Wenn die Eltern bei ihren mütterlichen oder väterlichen Pflichten gestört werden, kann es passieren, daß sie in Panik geraten. Dadurch können Kindermord und Kannibalismus ausgelöst werden. In der freien Wildbahn haben Forscher das bei Greifvögeln, Möwen, Krähen und Störchen beobachtet. Unter den Säugern ist dieses Verhalten besonders häufig bei Raubtieren und Nagetieren. Das weiß zum eigenen Leidwesen auch jeder Zoodirektor.

Das Weibchen der Gottesanbeterin verzehrt seinen Partner oft noch während der Paarung. Auf jeden Fall frißt es zunächst den Kopf. Dabei entfernt es ein Nervenzentrum, das auf die geschlechtliche Aktivität hemmend einwirkt. Das führt dazu, daß das Männchen ohne Hemmungen seine Samenflüssigkeit in den Körper des Weibchens pumpt. Einige Männchen begehen den fatalen Irrtum, sich der Partnerin von vorne zu nähern. Das führt fast immer zu einem Angriff, bevor das Männchen auch nur die Chance hat, das Weibchen zu besteigen und mit der Paarung zu beginnen.

Bei einer Art kennen wir den genauen Mechanismus, mit dessen Hilfe erwachsene Tiere ihre Jungen erkennen. Das Spitzhörnchen oder Tupaia, ein Verwandter der Halbaffen, hat auf der Brust eine spezielle Drüse, die einen schützenden Duftstoff produziert. Junge Tupaias, die den Duft dieser Drüsen auf ihrem Körper tragen, sind wie auf magische Weise vor Kannibalismus gefeit. Der Duft sendet ein Signal aus, das besagt: »Ich bin ein kleines Spitzhörnchen und keine schmackhafte Beute.« Wenn die Mutter es vergißt, ihre Jungen mit dem besonderen Duft zu versehen, senden sie ein ganze anderes Signal aus: »Ich bin ein köstliches Stück Fleisch«, und sie frißt sie ohne Zögern auf.

Durch sorgfältige Beobachtungen wurden die Umstände klar, die bei dieser Art zum Kannibalismus führen. Spitzhörnchen haben buschige Schwänze mit langen Haaren am Ende. Diese sträuben sich bei Aufregung. Unter Streß stehen die Schwanzhaare länger aufrecht, und daran kann man leicht die innere Stimmung der Tiere erkennen. Sind die Tupaias entspannt und die Bedingungen stabil, so stehen die Schwanzhaare an einem durchschnittlichen Tag nur ungefähr während fünf Prozent der Zeit aufrecht. In diesem ruhigen Zustand pflanzen sie sich munter fort. Sie bauen ein Nest und bringen ein bis vier Jungtiere auf die Welt. Diese werden sofort vom Weibchen gesäugt, sorgfältig gereinigt und mit ihrem Schutzduft versehen. Dann schlafen sie im Innern der Nesthöhle. Das Weibchen besucht seine Jungen von Zeit zu Zeit und läßt ihnen jede Aufmerksamkeit zukommen.

Die Situation ändert sich dramatisch, wenn das Streßniveau steigt. Die Schwanzhaare stehen dann gut viermal solange aufrecht, also während 20 Prozent der gesamten Zeit. Das Weibchen paart sich dann zwar trotzdem und bringt auch Junge zur Welt. Doch dann gibt es nicht mehr den lebenswichtigen Schutzduft von seiner Brustdrüse ab. Die Jungen werden nicht damit imprägniert, riechen damit nicht wie Jungtiere und werden binnen weniger Stunden aufgefressen. Durch genaue Untersuchungen fand man heraus, daß sich die aufgeregten Mütter nicht etwa weigerten, ihre Nachkommen mit dem öligen Sekret zu markieren. Sie hatten vielmehr keine andere Wahl, weil das hohe Streßniveau bewirkte, daß die Drüsen automatisch mit der Sekretion aufhörten. Selbst wenn das Weibchen seine Jungen an seiner Brust einrieb, führte dies nicht zum Erfolg.

Die überragende Bedeutung des schützenden Duftes zeigte sich auch bei einem einfachen Test. Wenn man junge Tupaias, die von ihrer Mutter ordentlich mit ihrem Duft markiert wurden, aus dem Nest nimmt und in das Nest einer gestreßten Mutter setzt, frißt diese sie dennoch nicht auf. Mit anderen Worten: Sie wird ihre eigenen unmarkierten Jungen verzehren, jedoch nicht die markierten einer fremden Mutter. Man kann sich kaum vorstellen, daß ein Duftsignal mehr Bedeutung haben könnte. Und überraschenderweise ist der Schutzduft

Viele Insekten zeigen kannibalische Verhaltensweisen. Männliche Tanzfliegen laufen zum Beispiel Gefahr, daß sie vor und während der Paarung aufgefressen werden. Gelegentlich frißt ein Männchen auch das andere wie bei dieser Begegnung zweier Skorpionsfliegen.

Spinnenweibchen versuchen oft, die Männchen zu fressen, mit denen sie sich gerade gepaart haben. Um diesem Schicksal zu entgehen, lassen sich die Männchen einiges einfallen. Sie fesseln zum Beispiel das Weibchen mit Seidenfäden oder präsentieren ihr als Geschenk ein eingewickeltes Beutestück.

dieses Tieres nicht ein persönlicher Geruch der jeweiligen Mutter, sondern ein arttypischer, der die kleinen Spitzhörnchen als Jungtiere ihrer Gattung ausweist und nicht so sehr als »mein eigenes Baby«.

Es ist für uns schwer zu verstehen, daß eine einzige Eigenschaft den Unterschied zwischen Baby und willkommener Beute ausmachen kann. Signale dieser Art sind jedoch im Tierreich häufig. Ein ähnliches Signal verwendet auch unsere gemeine Hausmaus. Wenn ein trächtiges Weibchen den Duft eines fremden Männchens wahrnimmt – eines Männchens, dem es bisher noch nie begegnet war –, verliert es automatisch seine Jungen. Der gesamte Fortpflanzungszyklus bleibt stehen, und das Weibchen absorbiert die Embryonen. Diese Erscheinung heißt nach ihrem Entdecker Bruce-Effekt. Er verhindert eine Überbevölkerung von Mäusepopulationen. Ist eine Gruppe nämlich schon so groß geworden, daß die ansässigen Männchen fremde Männchen nicht mehr fernhalten können, dann ist eine bedenklich hohe Bevölkerungsdichte erreicht. Der Bruce-Effekt verhindert dann, daß die Population noch größer wird. Man kann sich ausmalen, was in menschlichen Gesellschaften geschehen würde, wenn dieser Effekt auch bei uns gültig wäre.

Eine Umwelt voller Streß und hohe Bevölkerungsdichte haben bei vielen Arten zur Folge, daß die Eltern ihre Eier oder Jungtiere fressen. In einem Teich mit nur wenig Goldfischen können Hunderte von Jungfischen schlüpfen, und viele werden das Erwachsenenalter erreichen. Ist derselbe Teich aber bereits voller Goldfische, so werden die meisten Jungfische gefressen, und kaum einer überlebt. Dieser Mechanismus bewirkt, daß Populationen auf einem bestimmten Niveau stehenbleiben, bei dem für alle genügend Futter vorhanden ist. Im allgemeinen ist jedoch eher der verfügbare Raum und nicht die Nahrung der auslösende Faktor. Werden Tiere in einem künstlich begrenzten Gebiet gehalten und bekommen sie dabei beliebig viel Futter, so leiden sie dennoch, wenn ihre Zahl weiter ansteigt. Überbevölkerung allein reicht aus, um einen Zusammenbruch des Fortpflanzungszyklus und Kannibalismus an den Jungtieren zu bewirken. Dies zeigen Laborversuche mit Ratten: Die gesamte Sozialstruktur zerfiel, als die Bevölkerungsdichte zu sehr anstieg. Diese Erscheinung läßt sich auch regelmäßig bei den mitleiderregenden Haltungsbedingungen heutiger Haustiere wie Schweinen und Hühnern in modernen Tierzuchtbetrieben beobachten. Anstatt auf die Streßsymptome ihrer Tiere sinnvoll zu reagieren und den Streß abzubauen, greifen die Tierzüchter lieber zu Beruhigungsmittteln oder brennen in einigen Ländern den Hühnern gar die Schnäbel weg. Unter solchen Bedingungen produziert die heutige intensive Tierhaltung.

Unter einer bestimmten Bedingung kommt es ferner vor, daß erwachsene Tiere, auch ohne unter ungewöhnlichem Streß zu leiden, ihre Jungtiere fressen. Dies geschieht, wenn der Vater der jungen Tiere seinen dominanten Status verliert und ein anderes Männchen an dessen Stelle tritt. Das neue dominante Männchen tötet in einem solchen Fall oft die vorhandenen Jungtiere und frißt sie auf. Dieser kannibalische Akt hat zur Folge, daß das Weibchen wieder paarungsbereit wird. Nach einiger Zeit bringt es dann Jungtiere auf die Welt, welche die Gene des Neuankömmlings aufweisen. Dieses Verhalten ist bei wilden Löwen wohl dokumentiert, wenn ein jüngeres stärkeres Männchen das Rudel eines älteren übernimmt. Ähnliche Verhaltensmuster haben Forscher auch bei anderen Säugetieren beobachtet, darunter bei Bären, Hamstern und Languren, und bei mehreren Fischen.

Bisher haben wir Fälle kennengelernt, bei denen Jungtiere Jungtiere, Jungtiere erwachsene Tiere und erwachsene Tiere Jungtiere fressen. Es gibt aber auch einige spektakuläre Beispiele dafür, das erwachsene Tiere andere erwachsene Tiere fressen. Das berühmteste Beispiel dafür ist ohne Zweifel die tödlich verlaufende Paarung der Gottesanbeterin. Das Weibchen versucht während der Kopulation das Männchen aufzufressen. Es beginnt damit, daß sich das Männchen seiner Partnerin möglichst unauffällig von hinten nähert. Dieses Heranpirschen kann Stunden dauern. Am Ziel angekommen, packt das Männchen das Weibchen und beginnt mit der Paarung. Es ist durchaus möglich, daß das Männchen es schafft, die Paarung zu vollenden und sich mit einem Sprung in Sicherheit zu bringen. Wahrscheinlicher ist jedoch, daß das Weibchen dem Männchen den Kopf abbeißt und ihn noch während der Kopulation aufzufressen beginnt. Daß das Männchen buchstäblich den Kopf verliert, spielt für die Paarung überhaupt keine Rolle, sondern beschleunigt sie sogar. Damit ist nämlich gesichert, daß das Männchen weiterhin seinen Samen in den Körper des Weibchens pumpt. Im Kopf des Männchens befindet sich nämlich ein hemmendes Zentrum des Nervensystems. Ist der Kopf ab, verliert das Männchen automatisch alle sexuellen Hemmungen. Der kopflose Körper kann mit der Spermaübertragung gar nicht mehr aufhören, was natürlich gewährleistet, daß das Weibchen befruchtete Eier legt. Das Weibchen frißt noch während der Paarung den Partner vom Kopf bis zum Hinterleib auf. Am Ende ist das Weibchen nicht nur mit Sicherheit befruchtet, sondern auch gut genährt und kann damit reichlich Eier legen.

Auch bei anderen Insekten endet die Hochzeit mit einem solchen Festschmaus. Allerdings warten die Weibchen normalerweise, bis die Männchen die Paarung vollendet haben, und fressen sie erst dann. Diese Form des Kannibalismus wurde bei Grillen, Heuschrecken, Ameisenlöwen und Laufkäfern beobachtet. Die Tanzfliegen weisen noch eine weitere Verfeinerung auf. Die Männchen gewisser Arten packen kleine Nahrungsbissen ein und geben sie ihren Weibchen als Hochzeitsgeschenk. Die Verpackung ist wichtig, weil das Weibchen längere Zeit braucht, um sie zu entfernen und damit an den Bissen zu gelangen. Während das Weibchen also beschäftigt ist, hat das Männchen genügend Zeit, die Paarung durchzuführen, ohne selbst gefressen zu werden. Bei einigen Arten ist das Geschenk des Männchens nicht ganz so großzügig, weil es sein Beutestück erst leersaugt und dann einwickelt, um es seiner Partnerin zu überreichen. Für die Männchen einiger anderer Arten ist auch das noch zuviel Aufwand. In ihrer Verpackung befindet sich überhaupt nichts mehr: Sie übergeben ihren Weibchen einen großen, aber völlig leeren Kokon. Unter solchen Umständen ist jedoch immer eine schnelle Paarung ratsam.

Spinnenmännchen haben noch vielfältigere Verhaltensweisen entwickelt, um zu verhindern, daß sie zum Frühstück bei ihrer eigenen Hochzeit werden. In den meisten Fällen sind die Weibchen viel größer und so räuberisch gestimmt, daß sie fast alles, was sich bewegt, angreifen und töten, ohne vorher zu überprüfen, welcher Natur ihre Beute genau ist. Einige

Die Strategien der Spinnenmännchen, um zu verhindern, von den Weibchen gefressen zu werden, haben jedoch nicht immer Erfolg, und manchmal endet das Männchen selbst als Hochzeitsmahl.

Männchen bewältigen dieses Problem, indem sie aus respektvollem Abstand eine Reihe besonderer visueller Signale zeigen. Andere versetzen die Netze der Weibchen in ganz besondere Schwingungen mit einem Rhythmus, der anzeigt, daß sie Männchen und nicht Mahlzeiten sind. Wiederum andere Männchen bringen ein Geschenk mit, welches das Weibchen für einige Zeit ablenkt. Einige Männchen treten bestimmter auf und beißen das Weibchen auf eine Weise, daß es in eine Art hypnotischen Schlaf versinkt, oder binden ihre Weibchen mit Spinnenfäden fest und begatten sie erst dann, wenn sie gut verschnürt sind. Viele dieser Strategien haben Erfolg, und die Männchen bleiben am Leben und können sich weiter paaren. Von Zeit zu Zeit versagt aber die Taktik, und das Weibchen stillt seinen Proteinhunger, indem es seinen Partner leersaugt – ohne Zweifel ein effizientes Verfahren, um den frisch befruchteten Eiern beim Start ins Lebens zu helfen.

Obwohl Kannibalismus bei mindestens 138 Tierarten bekannt ist – ohne Streß und Überbevölkerung als auslösende Faktoren –, wäre es doch falsch, ihm übertrieben viel Bedeutung in der Tierwelt zuzumessen. Viel beeindruckender ist, wie sehr es den meisten Tieren widerstrebt, ein schwächeres Mitglied der eigenen Art aufzufressen. Hungrige Eltern geraten wohl oft in Versuchung, ihre eigenen Eier oder Jungen aufzufressen. Doch ihre Elternpflichten stellen eine wirksame Hemmschwelle dar. Eine beeindruckende Demonstration dieses Konflikts gab einmal ein männlicher maulbrütender Fisch. Er beaufsichtigte gerade seine Jungfische. Sie schwammen umher und entfernten sich dabei vom Nest. Das Männchen folgte ihnen, nahm sie in seine Mundhöhle und brachte sie ins sichere Nest zurück. Einmal hatte er gerade einen seiner herumstreunenden Nachkommen in sein Maul genommen, als er einen fetten Wurm im Wasser sah. Unfähig zu widerstehen, nahm er auch diesen in den Mund und stand nun vor einem fürchterlichen Dilemma: In seiner Mundhöhle hatte er nun einen seiner Nachkommen und ein Beutetier, das er gern gefressen hätte. Schlang er es hinunter, ging der Jungfisch verloren. Doch wenn er den Inhalt des Mundes wieder ins Nest spuckte, verlor er seine Beute. Einen Augenblick zögerte der Fisch, und seine Flossenbewegungen verrieten den inneren Konflikt. Dann fand er eine Lösung für das Problem. Er spuckte den Jungfisch und den Wurm aus. Als beide vor ihm im Wasser schwebten, schnappte er den Wurm und verschluckte ihn schnell. Dann nahm er den Jungfisch wieder in die Mundhöhle, schwamm zum Nest zurück und ließ ihn dort frei.

Konfliktverhalten

Wenn sich ein Tier in einem inneren Konflikt befindet, wird sein Verhalten intensiver und komplizierter. Es fühlt sich innerlich hin und her gerissen und kann weder dem einen noch dem anderen Verlangen ganz nachgeben. Die beiden Tendenzen sind einander entgegengesetzt und schließen einander aus, aber nicht mit dem Ergebnis, daß das Tier dabei ruhiger würde oder zu einem Entschluß käme. Ganz im Gegenteil: Es empfindet Spannung und Unsicherheit und drückt dies auch durch Körperhaltungen und Bewegungen aus. Beim Konfliktverhalten können wir viel über die Evolution der Körpersprache des Tieres und des Menschen erfahren.

Bei inneren Konflikten prallen verschiedene Stimmungen zusammen und wechseln einander ab. In solchen Zeiten muß das Tier seinen emotionalen Zustand Partnern, Rivalen, Eltern, Jungtieren oder Gefährten mitteilen können. Im Verlauf der Evolution haben

Wenn Tiere im Begriff sind, das Weite zu suchen, so zeigen sie kleine Intentionsbewegungen. Diese lassen deutlich erkennen, daß die Tiere etwas vorhaben. Die kleine Eule im Bild oben duckt sich gerade, um sich auf das Wegfliegen vorzubereiten. Diese Intentionsbewegung ist leicht zu verstehen. Aus diesem Verhalten kann sich eine deutliche Aufundabbewegung des Körpers als wiederholte Intentionsbewegung entwickeln. Die Knäkente im Bild unten zeigt durch weites Zurücklegen des Kopfes eine Intentionsbewegung.

sich viele Konfliktreaktionen zu besonderen Ritualen verändert oder übersteigerte Formen angenommen. Die Ritualisierung besteht darin, daß Handlungen in Konfliktsituationen nach starren, festgelegten Regeln ablaufen. Das ist erforderlich, weil einander entgegengesetzte Tendenzen und Kräfte den einfachen, ruhigen Ablauf zielstrebiger Verhaltensweisen verhindern. Die Ritualisierung des Verhaltens nach bestimmten Mustern und Regeln hilft, die wahre Natur von Begrüßungsritualen, Drohgebärden, Balzzeremonien und dem Verhalten von Eltern und Kindern zu verstehen.

Es gibt sieben grundlegende Verhaltensmuster: ambivalentes Verhalten, Intentionsbewegungen, umorientierte Bewegung, Übersprungshandlungen, Beschwichtigungsverhalten, »Abschalten«, autonome Erregung. Wir werden kurz auf jede dieser Verhaltensweisen eingehen. Mit ihrer Kenntnis wird es dann viel leichter, selbst komplexes und bizarres Verhalten von Tieren zu enträtseln.

Der Grünling im Bild oben deutet mit seiner Intentionsbewegung an, daß er auf einen Feind zufliegen will. Daraus kann sich eine frontale Drohhaltung entwickeln wie beim großen Virginia-Uhu im Bild rechts.

1. Ambivalentes Verhalten

Wenn ein Tier einen starken Drang verspürt, sich zurückzuziehen, und gleichzeitig eine ebenso starke Lust, zum Angriff überzugehen, so könnte man rein theoretisch erwarten, daß es genau da bleibt, wo es ist. Das gleich starke Verlangen zu fliehen und zum Angriff überzugehen müßte eigentlich dazu führen, daß das Tier keinen Muskel rühren kann. In der Praxis gibt es aber kein so perfekt ausgewogenes Gleichgewicht, außer vielleicht für einen Sekundenbruchteil. In Wirklichkeit gewinnt ein Bedürfnis die Oberhand, und das Tier bewegt sich in die entsprechende Richtung. Nehmen wir einmal an, es handele sich um einen Konflikt zwischen Flucht und

Wenn sich Tiere in einem starken inneren Konflikt befinden, halten sie gelegentlich inne und führen kleine, scheinbar irrelevante Handlungen durch. Sie kratzen sich beispielsweise am Kopf wie dieses Känguruh (links) oder treiben ein wenig Gefiederpflege wie die Mandarinente im Bild rechts. Zu diesen Übersprungshandlungen gehört auch das Gähnen wie bei diesem Fisch im Bild unten.

Angriff. Wenn die Fluchttendenz stärker ist, beginnt das Tier sich langsam zurückzuziehen. Durch diesen kleinen Rückzug fühlt es sich dann sicherer, da es nun von der Quelle seiner Angst etwas weiter entfernt ist, und das Tier bewegt sich wieder vor. Nun kann die Angst wieder größer werden, was zu einem erneuten Rückzug führt. Auf diese Weise bewegt sich das Tier aufgeregt wie ein Pendel hin und her.

Ein solch ambivalentes Verhalten kann die Grundlage für ein ritualisiertes Tanzverhalten werden. Im Laufe der Evolution wird die Bewegung vorwärts und rückwärts glatter und rhythmischer. Die genaue Form der Bewegung ist jedoch von Art zu Art verschieden. Einige Formen zeigen ein seitliches rhythmisches Pendeln, während andere sich in der Senkrechten auf und ab bewegen, zickzackartig umherschießen oder merkwürdige Verrenkungen und Drehungen zeigen. Es gibt ebenso viele Formen ambivalenten Verhaltens im Tierreich wie Tanzschritte für den Menschen. Einige Arten zeigen walzerähnliche Bewegungen, andere tanzen eine Art Rock'n'Roll oder Twist. Und oft lassen sie dabei zum Tanz ihre arteigene Musik hören.

Wie alle Reaktionen auf Konflikte können ambivalente Handlungen immer dann auftreten, wenn zwei gegensätzliche Reize auf das Tier einwirken. In unserem Beispiel waren dies Flucht und Aggression, es können aber ebensogut Angst und sexuelle Anziehung sein, Aggression und sexuelle Anziehung, Angst und Brutpflege, Angriff und Brutpflege usw. Bisweilen können auch drei verschiedene Reize gleichzeitig auf ein Tier einwirken. Einige Arten haben mehrere verschiedene Formen von Konfliktverhalten, je nach den auslösenden Faktoren. Andere wiederum kommen mit nur einer Verhaltensweise in verschiedenen Konfliktsituationen aus.

2. Intentionsbewegungen

Die Intentionsbewegungen sind eng verwandt mit den ambivalenten Handlungen. Es kommt aber nur eines der beiden Bedürfnisse zum Ausdruck. Wenn ein Vogel Angst hat und am liebsten fliehen würde, gleichzeitig aber aus irgendeinem Grund an Ort und Stelle bleiben möchte, so öffnet er seine Flügel wie zum Abflug. Vielleicht spreizt er auch seinen Schwanz und bewegt ihn nach unten, biegt die Beine oder duckt sich wie zum Absprung. Diese und andere vorbereitende Bewegungen enthüllen seine Absicht, davonzufliegen, doch irgend etwas hindert ihn an der Ausführung. Es wird nur der erste Schritt des gesamten Bewegungsablaufs durchgeführt. Dann besinnt sich der Vogel und hält inne.

Diese verkürzten Bewegungen sind lebenswichtige Signale für andere Vögel; sie sagen ihnen, welche Intentionen der Vogel hat. An Form und Richtung der Intentionsbewegungen ist es möglich festzustellen, was daraus geworden wäre, wenn das Tier seine Handlung zu Ende geführt hätte. Nach vorne gerichtete Intentionsbewegungen lassen auf einen unmittelbar bevorstehenden Angriff schließen, während seitliche Bewegungen eher wie ein Rückzug zu deuten sind. Auch hier haben sich die Intentionsbewegungen im Laufe der Evolution oft verstärkt. Ein

unauffälliges gelegentliches Kopfnicken oder Schwanzschlagen entwickelte sich zu einer auffälligen regelmäßigen ritualisierten Handlung. Diese ritualisierten Intentionsbewegungen werden zu wichtigen Signalen für alle Angehörigen der betreffenden Art und unterscheiden sich wahrscheinlich selbst von denen nahverwandter Arten. Auf diese Weise können Konfliktreaktionen der Artisolierung dienen. Jede Vogelart weist ihre eigene Körpersprache auf, die dadurch entstand, daß einfache »Starthandlungen« auf vielerlei Weise verstärkt und übertrieben wurden. Bei einer Vogelart wird zum Beispiel die Auf- und Abbewegung des Schwanzes zum wichtigsten Schlüssel. Bei einer anderen Art ist es das Nicken des Kopfes und bei einer dritten wiederum das Durchbiegen der Beine. Solche Handlungen wurden im Laufe der Entwicklungsgeschichte immer häufiger und auffälliger. Am Ende ersetzen sie die realen Bewegungen beim Abflug, und dieser erfolgt nur noch unter extremen Umständen.

3. Umorientierte Bewegungen

Wenn zwei Tiere zusammentreffen und beide Angriffslust verspüren, so kann doch die gegenseitige Angst zu groß sein, als daß sie tatsächlich aufeinander losgehen. Sie stehen sich dann wütend gegenüber, und ihr innerer Konflikt macht sie unfähig zu handeln. Unter solchen Bedingungen werden sie ihre angestauten Gefühle gelegentlich auf andere Weise los: Sie wenden sich seitlich ab und greifen ein harmloses Ersatzobjekt an. Derart umgelenkte Aggressionen gibt es auch in der menschlichen Gesellschaft, und sie sind ein ernstes Problem. Wenn ein

Mann wütend und frustriert nach einem schlechten Tag im Büro nach Hause kommt, läßt er seine schlechte Laune oft an seiner Frau und den Kindern aus, die sich in einer schwächeren Position befinden. Vielleicht versetzt er auch der Katze einen Tritt. Wenn er seine Familie und seine Haustiere zu sehr liebt, um sich an ihnen abzureagieren, macht er sich womöglich dadurch Luft, daß er irgendeinen Gegenstand zertrümmert. Das gleiche gibt es im Prinzip auch bei anderen Arten. Bei einigen Möwen sogar so häufig, daß es bei ihnen zu einem besonderen Verhalten des Grasrupfens geführt hat. Wenn zum Beispiel zwei Möwen zusammentreffen, denen eigentlich der Sinn nach Kampf steht, wozu ihnen aber letztlich dann doch der Mut fehlt, so wendet sich eine von beiden plötzlich zur Seite und zerrt aggressiv an langen Gräsern, als

Die gegenseitige Körperpflege wird oft zur Beschwichtigung eingesetzt. Eine gespannte Situation entschärft sich dabei und macht es möglich, daß die Angehörigen einer sozialen Gruppe trotz engem Körperkontakt ruhig und friedlich bleiben. Die soziale Körperpflege ist besonders häufig bei Affen zu beobachten, etwa bei Pavianen (unten) oder bei der Grünen Meerkatze (gegenüberliegende Seite).

*Wenn ein Tier sich einem Artgenossen
nähert, versucht es oft, dessen Stimmung zu beeinflussen, und vor allem
jegliche Aggressivität zu unterbinden,
indem es selbst durch sein Verhalten zu
erkennen gibt, daß es nicht feindselig
gesinnt ist. Dabei kann es sich um Verhaltensformen aus dem kindlichen oder
sexuellen Bereich oder aus dem Bereich
der Brutpflege handeln. Weit verbreitet
ist auch die Aufforderung zur Körperpflege. Das Balzfüttern wie bei diesen
Wiedehopfen gehört im weitesten Sinn
zum Beschwichtigungsverhalten. Die
Fütterung von Jungtieren gehört zur
Brutpflege und verläuft ganz friedlich.
Das Füttern tritt nun auch in der Balz
auf, bei der ja auch innere Konflikte
vorhanden sind, und führt zur Beruhi-
gung des Partners und zur Entwicklung
einer Paarbindung.*

wollte sie ihrem Gegner die Federn ausrupfen. Die Aggressivität
wird in diesem Fall vom Körper
des Rivalen auf harmlose Grasbüschel umorientiert.

4. Übersprungshandlungen

Während der spannendsten Au-
genblicke eines Konflikts tritt oft
eine merkwürdige Erscheinung
auf. Tierbeobachter konnten sich
viele Jahre hindurch nicht erklären, warum ein Tier mitten in
einer dramatischen Begegnung
plötzlich eine Pause einlegte und
ein Verhalten zeigte, daß mit dem
eigentlichen Geschehen nichts zu
tun hatte. Ein Vogel auf dem
Höhepunkt der Balz putzt zum
Beispiel intensiv seinen Schnabel;
ein drohender Fisch gräbt mit
schnellen Bewegungen im Sand.
Eine Katze, die einem ungewohn-
ten Beutetier gegenübersteht,
bricht den Angriff ab und fängt
an, ihr Fell zu putzen. Solche kurzen, vorübergehenden und oft
unvollständig ausgeführten Bewegungen nennen wir Übersprungshandlungen, weil es sich dabei um ein Verhaltensmuster handelt, das außerhalb des üblichen Zusammenhangs auftritt.

Umorientierte Bewegungen sind Ersatzhandlungen, die noch im
Verhaltenszusammenhang stehen. Nur ihre Richtung wird umorientiert.
Bei den Übersprungshandlungen hingegen wird nicht nur die Richtung
geändert, sondern das ganze Verhalten. Das Tier erlaubt sich einen Au-

genblick der Entspannung, indem es ein völlig anderes Verhalten zeigt. Es sieht aber so aus, als könne das Tier darauf nicht allzuviel Zeit und Konzentration verwenden. So führt es die Übersprungsbewegung nur andeutungsweise durch. In einigen Fällen kann man die Modifikation mit Zahlen messen. Kleine Finken, die ihren Schnabel inmitten einer intensiven Balz putzen, tun dies nur sehr kurz und oberflächlich. Beim echten Putzen nach der Nahrungsaufnahme wischt der Vogel seinen Schnabel mehrere Male mit charakteristischer Geschwindigkeit an einem Zweig ab. Bei der Übersprungshandlung geschieht das Schnabelputzen oft in der Luft, ohne daß ein Zweig berührt wird. Die Bewegungen gehen schneller vor sich, und die ganze Übersprungshandlung dauert kürzer.

Wenn sich junge Fohlen nervös erwachsenen Tieren nähern, machen sie eine merkwürdige schnappende Bewegung mit dem Maul. Oberflächlich gesehen, wirkt es wie aggressives Beißen. In Wirklichkeit stammt die Bewegung aber aus dem Bereich der Hautpflege. Es handelt sich um eine Aufforderung zur sozialen Körperpflege.

Dieselbe Finkenart – es handelt sich um den australischen Zebrafink – unterbricht ihre Balz oder auch einen Angriff mit noch anderen Übersprungshandlungen: Das Tier beginnt mit der Gefiederpflege, streckt sich, schüttelt seine Federn, kratzt sich am Kopf, gähnt, beginnt zu schlafen oder zu picken und dergleichen mehr. Für welche dieser Handlungen er sich gerade in einem bestimmten Fall entscheidet, scheint mehr oder weniger willkürlich zu sein. Einige Übersprungshandlungen sind allerdings häufiger bei Angriffen zu beobachten, andere bei der Balz.

Bei einigen Entenarten liegen die Dinge anders. Gewisse spezifische Übersprungsbewegungen gingen dort eine derart enge Verbindung mit bestimmten Verhaltensweisen während der Balz ein, daß sie in das gesamte Balzverhalten eingebaut wurden. Die Erpel zeigen stark modifi-

zierte Formen der Gefiederpflege, bei denen buntgefärbte Federflecke sichtbar werden. Die Gefiederpflege wurde zu einem Vorzeigen des Gefieders reduziert, wobei der Schnabel auf die entsprechenden bunten Federn hinweist.

Bei der Mandarinente besteht die Übersprungs-Gefiederpflege nur noch im Berühren der segelartigen Flügeldecken. Bei der Stockente schlug die Entwicklung der Übersprungs-Gefiederpflege einen anderen Weg ein. Sie wurde zu einem hörbaren Signal. Der Erpel zieht die Schnabelspitze quer über die Kiele der Flügelfedern und erzeugt dabei einen lauten rrrr-Laut, den das Weibchen gut hören kann.

Diese beiden Magots aus der Gruppe der Makaken benutzen ein neugeborenes Junges dazu, die Aggressivität zwischen ihnen zu verringern. Indem sie ihre Aufmerksamkeit auf das Baby richten, können sie in Frieden beieinandersitzen. Das Baby ist sozusagen das Mittel zu einem Beschwichtigungsverhalten, denn es erweckt den Pflegetrieb der beiden Männchen und unterdrückt deren feindliche Gefühle.

Übersprungshandlungen teilen den Artgenossen mit, daß sich das betreffende Tier in einem ausgeglichenen Konfliktzustand befindet. Sie zeigen damit die innere Stimmung an, und es kann nicht überraschen, daß sie zu wichtigen Signalen bei der Kommunikation unter Tieren geworden sind.

5. Beschwichtigungsverhalten

Wenn ein rangniederes Tier sich einem ranghohen nähern will, so kann es dies zum Beispiel gefahrlos tun, indem es die Stimmung seines dominanten Artgenossen verändert. Es kann ihn beschwichtigen, indem es sexuelle oder kindliche Verhaltensweisen zeigt. Die Erregung von sexuellen oder elterlichen Gefühlen beim Artgenossen dient dazu, Aggressions- und Konkurrenzgefühle bei ihm zu unterdrücken.

Wenn sich ein Tier in einem inneren Konflikt befindet, kann es den daraus resultierenden Streß verringern, indem es einfach »abschaltet«. Am einfachsten ist dabei das Abwenden des Kopfes, wie es diese beiden Bienenfresser tun.

Während der Balz mit ihren intensiven inneren Konflikten kann ein Vogel plötzlich eine Körperhaltung annehmen, die an einen futterbettelnden Jungvogel erinnert. Dies führt schnell zu einem Brutpflegeverhalten beim Sexualpartner und reduziert dessen feindliche Einstellung. Diese Strategie kann so erfolgreich sein, daß der Partner tatsächlich dazu gebracht wird, den bettelnden Vogel zu füttern, wie wenn es sich in Wirklichkeit um einen Nestling handelte. So entstand bei vielen Arten ein ritualisiertes Balzfüttern als wesentlicher Teil der Paarbildung.

In anderen Fällen nähert sich ein rangniederes Tier einem ranghöheren und verhält sich dabei wie ein Weibchen, das zur Paarung auffordert. Das tun zum Beispiel ängstliche männliche Vögel in einem Konfliktzustand. Als Ergebnis werden sie bisweilen sogar von ihrem Weibchen bestiegen. Häufig zu beobachten ist das Verhalten auch bei Affen: Das rangniedere Tier bietet dem stärkeren seinen Rücken an, das es dann gewöhnlich besteigt und dabei einige angedeutete Beckenbewegungen macht. Das wirkliche Geschlecht der Tiere spielt hier keine

Veränderungen der Atemtiefe und Atemfrequenz bei Streßsituationen führten im Laufe der Entwicklungsgeschichte dazu, daß manche Tiere auffällig gefärbte Hautsäcke aufblasen. Diese werden dann zu besonderen Signalorganen. Am auffälligsten ist der scharlachrote Kehlsack, den der männliche Fregattvogel während der Balz zeigt.

Rolle, und man kann alle vier möglichen Kombinationen beobachten: Männchen besteigen Weibchen, Männchen besteigen Männchen, Weibchen besteigen Weibchen, Weibchen besteigen Männchen. Das einzige, was hier zählt, ist der innere Konflikt, und der wird durch Handlungen gelöst, die in einen nichtaggressiven Zusammenhang gehören.

Tiere, die ein Beschwichtigungsverhalten zeigen, befinden sich normalerweise in einer unterwürfigen Stimmung. Sie verspüren einen Konflikt zwischen Angst und dem Verlangen, in der Nähe eines an sich furchteinflößenden Tieres zu bleiben. Eine Ausnahme von dieser Regel bildet das Beschwichtigungsverhalten dominanter Tiere, die aus irgendeinem Grund rangniedrigeren Individuen nahe sein möchten. Gelegentlich kann man das beobachten, wenn ausgewachsene Affen sich ängstlichen Jungtieren nähern möchten. Bei solchen Gelegenheiten kann man die merkwürdige Szene beobachten, daß sich ein großes erwachsenes Tier gegenüber einem winzigen Jungtier demütig verhält, um dessen Angst zu beschwichtigen und zum zu verhindern, daß es flieht.

Das häufigste und am weitesten verbreitete Beschwichtigungsverhalten ist die soziale Körperpflege. Wenn zwei Tiere eng beieinander sein möchten, gleichzeitig aber diese körperliche Intimität etwas fürchten, so verringern sie die gegenseitige Spannung, indem sie jeweils beim anderen mit Körperpflege beginnen. Diese freundliche Handlung erzeugt positive Gefühle, und diese unterdrücken schnell alle Spuren von Angst oder Aggressivität, die noch vorhanden sein könnten. Einige Arten haben als wichtige Weiterentwicklung in diesem Zusammenhang Signale entwickelt, die zur Körperpflege auffordern. Sie sind zum Beispiel dann zu beobachten, wenn sich ein Tier einem anderen nähert. Die erste Botschaft lautet dann: »Ich will bei dir Körperpflege machen«, doch dahinter steht eine zweite viel wichtigere Botschaft, »Ich will dir nichts Böses«. Auf diese Weise kann durch das Beschwichtigungsverhalten der sozialen Körperpflege eine Freundschaft entstehen.

Das bei weitem verbreitetste Aufforderungssignal zur gegenseitigen Körperpflege bei Affen ist das Schmatzen mit den Lippen. Der Mund wird schnell geöffnet und wieder geschlossen, während der Artgenosse näherkommt. Es handelt sich dabei um eine hochritualisierte Handlung zum Abbau von Spannungen. Ihr Ursprung liegt in der Mundbewegung von Affen, die Hautpflege betreiben, zum Beispiel, wenn sie salzige Hautschuppen aus dem Fell des Gefährten entfernen.

Auch der gelbe Luftsack dieser Baumschlange verfehlt nicht seine Wirkung.

Junge Fohlen schnappen merkwürdig mit dem Maul, wenn sie sich nervös erwachsenen Tieren nähern. Tierbeobachter interpretieren dies zunächst fälschlicherweise als aggressive Handlung, weil es wie ein Beißen aussah. In Wirklichkeit hat sich diese Bewegung aus dem Knabbern bei der gegenseitigen Kör-

Bei Streßsituationen kann die Körpertemperatur sehr stark schwanken. Das hat zur Folge, daß sich auch die Isolationsverhältnisse der Haut verändern müssen. Das betrifft die Haare der Säuger und die Federn der Vögel. Vögel sträuben in Konfliktsituationen oft die Federn. Solche autonomen Signale führten zu spektakulären Bewegungen der Federn. Im Bild auf der gegenüberliegenden Seite sehen wir einen Arakakadu mit der kennzeichnenden Kopfhaube, oben einen Weißkopf-Seeadler mit gesträubten Kopffedern.

perpflege entwickelt. Zum Glück für die Fohlen verstehen erwachsene Pferde ihre Annäherungsversuche nie falsch, sondern deuten die Signale als das, was sie sind: eine freundliche Beschwichtigungsgebärde.

Wer schon einmal einen Hund oder eine Katze gehalten hat, weiß, wie diese Haustiere zur Körperpflege auffordern, und nur wenige Besitzer können dem widerstehen. Sie bieten den Hals zum Kraulen und Liebkosen an, und das führt oft zu einer längeren Beschäftigung miteinander, welche die Besitzer ebenso befriedigend empfinden wie ihre Haustiere. Viele Vögel fordern ihre Geschlechtspartner auf ähnliche Weise zur Gefiederpflege auf, indem sie die Nackenfedern sträuben und den Hals so verdrehen, daß der Hinterkopf sichtbar erscheint.

6. »Abschalten«

Eine weitere Erscheinung, die man bei starken inneren Konflikten beobachten kann, ist das »Abschalten«. Dabei versucht ein Tier mit dem

Bei Spannungszuständen verspürt das Tier oft den Drang, Kot oder Harn abzugeben. Dies führte im Laufe der Entwicklung dazu, daß die Tiere ihr Territorium mit Duftmarken aus Kot oder Harn versehen. Das Nashorn (oben) und der Gepard (unten) können einen Urinstrahl schräg nach hinten richten und damit senkrechte Landmarken wie Bäume kennzeichnen. Diese Stellen werden regelmäßig aufgesucht, um die Markierung zu erneuern.

Streß einer Begegnung dadurch fertig zu werden, daß es die ankommenden Botschaften und Signale abschaltet. Wenn das Tier an Ort und Stelle bleiben muß, aber gleichzeitig große Angst vor einem anderen näherkommenden Tier hat, so kann es seine Angst insofern dämpfen, als es sein Gesicht versteckt, die Augen schließt, den Kopf wegdreht oder irgend etwas anderes tut, um die Reizwahrnehmungen zu reduzieren. Tut es dies nicht, so bricht das Gleichgewicht der gegensätzlichen inneren Stimmung zusammen, das Fluchtverlangen siegt, und es muß dann seine Stellung aufgeben.

Man hat behauptet, daß die Auswahl bestimmter Intentionsbewegungen und Beschwichtigungshandlungen und deren Einbau in besondere ritualisierte Verhaltensweisen davon abhing, wie weit sie ein »Abschalten« ermöglichen. Wenn die Intentionsbewegung vorsieht, daß der Kopf vom Artgenossen weggedreht wird, so hat sie einen größeren Wert als Abschalthandlung, als wenn das Tier einfach mit dem Kopf nickt und dabei den Artgenossen weiter fest im Auge behält. So sind auch Verhaltensweisen wie das »Wegsehen« der Lachmöwen besser verständlich, bei dem zwei Vögel gleichzeitig ihre angriffsauslösenden Strukturen wie Schnabel und Kopfmaske voneinander abwenden. Es handelt sich um Intentionsbewegungen der Flucht, die als Signale Erfolg haben, weil die Quelle der Angst verschwindet, nämlich der Anblick des anderen Vogels aus großer Nähe. Damit können sich beide Partner etwas entspannen. Man erkennt das deutlich am Verhalten unmittelbar nach dem »Wegsehen«. Sie halten danach auch die große gegenseitige Nähe leichter aus.

Auch die Übersprungs-Gefiederpflege der Enten verfolgt einen ähnlichen Zweck. Der Kopf wird weggedreht, und der Schnabel fährt durch die Flügelfedern. Dabei verbirgt das Männchen sein Gesicht, und das dient wiederum dem »Abschalten«. Auch viele andere Verhaltensweisen haben zum Ziel, das Gesicht zu verbergen. Damit reduzieren sich die unvermeidlichen Spannungen naher Begegnungen während der Brutzeit.

7. Autonome Erregung

Wenn ein Tier einen starken Stimmungskonflikt erlebt, finden in seinem autonomen oder vegetativen Nervensystem drastische Veränderungen statt. Diese haben sichtbare Auswirkungen, die wiederum Teil ihres Signalsystems werden können. Dazu muß man aber erst einmal wissen, welche Veränderungen das vegetative Nervensystem auslösen kann.

Das vegetative Nervensystem steuert die inneren Funktionen des Körpers, so daß diese den Anforderungen der Außenwelt gewachsen sind. Bei intensiver körperlicher Betätigung, etwa auf der Flucht oder beim Kampf, muß das vegetative Nervensystem den Körper darauf vorbereiten. Auch an Ruhestände muß der Körper angepaßt werden. Das vegetative Nervensystem besteht deswegen aus zwei Hauptteilen, deren Auswirkungen einander entgegengesetzt sind: Das sympathische Nervensystem bereitet den Körper auf hohe Aktivität vor, das parasympathische auf niedrige.

Das sympathische Nervensystem bewirkt die Ausschüttung von Adrenalin in den Körper, und das hat einige drastische Auswirkungen:

- *Im Verdauungssystem:* Die Verdauung von Nahrung und die Speicherung von Nährstoffen hören auf. Die Tätigkeit der Speicheldrüsen ist eingeschränkt. Bewegungen des Magens, die Sekretion von Magensäften und die peristaltischen Bewegungen des Darmes werden eingestellt. Enddarm und Blase lassen sich nicht so leicht wie üblich entleeren.

- *Im Kreislaufsystem:* Das Herz schlägt schneller. Das Blut zieht von der Haut und den Eingeweiden in die Muskeln und ins Gehirn, wo es dringend gebraucht wird. Dadurch steigt auch der Blutdruck.

- *Im Atmungssystem:* Die Atmungsgeschwindigkeit verändert sich. Die Atmung wird schneller und tiefer.

- *Bei der Thermoregulierung:* Die Mechanismen zur Temperaturregulierung werden schnell aktiviert. Erhöhte Schweißabsonderung ist die Folge. Haare und Federn werden entweder angelegt oder gesträubt. Durch das Anlegen erhält der Körper die gewünschte Stromlinienform für die Handlungen, die folgen. Gleichzeitig verringert sich die Dicke des Gefieders oder des Fells, so daß auch die Isolationsfähigkeit etwas zurückgeht. Werden die Haare oder die Federn gesträubt, so wird die darunterliegende Haut sichtbar. Der Körper kann überschüssige Wärme leichter abgeben. Allerdings verringert sich durch das Sträuben von Federn oder Haaren die Stromlinienform, und deswegen wird diese Alternative nicht immer eingesetzt.

Das parasympathische System wirkt all diesen Änderungen entgegen. Es beruhigt den Körper, denn seine Aufgabe ist es, die Körperreserven zu erhalten und wiederherzustellen. Es stimuliert und fördert damit die Verdauungstätigkeit. Die Speicheldrüsen werden angeregt. Harn- und Kotabgabe erfolgen leichter. Das Herz schlägt langsamer, und Blut wird in die Haut und ins Verdauungssystem gepumpt, wo es bei der Verdauung und Verteilung der Nährstoffe mithilft. Die Atmung verlangsamt sich. Die Tätigkeit der Schweißdrüsen geht zurück, und die Körperdecke nimmt jenes Aussehen an, das die größte Isolierung gewährleistet. Fell und Gefieder sehen dabei locker aus und verleihen dem Körper rundliche Formen.

Balancierbewegungen, wie sie diese ankommende Wasseramsel zeigt, um auf dem avisierten Stein das Gleichgewicht halten zu können, bilden oft die Grundlage für bestimmte Signale. Die ausgebreiteten Flügel spielen zum Beispiel bei der Balz oder beim aggressiven Verhalten eine große Rolle.

Ist ein Tier nur mäßig aktiv, halten sich die beiden Nervensysteme ungefähr die Waage. Bei Ruhe oder im Schlaf dominiert das parasympathische System, bei starker körperlicher Aktivität das sympathische. Der interessanteste Zustand ergibt sich jedoch dann, wenn das Tier hocherregt ist, diese Erregung aber nicht durch kräftige Muskeltätigkeit ausdrücken kann. In diesem widersprüchlichen Zustand, der sich auch bei jedem intensiven inneren Konflikt einstellt, zeigt das Tier die Symptome einer massiven Erregung durch den Sympathikus. Es ist innerlich auf Kampf oder Flucht eingestellt. Gleichzeitig ist aber auch der Parasympathikus tätig, was dazu führt, daß das Tier die Handlungen, die eigentlich von ihm verlangt werden, nicht ausführen kann.

Wenn ein Vogel zum Beispiel sein Nest gegen einen furchterregenden Feind verteidigen muß, so empfindet er einen starken Fluchttrieb, der zu einer erhöhten Adrenalinausschüttung führt. Gleichermaßen stark ist aber auch der Trieb, ruhig sitzenzubleiben und das Nest zu beschützen. Sein Körper ist auf die große körperliche Anstrengung vorbereitet, die notwendig ist, um zu fliehen. Dennoch bleibt er sitzen. Das stürzt das vegetative Nervensystem in ein Chaos. Botschaften mit gegensätzlichem Inhalt jagen durch den Körper und führen dazu, daß zuerst eine Extremreaktion erfolgt und dann die genau entgegengesetzte. Die Aufregung, die wir bei einem Tier in einem solchen Konflikt beobachten, ist also nicht nur muskulärer Natur, sondern umfaßt alle Systeme des Körpers.

Einige der typischen Körperreaktionen bei einem solchen Konflikt: Trockenheit im Mund oder übermäßige Speichelabsonderung; plötzliche Harn- oder Kotabgabe; extremes Erbleichen oder Erröten der Haut; tiefe und schnelle oder langsame und flache Atmung oder unregelmäßige, immer wieder unterbrochene Atmung, die zu einem Keuchen oder Zischen führt; Hecheln, Schwitzen, Weinen oder Ohnmachtsanfälle; plötzliches Sträuben und Wiederanlegen von Federn oder Haaren.

Solche Störungen in extremen Konfliktsituationen führten zu einer Reihe leicht verständlicher Signale:

Die Urin- und Kotabgabe dient der Duftmarkierung des eigenen Territoriums. Am häufigsten zu beobachten ist dieses Signal, wenn der Hund sein Bein hebt.

Die Verfärbung der Haut wird an nackten Stellen besonders auffällig, besonders im Gesicht. Zu beobachten ist das bei verschiedenen Vogel- und Affenarten und schließlich an uns selbst.

Unregelmäßiges Atmen führte zu Zischsignalen, die bei Reptilien häufig vorkommen, aber auch bei einigen Vögeln und Säugern. Auch das Quaken der Frösche hat denselben Ursprung, und vielleicht gilt das sogar für alle Formen der Lautabgabe bei Vögeln und Säugern bis hin zur Sprache des Menschen.

Die Anspannung bei der Atmung führte zu einer Vielzahl von Signalen, bei denen Taschen und Blasen mit Luft gefüllt werden. Die Männchen der Fregattvögel weisen große auffallend scharlachrote Kehlsäcke auf, die sie während der Balz aufblasen. Ähnliche Luftsäcke beobachteten wir auch beim amerikanischen Beifußhuhn sowie bei der australischen Wammentrappe.

Gesteigerte Schweißabsonderungen in Konfliktsituationen führten dazu, daß sich einige Schweißdrüsen im Laufe der Zeit zu spezialisierten Duftdrüsen entwickelten. Diese finden sich bei vielen Säugetieren. Die Entwicklung ging Hand in Hand mit einer erhöhten Empfindlichkeit gegenüber Körperdüften. Schließlich bildete sich eine subtile »Geruchssprache« heraus.

Viele Säugetiere sträuben ihre Haare nur noch an bestimmten Stellen des Körpers. Damit können die Tiere auffällige Kämme, Mähnen, Haarbüschel und Flecken zur Schau stellen. Das Sträuben des Gefieders erfüllt bei Vögeln eine ähnliche Funktion, wobei sich auch hier dramatisch überzeichnete Federbüschel, Einzelfedern und Farbflecken an den unterschiedlichsten Körperteilen herausbildeten. Oft verlängerten sich die Haare oder Federn, die abgespreizt werden können, und erhielten auch eine hellere Farbe als die Umgebung. Damit wird die Signalwirkung noch verstärkt.

Die Störungen des vegetativen oder autonomen Nervensystems zu Zeiten intensiver Konflikte bilden die Grundlage für eine große Fülle unterschiedlicher Signale. Diese und die zuvor behandelten Bewegungen und Handlungen, etwa das ambivalente Verhalten, die Intentionsbewegungen und die Übersprungsbewegungen und das Beschwichtigungsverhalten, liefern das Rohmaterial, aus dem die ganze Körpersprache und die Kommunikation zwischen Tieren aufgebaut ist.

Typische Intensität

Wenn ein Tier einem anderen Signale übermittelt, so sollten diese klar und deutlich sein. Wenn es seine Stimmungen durch Handlungen zum Ausdruck bringt, die zu vage oder zu variabel sind, so werden sie leicht mißverständlich und verursachen Verwirrung. Deswegen ist die Körpersprache der Tiere voll lebhafter, unverwechselbarer Bewegungen und Haltungen, die sich stark von den alltäglichen Verhaltensformen mit ihren fließenden Bewegungsabläufen unterscheiden.

Die genau festgelegten Elemente der Kommunikation unter den Tieren führt zu steifen, ritualähnlichen Verhaltensweisen, die eine eigene Kategorie von Bewegungsabläufen bilden. Wenn ein Tier einem Rivalen droht oder einen Geschlechtspartner umwirbt, so muß seine Absicht sofort klar erkennbar sein. Es darf kein Zweifel darüber bestehen, was in ihm vorgeht. Die Entwicklung der sogenannten typischen

1 Fächertaube

2 Hohltaube

3 Rotschopftaube

4 Carolinataube

5 Dolchstichtaube

Verwandte Arten zeigen oft ganz unterschiedliche Varianten ein und derselben Grundbewegung. Eine davon ist das Verbeugungsgurren der Tauben. Die Männchen zeigen es während der Balz in arttypischer Ausprägung. Jede Art hat ihre eigene typische Intensität. Die Fächertaube (1) klappt ihren Kopf nach unten und berührt mit dem Schnabel die Brust. Die Hohltaube weist mit dem Schnabel nach unten (2). Die Rotschopftaube (3) führt eine ganz ähnliche Bewegung durch, wobei allerdings ihre Kopfhaube schräg nach vorne geneigt ist. Die Carolinataube bleibt ziemlich aufrecht und bläst ihren Hals auf (4). Die Dolchstichtaube richtet sich noch stärker auf und bläst den Luftsack in der Brust extrem auf (5).

Beispiele für Verhaltensweisen mit typischer Intensität sind das Abspreizen der Kopfhaube beim Inkakakadu (gegenüberliegende Seite), das Aufblasen der Luftsäcke beim Beifußhuhn (ganz oben) und das Zurückwerfen des Kopfes bei der Schellente (oben).

Intensität half dabei mit, Mehrdeutigkeiten zu vermeiden.

Ein Beispiel aus unserem menschlichen Leben mag dies illustrieren. Wenn ich mit einem Freund dringend Kontakt aufnehmen muß, so kann ich ihn entweder anrufen oder zu ihm nach Hause fahren. Wenn ich mich für das Auto entscheide, dann drücke ich um so mehr auf das Gaspedal, je dringender die Angelegenheit ist. Das Auto fährt entsprechend schnell. Wenn ich telefoniere, klingelt es ganz normal wie immer in seinem Haus, ungeachtet dessen, wie verzweifelt ich bin. Ich kann die Intensität meines Wunsches zur Kontaktaufnahme nur dadurch ausdrücken, daß ich das Telefon länger klingeln lasse. Bei diesem Beispiel führt der Druck des Fußes auf das Gaspedal zu unterschiedlichen Geschwindigkeiten. Durch die Wahl der Telefonnummer hingegen entsteht ein ganz bestimmtes feststehendes Signal. Warum ist das so? Warum kann ich das Telefon des Freundes nicht immer schneller läuten lassen und damit anzeigen, wie wichtig mir der Anruf ist? Die Antwort darauf lautet, daß das Autofahren kein Signal ist. Meinem Freund wird damit keine Information übermittelt, und was da geschieht, ist rein mechanisch. Die Telefonklingel hingegen ist ein Signal und muß daher auf eine ganz typische Weise läuten, damit keine Verwechslung möglich ist.

Dessen konstante Qualität mag den verzweifelten Anrufer ärgern, doch der Freund weiß zumindest, daß bei ihm das Telefon und nicht irgendeine andere Glocke läutet. Und wenn es immer wieder läutet, denkt er sich am Ende wohl, daß der Anruf wichtig ist, und rafft sich auf, ihn entgegenzunehmen.

Dieser grundlegende Unterschied zwischen variablen mechanischen Handlungen und feststehenden Signalhandlungen tritt auch überall im Tierreich auf, allerdings sieht die Sache da etwas anders aus. Es ist nicht leicht für ein Tier, eine völlig feststehende Reaktion mit keinerlei Abweichungen zu zeigen. Das können nur Maschinen. Es ist einem Tier allerdings möglich, diesen Anforderungen nahezukommen. Seine Verhaltensformen weisen vielleicht keine absolut feststehende Intensität auf, doch eine typische. In solchen Fällen mag es kleine Variationen zwischen Reaktionen mit geringer und mit sehr hoher Intensität geben. Der Unterschied ist aber so klein, daß er nicht weiter ins Gewicht fällt.

Ein Beispiel aus dem Balzverhalten von Vögeln mag dies verdeutlichen. Wenn das Männchen der Bandamadine um ein Weibchen wirbt, sträubt es seine Federn auf eine ganz besondere Weise. Das sagt dem Weibchen sofort, daß der Geschlechtspartner paarungsbereit ist. Ist das Weibchen interessiert, beobachtet es ihn gespannt. Wenn er sieht, daß sie sich nicht fortbegibt, beginnt er mit seinem Balzlied, und die sexuelle Begegnung nimmt ihren Anfang. Das Sträuben der Federn ist das entscheidende erste Signal für eine bevorstehende sexuelle Begegnung. Dabei ist sehr wichtig, daß es nicht mit anderen Federbewegungen verwechselt wird, wie zum Beispiel zur Gefiederreinigung oder Temperaturanpassung. Das Männchen kann nicht das Risiko eingehen, seine Federn auf unbestimmte Weise zu sträuben. Dies muß auf dramatische Weise geschehen. Deswegen sträubt es seine Federn ganz ab und nimmt die charakteristisch aufgeplusterte Haltung an, die sexuelle Erregung verrät. Der Wechsel erfolgt abrupt; die Federn werden mit einer einzigen Bewegung aus der angelegten in die gesträubte Stellung gebracht. Mit anderen Worten: Das Sträuben der Federn zu Balzbeginn hat eine typische Intensität. Sie verleiht dem balzenden Männchen ein unverkennbares Aussehen, sagt aber nichts über den Grad der inneren Bewegung aus.

Untersuchungen des Imponierverhaltens des männlichen Beifußhuhns enthüllten ähnliche Verhältnisse. Wenn das Männchen seine sexuelle Stimmung dem Weibchen mitteilt, nimmt es eine bestimmte Haltung an. Es bläst dabei seine beiden Luftsäcke an der Brust auf und entleert sie zweimal in schneller Folge, wobei ein peitschenartiger Knall ertönt. Die Forscher haben festgestellt, daß die Intensität dieses Balzverhaltens kaum variiert. Dabei war es gleichgültig, ob die Männchen wiederholt um Weibchen in ihrer Nähe warben oder weit weniger erregt waren und nur halbherzig um weiter entfernte Weibchen balzten. Trotz unterschiedlich starker innerer Erregung zeigten die Männchen immer das stereotype Imponiergehabe.

Signale mit einer solchen typischen Intensität sind meist so angelegt, daß sie auch von weitem erkennbar sind, und wirken unter Umständen also, unter denen feine Nuancen verlorengehen. Es ist zum Beispiel wichtig, daß das weibliche Beifußhuhn von weitem erkennt, daß da ein Männchen der eigenen und nicht irgendeiner anderen Art ist und zur Paarung auffordert. Die Männchen können ihre steigende sexuelle Erregung dann immer noch dadurch ausdrücken, daß sie die Häufigkeit des Balzverhaltens erhöhen. Die typische Intensität bleibt indessen bestehen.

Signale dieser Art sind naturgemäß bei dramatischen Kontakten von kurzer Dauer am sinn- und wirkungsvollsten, zum Beispiel wenn Tiere Rivalen bedrohen, Räuber verjagen oder um Geschlechtspartner werben. Die feststehende äußere Form der Signale erhöht die Wahrscheinlichkeit, daß sie richtig verstanden werden. Subtile Nuancen würden hier auch gar keinen Sinn machen – denn in solchen Fällen ist keine Zeit dafür.

Forschungen über Verhaltensweisen der Schellente haben gezeigt, daß fast alle Signale dieser Art typische Intensitäten aufweisen. Nur wenige verfügen über eine ausgeprägte Variabilität. Im Normalfall verläßt man sich bei solchen Untersuchungen auf Beobachtungen mit dem bloßen Auge. In diesem Fall filmten die Forscher aber eine große Zahl von Verhaltensweisen und führten dann eine sorgfältige Analyse durch. Dabei maßen sie die Zeit, die für bestimmte Verhaltenselemente benötigt wurde. Das Männchen der Schellente zeigt zum Beispiel zwei ganz typische Verhaltensweisen. Bei der einen streckt es seinen Hals in die Höhe und wirft ihn dann zurück, bis der Kopf den Rumpf berührt. Dann gibt der Vogel einen leisen summenden Laut von sich und bewegt den Kopf einmal hin und her, einmal nach links und einmal nach rechts, während er ihn wieder in die normale Haltung bringt. Die Dauer dieser Verhaltensweise schwankt nur wenig, nämlich von 1,08–1,5 Sekunden, und hängt nicht von der inneren Stimmung des Männchens ab.

Beim anderen Signal streckt das Männchen seinen Kopf zur Wasseroberfläche und beläßt ihn dort bis zu drei Sekunden. Dann streckt es ihn flach auf dem Wasser aus und schnellt ihn plötzlich in eine senkrechte Stellung hoch, wobei der Schnabel zum Himmel zeigt. Nach nur einer Zehntelsekunde senkt das Männchen den Schnabel wieder auf die Wasseroberfläche, behält ihn dort und kehrt dann in die normale Lage zurück.

Der zentrale Teil dieser Verhaltensweise, das Hochwerfen des Kopfes und die Rückkehr auf die Wasseroberfläche, erfolgt ganz stereotyp und dauert 0,55–0,75 Sekunden.

Typische Intensitäten sind auch in der Welt der Fische sehr deutlich festzustellen. Rivalisierende Fische durchleben beim Kampf eine ganze Reihe von Stimmungsänderungen, weil ein innerer Konflikt zwischen Flucht und Aggression in ihnen herrscht. Wenn ein Kämpfer immer mehr Angst bekommt und sich unterlegen fühlt, nimmt der Drang zur Flucht in ihm langsam zu, während im selben Maße die Angriffslust zurückgeht. Man könnte nun erwarten, daß die Kampfhaltung ähnliche langsame Veränderungen zeigt, angefangen vom frontalen Angriff bis zum völligen Rückzug und zur Flucht, mit allen Zwischenstufen des Verhaltens zwischen den beiden Extremen. Die Wirklichkeit sieht aber anders aus. Die Forscher haben bei Fischen nur drei grundlegende Stellungen beobachtet: Frontaldrohen, Lateraldrohen und Rückzug. Das sind die drei typischen Verhaltensweisen bei einem Konflikt, die auch gezeigt werden. Das heißt natürlich nicht, daß

Bei den Verhaltensweisen des Königspinguins gibt es, wie bei vielen anderen Vögeln, keine Unterschiede zwischen den einzelnen Individuen. Wir sprechen in diesem Zusammenhang von typischer Intensität. Sie bewirkt, daß Verhaltensweisen eindeutig ausfallen und Mißverständnisse daher kaum möglich sind.

Stimmungen, die dazwischen liegen, nun völlig eliminiert wurden. Nur tritt ein diagonales Drohen nur mehr selten auf. Im Laufe der Evolution reduzierte sich also die ganze Vielfalt möglicher Stellungen auf einige

wenige »typische« Formen,
die nun als getrennte Signale
fungieren.

Einige Fische haben ein etwas komplexes Verhalten. Der
Schwertträger hat fünf anstelle
der üblichen drei Kampfstel-
lungen. Bei den beiden zusätz-
lichen Stellungen versucht der
Fisch zur selben Zeit, das
Frontaldrohen mit dem Lateraldrohen und den Rückzug
mit dem Lateraldrohen zu verbinden. Die fünf typischen
Stellungen sehen wie folgt aus:

1. Frontaldrohen, das Gesicht dem Rivalen zugewandt; 2. S-förmiges
Drohen, der Körper liegt seitlich zum Rivalen, doch der Kopf ist ihm zugewandt, während der Schwanz von ihm weggedreht ist; 3. Richtiges
Lateraldrohen; 4. S-förmigens Drohen, wobei der Kopf wegsieht und
der Schwanz zum Rivalen gedreht wird; 5. Wegsehen vom Rivalen. Die
gesamte vielfältige Skala der Motivationen existiert weiterhin, findet
aber nur in den fünf Schlüsselstellungen Ausdruck.

So bildete sich im Laufe der Evolution beim Konfliktverhalten ein
Repertoire von Signalen mit hoher Formkonstanz aus. Die Körpersprache der Tiere wurde dadurch wirkungsvoller. Die Verhaltensforscher
bezeichneten solche Verhaltenselemente früher oft als Erbkoordinatio-
nen und glaubten, sie seien völlig unabhängig von Umweltfaktoren.
Dies ist jedoch nicht so der Fall, wie ursprünglich angenommen. Den-

noch ist eine hohe Formkonstanz zu beobachten. Die Signale und Verhaltensmuster bleiben sofort erkennbar und zeigen arttypische Formen, die eine Unterscheidung von nahverwandten Arten sofort möglich machen. Das betrifft nicht nur die Farben und Zeichnungen, sondern auch die Bewegungen und Haltungen.

Die arttypische Ausprägung von Verhaltensweisen zeigt sich deutlich beim Verbeugungsgurren verschiedener Taubenarten. Bei jeder Art vollführt das Männchen während der Balz vor dem Weibchen eine tiefe Verbeugung, doch wie diese aussieht, ist von Art zu Art verschieden. Wir wollen hier nur fünf Beispiele anführen: Die Hohltaube verbeugt sich so tief wie möglich und zeigt dabei ihren hellen Federfleck am Hinterkopf. Die Rotschopftaube verbeugt sich so weit, daß ihr Schnabel senkrecht nach unten gerichtet ist und ihr großer Federschopf deutlich aufrecht steht. Die Fächertaube legt ihren Kopf so um, daß der Schnabel die Brust berührt und ihre Fächerkrone dem Boden zugewandt ist. Die Carolinataube bildet mit dem Hals einen Höcker und zeigt damit ihren irisierenden Federfleck; dann hält sie den Kopf steif, als wolle sie sich verbeugen, doch sie tut es nicht richtig. Die Dolchstichtaube wirft ihren Kopf vor und zurück, als ob sie sich verbeugen wollte, hält ihn dann aber in erhobener Position und zeigt dabei den lebhaften »Blutfleck« auf der Brust. Bei all diesen Fällen zeigt die Verbeugung eine feststehende arttypische Form, die dann noch durch zusätzliche Besonderheiten verstärkt wird. Die typische Form einer Bewegung und die Farben und Zeichnungen gehen Hand in Hand und sind für alle auffallend unterschiedlichen Verhaltensweisen selbst nahverwandter Arten verantwortlich.

Wenn wir hier die steifen Ausdrucksformen und die Formkonstanz tierischer Verhaltensweisen so betonen, so wollen wir doch nicht den Eindruck erwecken, es gebe bei der Kommunikation unter Tieren keine Feinheiten. Diese kommen nur in anderer Form zum Ausdruck. Ein formkonstantes Verhalten mit typischer Intensität kann zum Beispiel mit unterschiedlicher Frequenz gezeigt werden. Wenn ein Signal eine typische Haltung erfordert, so kann diese unterschiedlich lange eingenommen werden. Die verschiedenen Elemente Form, Haltung, Frequenz und Dauer der Bewegungen können festgelegt sein oder schwanken, und dies ist von Art zu Art verschieden. Jede Tierart kann damit ein sehr charakteristisches Verhaltensmuster zeigen, und dies jeweils in stärkerer oder schwächerer Form.

Mimik

Tiere wenden sich bei einer intensiven sozialen Begegnung normalerweise das Gesicht zu. Selbst wenn ihre Körper zur Seite gedreht sind, haben sie doch die Köpfe einander zugewandt. Der Grund liegt auf der Hand: Sie richten Augen, Ohren und Nasen aufeinander, um Stimmungsveränderungen beim Artgenossen oder Feind wahrzunehmen. Außerdem muß der zahnbewehrte Mund bereit sein für einen möglichen Angriff. Aus diesem Grund wird das Gesicht mehr als jede andere Körperregion genau gemustert. Die kleinste Veränderung im Ausdruck wirkt hier als verräterisches Signal.

Für viele Tiere sind die Möglichkeiten eines mimischen Ausdrucks sehr beschränkt. Die Wirkungsweise der Muskeln in der Kopfregion ist sehr begrenzt. Reptilien und Vögel können kaum mehr tun als den Mund oder den Schnabel öffnen. Schlangen können nicht höhnisch lächeln, Echsen können nicht lachen, Papageien oder Spatzen weder schmollen noch knurren. Eigentlich können

Bei den meisten Tieren besteht die einzige bedeutende Veränderung des Gesichtsausdrucks im Aufsperren des Mauls, mag es sich um eine Muräne oder ein Flußpferd handeln. Das Öffnen des Mundes ist eine Intentionsbewegung des Beißens und dient als Drohgebärde bei feindlichen Begegnungen. Die Gesichtsregion ist zu starr, um ein komplexeres mimisches Repertoire zuzulassen.

Mit den Ohren können viele Tiere innere Stimmungen ausdrücken. Wenn ein Elefant angreift, spreizt er seine großen Ohren ab und wirkt dadurch noch größer. In dieser Stellung bewegt er sie vor und zurück, so daß sie noch mehr auffallen. Diese Bewegung hat ihren eigentlichen Ursprung im Temperaturausgleich. Durch die Bewegung der Ohren kühlen sich die Elefanten nämlich ab. Bei Angriffen führt der Streß des Augenblicks dazu, daß sich die Tiere überhitzt fühlen und mit den Ohren zu wedeln beginnen.

sie nur ihren Schnabel drohend aufsperren und damit andeuten, daß sie gleich zubeißen. Kleine Jungvögel im Nest sperren den Schnabel so weit wie möglich auf und fordern auf diese Weise ihre Eltern zur Fütterung auf.

Nur bei den Säugetieren erreicht die Mimik eine gewisse Differenziertheit. Doch selbst hier ist es nur bei einigen höher entwickelten Gruppen eindrucksvoll. Niedere Säugerformen bieten kaum mehr als die Vögel. Das Opossum zum Beispiel hat sein Leben lang ein und denselben Gesichtsausdruck, der sich nur ändert, wenn es seinen Mund drohend aufreißt. Bei drei Säugergruppen hat das Gesicht jedoch eine größere Beweglichkeit gewonnen – bei den Huftieren, den Raubtieren und besonders bei den Primaten oder Affen. Sie können mit den Ohren, den Augen und dem Mund eine Vielzahl von Signalen aussenden. Und indem sie unterschiedliche Elemente miteinander verbinden, erhalten sie ein ganzes mimisches Repertoire, wobei jeder Gesichtsausdruck einer bestimmten inneren Stimmung entspricht.

Diese höheren Säugerformen lesen ununterbrochen in den Gesichtern ihrer Artgenossen, forschen darin nach Stimmungswandlungen und erkennen unterschiedliche Grade freundlicher Gesinnung, sexueller Erregung, Angst und Feindseligkeit. Dabei gibt es kaum individuelle Unterschiede. Die Ausdrucksformen des Gesichts sind allen Angehörigen einer Art gemeinsam. Sie sind im wesentlichen angeboren, entwickeln sich also ohne umfangreiche Lernprozesse und bleiben während des Erwachsenenlebens praktisch unverändert. Auch die Reaktionen auf diese Gesichtsäußerungen sind im wesentlichen angeboren.

Die meisten mimischen Ausdrucksformen sind nicht auf eine bestimmte Art beschränkt. Das erschrockene Gesicht einer Affenart findet sich auch bei einer anderen Affenart wieder. Ein aufgescheuchtes Pferd sieht ähnlich aus wie ein überraschtes Zebra. Und ein aggressiv gestimmter Hund ähnelt einem angriffslustigen Schakal. Es gibt aber auch sehr interessante Ausnahmen – ungewöhnlich mimische Ausdrucksformen, die nur auf eine oder einige wenige Arten beschränkt sind. Bevor wir uns diesen Ausnahmen widmen, sollten wir die wichtigsten Ausdrucksbewegungen und -haltungen kennen und wissen, was sie besagen. Dabei ist es von Nutzen, die drei wichtigsten Ausdrucksorgane getrennt zu behandeln.

Die Ohren

- *Entspannte Ohren:* Wenn nichts Besonderes geschieht oder zu erwarten ist, richtet das Tier seine Ohren normalerweise zur Seite hin oder leicht nach vorne. In dieser Stellung fangen die Ohrmuscheln Töne und Geräusche aus einem sehr weiten Umfeld auf.

- *Aufgestellte Ohren:* Wenn ein Tier ein ungewöhnliches Geräusch hört, stellt es seine Ohren steif auf und dreht sie nach vorne, während die Augen die Geräuschquelle auszumachen versuchen. Das Tier ist aufmerksam. Die Ohren deuten darauf hin, daß es bald etwas unternimmt.

- *Zuckende Ohren:* Tiere mit sehr beweglichen Ohren versetzen diese oft in plötzlich zuckende oder flatternde Bewegung. Wenn diese

Bewegungen verhältnismäßig langsam erfolgen und dazwischen auch Pausen liegen, so bedeutet dies wahrscheinlich nichts anderes, als daß das Tier seine Ohrmuscheln wie die Parabolspiegel einer Radarstation nach Geräuschen ausrichtet, die gleichzeitig aus unterschiedlichen Richtungen eintreffen. Erfolgt das Zucken jedoch schnell, dann geschieht etwas Besonderes. Das Signal deutet darauf hin, daß sich das Tier in einem akuten Konfliktzustand befindet. Die Ohren reagieren darauf, indem sie erst auf die eine und dann sofort auf die andere Stimmung reagieren und sich entsprechend ausrichten. Das Zucken der Ohren verrät Aufregung, bei einigen Arten eine gerade noch unterdrückte Panik. Bei Pferden bedeutet es beispielsweise, daß das Tier in jedem Augenblick lospreschen kann. Bei einigen Katzen hat sich dieses Zucken der Ohren zu einem sehr auffälligen Verhaltensmuster entwickelt, weil sich auf den Ohrspitzen Haarbüschel befinden. Wenn der Karakal oder Wüstenluchs beispielsweise mit seinen Ohren zuckt, schnellen seine Haarbüschel wie Fliegenwedel durch die Luft. Die schwarzen Haare außen am Ohr bilden einen scharfen Gegensatz zu den weißen Haaren im Ohrinnern, und die Haarbüschel verstärken auch bei kleinsten Bewegungen des Ohres deren Signalkraft. Das zeigt sich besonders in Momenten der Erregung oder Spannung.

Elefanten zucken bei starker Emotion mit ihren Ohren. Diese sind allerdings so groß, daß das schnelle Zucken sich zu einer Wedelbewegung verlangsamt. Auch in ruhigen Zeiten ist die Bewegung der Ohren zu beobachten. Sie wirken dann einer möglichen Überhitzung entgegen, indem sie Kühlung zufächeln. Nahe der Oberfläche befinden sich nämlich viele Blutgefäße. Durch die Bewegung der Ohren wird die Temperatur des Blutes gesenkt. In Zeiten emotionaler Spannung setzt sich dieses Kühlsystem automatisch in Gang. Es wird dadurch zu einem wichtigen Signalgeber für wechselnde Stimmungen und innere Konflikte.

Wenn Elefanten in Angriffsstimmung sind, verändert sich die Bewegung der Ohren ein wenig und sie halten sie länger als normal in abgespreizter Stellung. Dadurch wirken die Tiere noch größer und furchteinflößender.

Ein wachsamer Gepard stellt seine Ohren auf und richtet sie nach vorne (links). So kann er verdächtige Geräusche besser wahrnehmen. Ist der Gepard dann feindlich gestimmt, verdreht er seine Ohren (rechts). Wenn er sich nach hinten dreht und die Ohren anlegt, kann er sofort zum Angriff übergehen. Alle Katzen zeigen diese Reaktion.

Bei Affen gibt es kaum auffallende Ohrbewegungen und Signale dieser Art. Nur bei großer Aufregung verändert sich die Ohrstellung ein wenig.

- *Verdrehte Ohren:* Wenn Katzen zornig werden, verdrehen sie ihre Ohren so, daß die Rückseite nach vorne schaut. Viele Katzenarten, unter ihnen auch der mächtige Tiger, haben auf der Rückseite ihrer Ohrmuscheln einen großen weißen, schwarz umrandeten Fleck. Dieses Signalmuster ist normalerweise nur von hinten zu sehen. doch wenn eine Katze wütend wird, dreht sie ihre Ohren nach vorne, daß der Fleck direkt dem Gegner zugewandt ist.

Ein verdrehtes Ohr läßt deshalb auf Aggressivität schließen, weil Tiere beim Kampf die Ohren anlegen, um sie vor Verletzungen zu schützen. Bevor sie die Ohren aber anlegen können, müssen sie diese erst nach hinten drehen. Ein Tier mit verdrehten Ohren ist also schon halbwegs in Stimmung zu kämpfen. Wenn Sie also eine Katze mit verdrehten Ohren sehen, wissen Sie, daß Sie einem drohenden, feindlich gesinnten Tier gegenüberstehen. Wenn Sie dieses Tier weiter reizen, legt es seine Ohren an und es kann ernstlich zum Kampf kommen.

- *Angelegte Ohren:* Wenn ein Tier seine Ohren eng an den Kopf anlegt, so will es sie davor schützen, daß sie von Zähnen oder Krallen eines Rivalen verletzt werden. Die angelegten Ohren sind sowohl beim Angreifer wie beim Angegriffenen zu beobachten. Wenn zwei Tiere aufeinander losgehen, zeigen beide diese Reaktion, gleichgültig, wer angegriffen hat und wer sich verteidigt. Diese Ohrenstellung ist allen höheren Säugern gemeinsam, ob Pferden, Katzen, Hunden oder sogar Affen. Bei den Affen ist diese Ohrstellung natürlich weit weniger auffällig, aber immerhin noch zu erkennen. Wenn zwei Affen kämpfen, zieht sich die Haut an den Gesichtsseiten zurück, und die Ohrmuscheln bewegen sich dabei leicht nach hinten – ein Erbe aus jenen Zeiten, als die Vorfahren der Affen noch größere Ohren besaßen, die sie richtig anlegen konnten. Nur in einem Fall legt ein kämpfendes Tier seine Ohren nicht an: wenn es absolut dominant und furchtlos ist. Manchmal ist ein Angreifer seinem Rivalen so überlegen, daß er ohne jede Angst zubeißt und zuschlägt, weil die Körpersprache seines Gegners ihm verrät, daß Vergeltungsschläge nicht zu befürchten sind. In der Natur ist das allerdings nur selten zu beobachten, denn es besteht fast immer ein gewisses Risiko, daß auch ein sehr dominantes Tier etwas abbekommt.

- *»Flügelohren«:* Einige Tiere spreizen ihre Ohrmuscheln seitlich so vom Kopf ab, daß die Ohröffnungen nach unten gerichtet sind. Dieses Signal hat keinen feindlichen Charakter und kommt meistens von einem unterwürfigen Tier, das seine Gefährten zu beschwichtigen versucht. Im Prinzip handelt es sich dabei um das Gegenteil zu den aufgestellten Ohren. Diese besagen: »Ich bin auf der Hut und auf alles vorbereitet.« Die Flügelohren hingegen bedeuten: »Ich habe abgeschaltet. Ich kümmere mich nicht mehr darum. Ihr habt die Führung.«

Der Tiger weist auf der Rückseite der Ohrmuscheln auffällige weiße Flecken auf. Er zeigt sie vor, wenn er in kampflustiger Stimmung die Ohren verdreht.

Das Anstarren dient im Tierreich oft als Drohgeste. Die Botschaft ist ziemlich klar, wenn wir uns diesen Löwen ansehen. Wir selber vergessen dies aber leider allzu oft, wenn wir mit Tieren zu tun haben. Viele Menschen schauen Katzen, Hunden und anderen zahmen Tieren intensiv in die Augen, ohne sich darüber im klaren zu sein, daß ein direkter Blick einschüchternd wirkt.

Hunde und Pferde signalisieren mit dieser Ohrstellung Unterwürfigkeit. Bei sexuellen Begegnungen bedeutet diese Ohrstellung: »Ich werde mich nicht verteidigen. Du kannst näherkommen, ohne einen Angriff befürchten zu müssen.« Insofern ist dies ein Signal mit Sex-Appeal, wenn ein Männchen und ein Weibchen paarungsbereit sind und umeinander werben. Gelegentlich kann es jedoch zu Mißverständnissen kommen. Bisweilen zeigt ein Weibchen, das sich hinreichend in sexueller Stimmung wähnt, die Flügelohren, wenn sich ein Rüde nähert. Sobald dieser aber in ihre Nähe kommt, überlegt sie es sich anders und weist ihn zurück. Passiert dies einem bereits sexuell erregten Hund, zeigt der Anzeichen äußerster Bestürzung und Verwirrung. Er springt aufgeregt vor- und rückwärts und weiß nicht, was er nun machen soll. Läßt er von der Hündin ab, beruhigt sie sich, fühlt sich wieder sexy und gibt erneut das Flügelohrensignal. Sobald der Rüde das sieht, nimmt seine sexuelle Erregung wieder zu, und er nähert sich ein zweites Mal. Wieder fühlt sich das Weibchen plötzlich bedroht und beißt das arme Männchen, das aufjault und, nun noch stärker verwirrt, sich davonmacht. Einem menschlichen Beobachter mag dieses Verhalten des Weibchens wie eine mutwillige Täuschung erscheinen. Die Erklärung für dieses Verhalten ist jedoch einfach. Die Flügelohren sind in der Tat ein sexuelles Signal und sollen die Männchen anlocken. Das Weibchen aber ist noch nicht so weit sexuell erregt, daß die Paarung schon stattfinden kann. Sie befindet sich noch in einem ambivalenten Zustand, der für Tiere in der Paarungszeit typisch ist. Sie will den Rüden zwar anlocken, ihn dann aber hinhalten, bis sie wirklich paarungsbereit ist.

2. Die Augen

- *Entspannte Augen:* Ist ein Tier innerlich ruhig, sind seine Augen offen, aber nicht aufgesperrt.
- *Starrende Augen:* Dieser mimische Ausdruck entspricht den aufgestellten Ohren. Wenn irgend etwas das Tier beunruhigt, reißt es seine Augen weiter auf und vergrößert dadurch sein Gesichtsfeld. Gleichzeitig fixiert es die Richtung, aus der die Störung kam.
- *Blinzelnde Augen:* Befindet sich ein Tier in Aufregung, so verstärkt es das Blinzeln, als wollte es seine Augenoberflächen besonders sauberhalten, damit ihm auch nicht die kleinste Kleinigkeit entgeht.
- *Finstere Augen:* Dieser Ausdruck kommt durch das Stirnrunzeln zustande. Die Augenbrauen werden nach unten gezogen, um die Augenoberfläche zu schützen. Und die Augen selbst sind so weit wie möglich geschlossen, ohne daß die Sicht behindert ist.
- *Funkelnde Augen:* Auch hier werden die Augenbrauen wie beim Stirnrunzeln heruntergezogen. Zur selben Zeit hält das Tier seine Augen aber so weit offen wie möglich und starrt die Gefahrenquelle an. Dies ist ein widersprüchlicher Gesichtsausdruck. Das Tier versucht die Augen zu schützen und gleichzeitig ein möglichst weites Gesichtsfeld zu haben. Diesen mimischen Ausdruck kann das Tier nicht längere Zeit beibehalten.
- *Geschlossene Augen:* Wenn ein Tier während einer Auseinandersetzung seine Augen schließt, so versucht es, die eintreffenden Reize abzuschalten. Es läßt dadurch erkennen, daß es unterlegen und unterwürfig ist und den Kampf aufgibt.

Wenn Affen wie Gibbons (oben) und Spinnenaffen (unten) gellend schreien oder heulen, müssen sie ihren Mund weit aufreißen. Dabei entblößen sie ihre kräftigen Zähne. Das Aufblitzen der Eckzähne wirkt auf andere erschreckend, denn das Zeigen der Zähne dient fast stets als Drohung. Das ist jedoch stark vereinfacht. Bei vielen Tieren verrät erst die Art, wie sie ihre Zähne zeigen, ihre innere Stimmung.

3. Der Mund

Der Mund ist der ausdrucksreichste Teil des Gesichts. Der Grund für seine mimische Vielfalt liegt darin, daß er sich auf vier verschiedene Weisen bewegen kann. Erstens können die Lippen waagrecht nach hinten zurückgezogen werden, wobei die Zähne entblößt werden, oder nach vorne, um die Zähne zu bedecken. Zweitens kann das Tier seine Lippen auch in vertikaler Richtung bewegen; es zieht die Oberlippe nach oben und die Unterlippe nach unten. Drittens kann das Tier seinen Mund weit öffnen oder fest verschließen. Und viertens kann die gesamte Mundregion weich und locker oder hart und fest sein. Schließlich können sich die Kiefer noch wiederholt öffnen und schließen und kann die Zunge herausgestreckt werden. Durch Kombination ergibt sich eine faszinierende Bandbreite von Ausdrucksmöglichkeiten.

● *Entspannter Mund:* In Ruhestellung ist der Mund leicht geschlossen oder leicht offen. Die Lippen bedecken die Zähne fast oder

Wie differenziert der Gesichtsausdruck von Hunden sein kann, zeigt sich bei dieser Begegnung zweier rivalisierender Schlittenhunde (links). Beide sind sehr kampflustig. Es zeigen sich aber deutlich einige kleine, jedoch wesentliche Unterschiede. Sie verraten uns, daß das Tier links im Bild das dominantere ist. Das Tier rechts hält seinen Kopf leicht gesenkt und streckt seine Zunge heraus, als wollte es lecken. Dieses Signal stammt aus dem Verhaltensrepertoire von Jungtieren. Die Welpen lecken ihren Eltern den Mund ab, wenn sie um Futterstückchen betteln. Bei erwachsenen Tieren hat das Herzeigen der Zunge eine unterwürfige Bedeutung. Das Tier rechts befindet sich aber eindeutig in einem Stimmungszwiespalt, denn sein Gesicht bringt auch deutlich Feindseligkeit zum Ausdruck. Der Hund ist zwischen Angst und Aggression hin- und hergerissen. Würde die Angst überhandnehmen, würde er die Ohren anlegen und die Mundwinkel noch weiter zurückziehen. Dieser Schneeleopard (rechts) ist sehr aggressiv gestimmt. Er zeigt seine Zähne, zieht die Mundwinkel aber nicht weit zurück. Bei diesem »kurzen« Zähnefletschen ist die Gefahr stets größer als beim »langen«.

ganz, jedoch ohne jegliche Spannung. Das ist ein weicher und neutraler Ausdruck, der als Grundlage zur Beurteilung der anderen Ausdrucksstellungen dient.

● *Festgeschlossener Mund:* Die Lippen sind zusammengepreßt, und die kurze Mundlinie sieht hart und fest aus. Diese Mundstellung verrät intensive Konzentration. Bei sozialen Begegnungen von Angesicht zu Angesicht zeigt sie eine dominierende, passiv-feindselige Stimmung an.

● *Offenstehender Mund:* Die Kiefer sind geöffnet, und das Innere des Mundes ist sichtbar. Es handelt sich hier um die Intentionsbewegung des Beißens. Dieser Stellung ist zu entnehmen, daß das Tier angreift, wenn man es weiter reizt. Es sind jedoch auch andere Be-

Die besondere Gesichtszeichnung des Brillenlangurs (rechts) verstärkt kleine Veränderungen im Ausdruck der Augen und des Mundes. Der weiße Mundfleck betont die Form der Lippen, und die weißen Augenringe zeigen deutlich, wohin das Tier blickt und wie weit seine Augen geöffnet sind.

Wenn Schimpansen (unten) ihre Zähne verbergen und die Lippen zu einem Schmollmund formen, drücken sie, wie wir Menschen, das Fehlen von Aggressivität aus. Oft hört man dabei einen Begrüßungszuruf. Der Schmollmund geht auf einen mimischen Ausdruck der Kindertage zurück. Die Tiere strecken die Lippen vor, um etwas von ihren Eltern zu erbetteln.

deutungen möglich. Hechelt das Tier gleichzeitig, so bedeutet der offene Mund nur, daß das Tier überhitzt ist und Wärme loswerden muß. Den Unterschied erkennt man an der Spannung und der Form der Lippen. Beim Hecheln sind die Lippen zurückgezogen und weich, und die Zunge hängt heraus. Wird der Mund in aggressiver Absicht weit geöffnet, so sind die Lippen stärker gespannt, und die Zunge hängt nicht heraus. Bei genauerer Beobachtung zeigt sich, daß die Lippen nach vorne oder hinten gezogen sein können. Sind sie nach vorne gezogen, sind nur die vordersten Zähne entblößt. Sind die Lippen hingegen zurückgezogen, kann man alle Zähne sehen. Diese beiden Mundstellungen entsprechen auch zwei völlig verschiedenen inneren Stimmungen. Kurz gesagt: Je mehr die Mundwinkel zurückgezogen sind, um so ängstlicher ist das Tier. Je weiter vorne sich die Mundwinkel befinden, um so aggressiver und furchtloser ist das Tier. Zieht ein Hund seine Lippen nach oben, bedeutet dies, daß er dominant und feindlich gesinnt ist. Zieht er seine Lippen nach hinten, befindet er sich eher in der Defensive, möchte seinem Gegner zwar drohen, hat aber gleichzeitig auch Angst vor ihm. Bei vielen Säugern gibt es diese Unterscheidung nicht: Ein weit aufgerissener Mund bei einem spannungsgeladenen Zusammentreffen bedeutet »Drohung«, ohne das Maß an Furcht erkennen zu lassen. Das Sozialleben der Hunde, Katzen und Affen ist aber so komplex, daß diese Tierarten eine große Auswahl subtiler Ausdrucksvarianten in ihrer Mimik benötigen.

- *Spielerischer Mund:* Wenn sich ein Tier in spielerischer Stimmung befindet, muß es unbedingt signalisieren, daß seine Angriffe nicht ernst gemeint sind. Das geschieht durch eine besondere Mundhaltung: Der Mund ist geöffnet, doch die Lippen bedecken vollständig die Zähne – oder mindestens soweit wie möglich. Bisweilen können nur die Zähne des Oberkiefers auf diese Weise bedeckt werden. Schimpansen verwenden diesen Ausdruck beim spielerischen Kampf, und er unterscheidet sich stark genug von der Drohmiene, daß es nicht zu Verwechslungen kommt. Das Gesicht des zum Spielen aufgelegten Hundes sieht etwas anders aus. Das Tier zieht seine Lip-

Diese Halsbandmangabe hat auffallend gefärbte weiße Augenlidflecken entwickelt. Diese Markierungen unterstreichen leichte Veränderungen des Gesichtsausdrucks. Bei Stimmungsschwankungen während einer feindlichen Begegnung zieht das Tier die Kopfhaut zurück und wieder vor. Nimmt die Aggressivität zu, wird sie nach vorne gezogen. Im gegenteiligen Fall wandert sie stärker nach hinten. Das bedeutet, daß die Augenbrauen bei solchen Begegnungen wiederholt gehoben und gesenkt werden. Die weißen Flecke heben diese Veränderungen noch hervor.

pen in der Horizontalen so weit wie möglich zurück, läßt die Zähne dabei aber möglichst vollständig bedeckt. Man hat dies gelegentlich als Grinsen des Hundes bezeichnet und mit dem Lächeln des Menschen verglichen.

- *Schmollmund:* Bei den Affen und Menschenaffen gibt es einen Mundausdruck mit vorgeschobenen Lippen, der so aussieht, als wollten sie ihren Gefährten einen Kuß anbieten. In Wirklichkeit stammt diese Lippenstellung vom Saugen an der Mutterbrust. Die weichen entspannten Lippen werden gekräuselt und vorgeschoben, als ob sie etwas suchten. Diesen Ausdruck sieht man bei freundlichen Begrüßungen und bei Tieren, denen es gerade nicht so gutgeht und die Hilfe oder Tröstung brauchen. Er signalisiert Hilflosigkeit und wird bisweilen auch als Bettelgeste verwendet.

Das außergewöhnliche Zurückklappen der Oberlippe bei den Dscheladas aus Äthiopien sieht für uns bedrohlich aus, doch die Artgenossen interpretieren es als freundliches Signal. Tatsächlich geht die Bewegung auf ein extremes Zurückziehen der Lippen zurück, das eher eine unterwürfige Haltung ausdrückt. Aggressive Dscheladas ziehen wie viele andere Säuger beim Drohgebaren die Mundwinkel nach vorne. Unterwürfige Tiere ziehen ihre Mundwinkel in der Horizontalen zurück. Wenn das der Dschelada tut, klappt die Oberlippe automatisch nach oben und enthüllt das helle Zahnfleisch.

- *Lippenschmatzen:* Auch dies ist eine Spezialität der Affen. Die Lippen werden schnell geöffnet und wieder geschlossen und erzeugen dabei ein leicht schmatzendes Geräusch. Die Zunge wird dabei ein wenig herausgestreckt. Es wird als freundliche Begrüßung mit leicht unterwürfigem Charakter verstanden. Ursprünglich leitete es sich von der gegenseitigen Körperpflege ab. Dabei sitzen zwei Affen zusammen und suchen sich gegenseitig das Fell nach Schmutzteilchen und abgeschilferten Hautstückchen ab. Da die gegenseitige Fellpflege bei den Affen eine Art Freundschaftsdienst ist, bedeutet das Lippenschmatzen: »Ich mag dich so sehr, daß ich dir auf diese Weise das Fell pflegen möchte.« Im Laufe der Evolution wurde dieser Gesichtsausdruck übertrieben und beschleunigt, um seine Signalwirkung zu verstärken. Heute sieht das Ganze wirklich völlig anders aus als bei der gegenseitigen Körperpflege, bei der die Lippenbewegungen doch sehr viel langsamer erfolgen.

- *Zähneklappern:* Erschrickt ein freundlich gesinnter Affe zutiefst, kann er das Lippenschmatzen nicht mehr richtig zustande bringen, weil seine Lippen in der »Furchtstellung« vollständig zurückgezogen sind. Doch das freundliche Signal bleibt in leicht modifizierter Form bestehen. Der Mund öffnet und schließt sich weiter in schneller Folge, statt des Schmatzgeräusches hört man aber Zähneklappern. Dieses Signal zeigt ein deutlich untergeordnetes Individuum, das trotz allem lieber weiterhin der Gruppe angehören möchte, anstatt das Leben eines sozial Ausgestoßenen zu führen.
Erstaunlicherweise findet man dieses Zähneklappern auch bei jungen Pferden, und zwar in genau demselben Zusammenhang. Auch hier drückt es Friedfertigkeit aus. Fohlen klappern immer mit den Zähnen, wenn ihnen ein erwachsenes Pferd zu nahe kommt. Aber anders als bei den Affen, die dieses Signal auch als Erwachsene jeden Alters zeigen, sofern sie einen sehr niederen Rang in der sozialen Hierarchie einnehmen, verlieren Pferde diese Verhaltensweise im Alter von dreieinhalb Jahren. Bei ihnen handelt es sich also um ein typisch kindliches Verhalten.

- *Flehmen:* Viele Säugetiere zeigen den merkwürdigen Gesichtsausdruck des Flehmens, der zusammen mit intensivem Schnüffeln auftritt. Fast immer wird das Flehmen von Männchen als Reaktion auf den Harn brünstiger Weibchen gezeigt, gelegentlich wird es aber auch von gewissen stark riechenden chemischen Stoffen hervorgerufen. Das Tier streckt den Hals und reckt den Kopf nach oben. Die Oberlippe wird nach oben gekräuselt, wobei die obere Zahnreihe und bisweilen auch das Zahnfleisch zu sehen sind. Der Mund ist leicht geöffnet, und das Tier scheint sich für einen Moment in einer Art Traum, ja fast Trance, zu befinden. Es wirkt, als ob es tief einatmet und den Duft, der in der Luft liegt, genießt. Dabei erinnert es an einen hungrigen Menschen, der innehält, weil er einen köstlichen Küchengeruch wahrnimmt.

Bei den Affen erfolgt das Flehmen etwas anders als bei den übrigen Säugetieren. Am deutlichsten zeigt es eine ganz bestimmte Art, nämlich der Schweinsaffe aus Südasien. Man hat es bei ihm auch als eine Form des Schmollmundes interpretiert, bei dem ja die Lippen nach vorne gerichtet sind. Tatsächlich zieht der Schweinsaffe die Oberlippe nach oben und richtet sie nach vorne. Die Unterlippe folgt dieser Bewegung und legt sich der Oberlippe an. Im Gegensatz zu den Huftieren und den Raubtieren sind die Zähne aber nicht oder nur kaum zu sehen. Der Gesichtsausdruck ist jedoch in genau demselben Zusammenhang zu beobachten: Der männliche Schweinsaffe schnüffelt dabei intensiv am Hinterende des gerade sexuell aktiven Weibchens. Sein Gesicht sieht dabei auch so aus, als würde es ins Nichts starren. Ohne Zweifel handelt es sich hier um die äffische Variante des Flehmens.

Welche Aufgabe hat dieser merkwürdige Gesichtsausdruck? Zuerst vertraten Forscher die Ansicht, er diene als »Schutz gegen unangenehme chemische Reize«. Sie interpretierten das Kräuseln der Oberlippe als Versuch, die empfindsame Nase vor sehr starken Gerüchen zu schützen. Damit sollten die Nasenöffnungen verschlossen und der widerliche Geruch ferngehalten werden. Zu der Frage, warum ein sexuell aktives Männchen sich selbst das reiche Duftbukett eines brünstigen Weibchens versagen sollte, äußerten sie sich nicht. Diese Erklärung scheint puritanischen Ursprungs zu sein und ignoriert vollständig, daß bei der Paarung der meisten Tiere Gerüche eine bedeutende Rolle spielen.

Die wahre Funktion des Flehmens ist genau das Gegenteil. Statt den Geschlechtsduft von den Nasenhöhlen fernzuhalten, soll es ihn vielmehr zum längeren Auskosten dort einschließen. Wenn das Tier den Gesichtsausdruck des Flehmens angenommen hat, hält es seinen Atem für einen Augenblick an und bewegt dabei die Oberlippe

Wenn die Männchen vieler Säugetierarten den Duft eines brünstigen Weibchens wahrnehmen, versuchen sie den Düften leichteren Eingang in die Nasenhöhlen zu verschaffen, indem sie die Oberlippe anheben. Wir bezeichnen dies als Flehmen. Hier ist es bei einem geschlechtlich erregtem Bighornschaf (oben) deutlich zu sehen. Es ist aber auch bei Nashörnern (unten) zu beobachten. Dieses Verhalten zeigt keine Spur von Aggressivität. Das Flehmen wurde früher oft falsch interpretiert.

weiter nach vorne und oben. Während dieses kurzen Zeitraums analysiert das Tier wie ein professioneller Weinverkoster das Duftbukett des Artgenossen und erfährt dabei Genaueres über dessen sexuellen Zustand. Da das Flehmen eng mit geschlechtlichen Verhaltensweisen verbunden ist, entwickelte es sich im Laufe der Evolution zu einem eigenständigen Signal. Heute tut ein Tier einem anderen mit dem Flehmen optisch sein sexuelles Interesse kund.

Auf uns wirkt dieser zähnefletschende Mandrill bedrohlich. Dabei handelt es sich in Wirklichkeit um eine freundliche Geste. Die Mundwinkel sind stärker geöffnet als die Mundmitte vorn. Bei der aggressiven Mundhaltung ist es gerade umgekehrt.

Das sind die wichtigsten Elemente des Gesichtsausdrucks bei den höheren Säugetieren. Sie teilen sich ihre inneren Stimmungen durch ihre Mimik mit. Durch vielfältige Kombinationsmöglichkeiten der einzelnen Elemente haben Pferd, Hund, Katze und Affe ein reiches Signalrepertoire zur Verfügung. Sie teilen sich damit ihren Freunden oder Feinden, ihren Geschlechtspartnern oder Rivalen, ihren Nachkommen und Eltern mit. Die Mimik kann subtile Änderungen der inneren Stimmung mitteilen, etwa in bezug auf Bereitschaft zum Spiel und zur Sexualität oder in bezug auf Dominanz und Unterwürfigkeit, Angst und Aggression. In der Mimik spiegeln sich Aufmerksamkeit, Aufregung und Ruhe wider. Es handelt sich dabei um lebenswichtige Informationen, die an die Artgenossen weitergegeben werden müssen. Das Säugergesicht ist für diese mimische Aufgabe außerordentlich gut geeignet.

Zusätzlich zu diesen häufigen und weitverbreiteten Ausdrucksformen gibt es noch einige spezielle, die sich auf einige wenige Arten oder eine einzige Spezies beschränken. Einige sträuben Haare, zum Beispiel die Schopfmakaken der Insel Celebes. Diese schwarzfelligen Tiere tragen auf dem Kopf ein längeres Haarbüschel. Je nach Stimmung hebt und senkt es sich.

Ist das Tier aufgeschreckt oder ängstlich, legt es den Haarschopf an. Dieser stellt also einen sehr gut sichtbaren Indikator dar, der auch von weitem wahrzunehmen ist.

Das Anlegen des Haarbüschels hat seinen Grund in einem allgemeinen mimischen Prinzip: Je mehr ein Tier erschrickt, um so mehr zieht sich dessen Kopfhaut nach hinten zurück. Umgekehrt gilt: Je sicherer sich ein Tier fühlt, um so mehr bewegt sich die Kopfhaut nach vorne. Das ist natürlich eine starke Vereinfachung, hilft aber bei der Erklärung vieler mimischer Ausdrucksformen. Nehmen wir einmal die beiden Extreme. Das furchtsame Tier zieht seine Kopfhaut nach hinten mit folgendem Ergebnis: 1. Die Augen öffnen sich weit und haben ein möglichst großes Gesichtsfeld. 2. Die Augenbrauen werden gehoben und zeigen die Hautstellen oberhalb der Augen. 3. Durch die Bewegung der Kopfhaut legen sich die Haare an. 4. Die Mundwinkel werden zurückgezogen.

Ein sehr angriffslustiges Tier bewegt seine Kopfhaut nach vorne. Mit diesen Folgen: 1. Die Augen werden schmaler, starren auf den Gegner und fixieren ihn. 2. Beim Stirnrunzeln werden die Augenbrauen gesenkt. 3. Die Haare auf der Kopfhaut stellen sich auf und lassen das Tier größer aussehen. Die Mundwinkel werden nach vorne gezogen.

Der Schopfmakak ist nicht der einzige Affe, der diese Reaktion verstärkt und übertrieben hat. Gewisse Mangabenarten haben oberhalb der Augen hellgefärbte Hautflecken. Diese werden deutlich sichtbar, wenn das Tier erschrocken ist. Dieses Signal entwickelten die Mangaben noch weiter. Sie lassen diese Hautflecken blitzartig aufleuchten als freundliche Begrüßungsgeste. Die meisten freundlichen Begrüßungen, die wir in der Tierwelt beobachten können – und auch wir Menschen bilden hier keine Ausnahme –, beruhen auf Zeichen leichten Erschreckens. Der Grund liegt darin, daß ein Zusammentreffen mit einem anderen Tier fast immer auch mit ein wenig Besorgnis verbunden ist, selbst wenn es sich um eine freundliche Begegnung handelt. Das blitzartige Aufleuchten der Augenbrauenpartie spiegelt diese leichte Beunruhigung wider.

Den vielleicht bizarrsten Gesichtsausdruck zeigt der Dschelada, eine Pavianart. Es handelt sich hier um die extremste Form des Zurückziehens der Kopfhaut. Wenn der Dschelada ein anderes Tier begrüßt, zieht er die Kopfhaut wie jede andere Art zurück und enthüllt dabei ein paar helle Augenlider. Das ist aber noch nicht alles. Wenn sich die Haut in der Mundregion zurückzieht, stülpt sich die Oberlippe um und enthüllt das massive Zahnfleisch, dessen hellrosa Farbe in starkem Kontrast zu dem dunklen Fell steht. Das Entblößen so viel nackter Haut beim Aufklappen der Oberlippe wirkt auf uns so merkwürdig, daß Forscher es erst für eine Drohgebärde hielten. Auf uns wirkt sie so schrecklich, weil der Dschelada dabei seine kräftigen Eckzähne entblößt. Tatsächlich handelt es sich aber um einen sehr freundlichen Gesichtsausdruck. Ein anderer Dschelada reagiert darauf nicht mit Panik, sondern Zutrauen. Die Mundstellung zeigt wie andere mimische Äußerungen, bei denen die Kopfhaut zurückgezogen wird, daß das betreffende Tier eher erschreckt als feindlich gesinnt ist. Der Dschelada sagt damit seinem Artgenossen: »Ich will dir nichts Böses.«

Auch der mächtige, buntgefärbte Mandrill hat einen merkwürdigen Gesichtsausdruck, der im Grunde das gleiche bedeutet. Mit unseren Augen gesehen, wirkt er jedoch alles andere als freundlich. Der Mandrill hält dabei seine Kiefer geschlossen, während die Lippen auf seltsame Weise geöffnet sind. In der Mundmitte bleiben die Lippen nahe zusammen, während die Mundwinkel geöffnet werden. Damit beschreiben die Umrisse der Lippen eine liegende Acht. Für uns sieht es so aus, als ob das Tier böse knurre. Für einen anderen Mandrill lautet jedoch die Botschaft: »Ich bin freundlich gesinnt«, und führt wahrscheinlich dazu, daß sie gegenseitig Körperpflege betreiben oder sogar miteinander spielen.

Der Ursprung dieses freundlichen Zähnefletschens beim Mandrill ist durchaus interessant. Es handelt sich um das genaue Gegenteil des aggressivsten Drohgesichts. Die meisten Arten schieben bei einer Drohgeste die Mundwinkel nach vorne und entblößen nur die vordersten Zähne. Wenn sie die Mundwinkel zurückziehen und alle Zähne zeigen, bedeutet das im Gegensatz Unterwerfung. Der Mandrill geht hier noch einen Schritt weiter. In freundlicher Stimmung verschließt er mit den Lippen die Mundmitte und damit das aggressive »Vorderzähne«-Signal. Gleichzeitig zeigt er das unterwürfige »Hinterzähne«-Signal. Eine einzigartige Mundstellung für eine auch sonst ungewöhnliche Art.

Durch sorgfältige Beobachtungen wissen wir, daß sich der Mandrill auch in anderer Hinsicht merkwürdig verhält. Die großen Männchen gähnen viel häufiger als die Weibchen, und man nimmt an, daß es sich dabei um ein leichtes Drohgebaren handelt. Alle Affen gähnen, wenn sie müde sind oder sich in einer eher harmlosen Konfliktsituation befinden. Der Mandrill aber hat im Gähnen offenbar eine Bereicherung seines aggressiven Verhaltens-Repertoires entdeckt und die Frequenz entsprechend erhöht.

Die Komplexität der Gesichtsmuskeln, die all diese Mimik überhaupt möglich machen, erreichte ihren Höhepunkt nicht bei Hunden, Katzen oder Affen, sondern bei uns. Das menschliche Gesicht ist das ausdrucksvollste im ganzen Tierreich. Doch wissen wir heute, daß auch die Tiere in dieser Hinsicht einen bemerkenswerten Reichtum aufzuweisen haben.

Kampfverhalten

Entgegen weitverbreiteten Ansichten setzen die Tiere fast alles daran, um einen Kampf zu vermeiden. Es ist ein Mißverständnis, wenn die Natur als grausam und sogar blutrünstig geschildert wird. Dies bezieht sich nur auf das Verhältnis zwischen Räuber und Beute, aber keinesfalls auf Auseinandersetzungen zwischen Rivalen derselben Art. Leider glauben immer noch viele Menschen, in der Natur würden sich Tiere dauernd auf Leben und Tod duellieren, um eine bessere Position in der Rangordnung zu ergattern. Nichts könnte weiter von der Wahrheit ent-

Die Tiere regeln ihre Aggressivität entweder mit Hilfe von Territorien oder Hierarchien. Der Revierinhaber greift jeden Eindringling an, der derselben Art angehört, mag es sich um ein bekanntes oder fremdes Individuum handeln. Rangkämpfe sind hingegen viel persönlicher, denn die Gegner kennen sich. Sie kämpfen um einen höheren Rang in der Hierarchie. Die Besitzer von Territorien patrouillieren oft an deren Grenzen und zeigen dabei Verhaltensweisen, die deutlich machen, daß das Revier ihnen gehört: Vögel singen, Säugetiere heulen oder schreien wie dieser See-Elefantenbulle (links) oder röhren wie der Hirsch im Bild unten rechts.

Territoriale Fische wie die Schlammspringer im Bild oben drohen mit ihren aufge-stellten Flossen.

fernt sein als das. Der überwältigende Eindruck beim Beobachten von Kämpfen in der Tierwelt ist der von bemerkenswerter Zurückhaltung und Selbstkontrolle. Daß Blut vergossen wird, ist nicht die Norm, sondern seltene Ausnahme.

Der Grund für diese Zurückhaltung ist weder Weichlichkeit noch Weichherzigkeit, sondern nur Eigennutz. Denn wenn zwei Rivalen sich auf einen ernsthaften Kampf einlassen, ist die Gefahr groß, daß auch der Gewinner am Ende eine Verletzung davonträgt. Der Verlierer wird gewiß schwerer verwundet sein oder sogar sterben. Das nützt dem Sieger aber gar nichts, wenn seine eigene Wunde sich entzündet oder seine Gesundheit sonstwie dadurch beeinträchtigt wird. Doch auch ohne Infektion kann eine Verletzung dazu führen, daß der Gewinner nicht so schnell wie sonst laufen, Beutetiere verfolgen oder selbst einem Räuber entkommen kann. Für Räuber und Beutetiere liegen bei der Jagd nur Bruchteile von Sekunden zwischen Erfolg und Mißerfolg. Selbst eine

176

kleine Wunde am Fuß kann deshalb auch für einen Räuber den Hungertod bedeuten oder für ein Beutetier das plötzliche Ende.

Aus diesem Grund unternehmen die Tiere fast alles, um einen richtigen Kampf mit aggressiven Rivalen zu vermeiden. Sie haben verschiedene Wege entwickelt, um solche Streitigkeiten zu klären, ohne auf extreme Mittel zurückzugreifen. Dies geschieht zunächst dadurch, daß sie sich in den verfügbaren Raum teilen. Dies geschieht durch Errichtung von Territorien oder Revieren. Dabei handelt es sich um Räume, die der Besitzer verteidigt, meistens ein Männchen. Dieses wird um so dominanter, je näher es sich dem Zentrum seines Territoriums befindet. An den Grenzen des Territoriums fühlt es sich ebenso wie seine Nachbarn weniger sicher. Sie wagen es kaum, in fremde Territorien einzudringen, und treffen sich nur an den Grenzen. Dort zeigen alle Tiere den gleichen gemäßigten Hang zur Selbstbehauptung, so daß ein Gleichgewicht entsteht. Ihre Aggressivität ist begrenzt, so daß ein Umgang möglich ist. Die Besitzer der Territorien drohen zwar einander, doch gehen daraus keine intensiven Streitigkeiten oder gar ernsthafte Kämpfe hervor. Diese Raumaufteilung mit Hilfe von Territorien gibt allen oder vielen Individuen die Chance, sich fortzupflanzen. Einige Territorien mögen zwar etwas kleiner sein als andere oder weniger günstig gelegen, doch abgesehen davon hat jeder Besitzer eine reelle Chance, ein Nest zu bauen, um ein Weibchen zu werben, Junge großzuziehen oder einfach genügend Nahrung für sich selbst zu finden.

Ausführliche Untersuchungen an Schimpansen haben gezeigt, daß die alten Vorstellungen einer feststehenden sozialen Hierarchie mit geradlinigem Verlauf vom ranghöchsten zum rangniedrigsten Tier viel zu simpel waren. Tatsächlich haben diese intelligenten Menschenaffen eine viel komplexere soziale Ordnung mit feinen Unterteilungen. Und auf ihren Gruppenversammlungen gibt es Konditionen und Allianzen sowie Verhandlungen.

Die Auswirkungen der Territoriumsaufteilung lassen sich gut in einem langen schmalen Aquarium beobachten, wenn man zwei Männchen einer Art mit Revierverhalten hineinsetzt, etwa den Zwergstichling, und jedem Wasserpflanzen in leicht verschiebbaren Töpfen zur Verfügung stellt. Mit Hilfe der Vegetation kann man das eine Revier vergrößern und das andere verkleinern. Wenn man zu Beginn die beiden Töpfe mit der Unterwasservegetation an den entgegengesetzten Enden des Aquariums aufstellt und die rivalisierenden Männchen ihre Nester im Pflanzengewirr bauen können, so bildet sich schnell eine Grenzzone ungefähr in der Mitte des Aquariums aus. Dort treffen die Männchen gelegentlich aufeinander und begegnen einander mit aggressivem Imponiergehabe, es kommt jedoch fast nie zu Kämpfen. Werden nun die Töpfe mit den

Viele Säugetiere mit einem Revier hinterlassen an auffälligen Stellen am Rande ihrer Territorien Duftmarken. Sie reiben zum Beispiel bestimmte Duftdrüsen an Ästen und Zweigen. Andere markieren die Grenzen ihres Territoriums durch Harn oder Kot. Der Klippspringer im Bild oben markiert einen Zweig mit dem Sekret einer Drüse, die sich unterhalb des Auges befindet. Anhand solcher Duftmarken können benachbarte Revierinhaber sich ein gutes Bild von den »Bewegungen« und vom Gesundheitszustand ihrer Rivalen machen, ohne daß sie diese überhaupt zu Gesicht bekommen müssen.

Pflanzen näher zur Aquarienmitte verschoben, so haben die Männchen zunehmend das Gefühl, sich gleichzeitig im eigenen Revier und dem des Rivalen zu befinden. Das finden sie unerträglich, und es kommt mehr oder weniger sofort zu ernsthaften Kämpfen. Die beiden Nistplätze der Männchen liegen viel zu nahe beieinander. Die Männchen können sich nicht zurückziehen, weil sie sich dann von ihrem eigenen Nest entfernen müßten. Für dieses künstlich hervorgerufene Dilemma haben die Männchen keine Lösung. Der Kampf geht weiter, auf eine völlig unnatürliche Weise. Verschiebt man die Pflanzentöpfe in ihre ursprüngliche Stellung zurück, herrscht wieder Frieden. Es kommt nur gelegentlich an den Grenzen der Territorien zu einem Treffen und zu Drohverhalten. Dieser einfache Versuch zeigt deutlich den Wert des Revierverhaltens und wie es ernsthafte Gewaltausbrüche zu verhindern hilft.

Reviere sind je nach Zeit und Ort verschieden. Viele Tiere haben nur während der Fortpflanzungszeit Territorien, wenn sie nämlich ein Gebiet um ihr Nest herum verteidigen müssen. In der übrigen Zeit tun sie sich friedlich zu großen Gruppen zusammen und ziehen umher. Andere Tiere errichten nur dann Territorien, wenn an Ort und Stelle genügend Nahrung vorhanden ist. Dann siedeln sie sich an und verteidigen ihre Futterplätze. Bei Futtermangel hingegen führen sie ein Nomadenleben.

Eine weitere Möglichkeit, die Wahrscheinlichkeit ernsthafter Kämpfe zu verringern, ist die Einrichtung einer sozialen Hierarchie. In der einfachsten Form entsteht dabei eine geradlinige Rang- oder Hackordnung, vom absolut dominanten, ranghöchsten bis zum rangniedrigsten Tier der Gruppe. Jedes Individuum kennt seinen Platz auf der sozialen

---

In den ersten Phasen des Balz- und Paarungsverhaltens spielen Scheinkämpfe eine große Rolle. Es ist eine der Aufgaben der Balz, die Feindseligkeit zwischen zwei Partnern zu verringern. Bei diesen beiden Löwen ist dies offensichtlich noch nicht soweit.

Wenn die Drohgebärden noch zu keiner Entscheidung geführt haben, kommt es zu frontalen Kämpfen. Doch selbst in dieser Phase des Kampfes, bei dem es bereits zu Körperkontakt kommt, sind die Angriffe ritualisiert. Die weitaus meisten Säugetierarten führen solche Kommentkämpfe auf, bevor es zu echten Auseinandersetzungen auf Leben und Tod kommt, und meistens bleibt es dabei. Hier zu sehen sind Kommentkämpfe zwischen Bighornschafen (Seite 182), Nashörnern (gegenüberliegende Seite oben links), amerikanischen Wapitis (gegenüberliegende Seite oben rechts), Spießböcken (gegenüberliegende Seite unten) und Flußpferden (oben).

Stufenleiter und wagt es nicht, höherrangige Individuen herauszufordern. Dadurch werden die Kämpfe auf gelegentliche Zusammenstöße reduziert, bei denen die Rangordnung neu festgelegt oder bestätigt wird. Die Rangordnung ist nämlich, auf längere Sicht gesehen, nichts Feststehendes, sondern verändert sich, da ja auch die Individuen älter werden, die jüngeren dabei stärker und die älteren schwächer.

Neuere Untersuchungen an hierarchisch gegliederten Gruppen haben gezeigt, daß diese einfache Rangordnung oft verändert wird, besonders unter den intelligenteren Arten wie den Affen. Bei Schimpansengruppen zeigen sich gleich mehrere bedeutsame Veränderungen gegenüber dieser geradlinigen hierarchischen Ordnung. Es gibt zum Beispiel Koalitionen zum Sturz von Tyrannen, kollektive Führerschaft, Zusammenarbeit zur Aufrechterhaltung der Dominanz, Strategien des Teilens und Herrschens, schiedsrichterliche Verfahren und Verhand-

lungen. Mit anderen Worten: Die Hierarchien der Menschenaffen können fast so komplex sein wie die der Menschen. Doch auch bei diesen
Tieren ist die Gewaltanwendung auf ein Minimum beschränkt. Die seltenen Ausbrüche lösen sich meist von selber auf, und es gibt viel mehr
Gekreisch und Verfolgungsjagden als echte Beißereien.

Diese Zurückhaltung wird nur dann aufgegeben, wenn der Lebensraum extrem überbevölkert ist. Dann kommt es tatsächlich zu furchtbaren Ausbrüchen von Gewalt, die auch länger anhalten können. Weil wir Menschen unter einer Überbevölkerung leiden, die zwangsläufig zu viel Gewalt und Blutvergießen führt, neigen wir zu der Auffassung, andere Tiere seien genauso gewalttätig wie wir. Die Wahrheit sieht aber anders aus: Blutvergießen tritt nur bei solchen Tierarten auf, bei denen es aus irgendeinem ungewöhnlichen Grund zu einer ähnlichen Überbevölke-

rung kommt. Das kommt in der Natur jedoch sehr selten vor, weil alle Arten über eingebaute Mechanismen zur Bevölkerungskontrolle verfügen, die ihre Anzahl begrenzen und verhindern, daß ihre Sozialstrukturen zusammenbrechen. Unsere Riesengehirne haben offensichtlich diese Mechanismen für unsere eigene Art ausgeschaltet, und das führte zu einer weltweiten Entwicklung, die wir nur bedauern können.

Trotz der normalerweise geringen Aggression unter Tieren kommt es doch gelegentlich dazu, daß zwei Individuen einen Kampf auszutragen haben. Es lohnt sich, einmal zuzusehen, wie sie das tun. Welche Kampftechniken wenden sie an?

Bei vielen Arten findet der erste Kontakt zwischen Rivalen auf große Entfernung statt. Zu Beginn der Fortpflanzungszeit zeigen Revierbesitzer ihre Präsenz durch Röhren, Bellen, Heulen, Kreischen und Singen an. Damit teilen Sie Neuankömmlingen mit, daß sie von einem bestimmten Revier Besitz ergriffen haben. Die Lautäußerungen sind Drohungen mit Fernwirkung. Sie legen das Gebiet des Territoriums ungefähr fest, doch sind noch genauere Festlegungen notwendig. Es müssen Grenzen gezogen werden. Dazu sind normalerweise Begegnungen von Angesicht zu Angesicht notwendig. Viele Säugetiere ziehen allerdings das Verfahren vor, daß sie an der Grenze ihrer Reviere, die sie verteidigen, Duftmarken setzen. Diese schrecken mögliche Eindringlinge ab, ohne daß der

Revierbesitzer selbst in Erscheinung treten muß. Doch auch diese Duftmarkierungen müssen gelegentlich durch Auseinandersetzungen bekräftigt werden.

Wenn Rivalen an den Grenzen ihrer Territorien aufeinandertreffen, tritt das nun folgende Aggressionsverhalten in drei Stufen von Intensität auf. Die erste äußert sich im Drohverhalten. Dabei ist häufig zu beobachten, daß die Rivalen irgendwie größer werden. Die Tiere bewerkstelligen dies zum Beispiel dadurch, daß sie Flossen oder Kiemendeckel aufstellen, Flügel entfalten oder andere Körperteile abspreizen, vergrößern oder aufblasen. Sie sehen dann sofort viel größer aus als kurz vor dem Zusammentreffen. Die Gegner wirken dadurch bedrohlicher, und es gilt die Regel: Je größer sie sind, um so stärker werden sie sich auch im Kampf erweisen. Daß diese Vergrößerung mehr Schein als Sein ist, spielt offenbar keine Rolle.

Fische vergrößern ihr Aussehen beim Drohverhalten, indem

Wegen ihrer langen Hälse können Giraffen nicht frontale Schaukämpfe durchführen wie die anderen Huftiere. Statt dessen rangeln sie mit ihren Hälsen durch seitliche Bewegungen. Man kann diese Kämpfe mit dem Armdrücken des Menschen vergleichen. Gelegentlich holen die Giraffen zu seitlichen Schlägen mit ihren Hornzapfen aus, doch zu echter Gewaltanwendung kommt es sehr selten. Giraffen haben eine ausgeprägte soziale Hierarchie. Zu gewaltsamen Begegnungen kommt es nur dann, wenn eine fremde Giraffe in das Territorium einer Gruppe eindringt, was aber kaum vorkommt.

sie die Kiemendeckel und alle Flossen so weit wie möglich abspreizen. Dazu kommt, daß diese Körperteile oft buntgefärbt und gemustert sind. Reptilien können oft bestimmte Hautbereiche abspreizen, zum Beispiel an der Kehle oder im Nacken, und die Tiere versuchen immer, diese Drohmittel dem Rivalen so zu präsentieren, daß sie größtmögli-

Känguruhs führen Boxkämpfe durch. Die Tiere versuchen sich dabei in eine Stellung zu bringen, die es ihnen ermöglicht, dem Gegner einen heftigen Tritt mit den Hinterbeinen zu versetzen. Man erkennt deutlich, daß der Schwanz als drittes Standbein dient.

che Wirkung zeigen. Vögel können alle ihre Körperfedern abspreizen und ihre Körpergröße dabei scheinbar mehr als verdoppeln. Zusätzlich haben sie oft Federschöpfe oder Kämme zum Aufstellen. Viele breiten auch ihre Flügel und die Schwanzfedern aus. Bei den Säugetieren erzielt Haaresträuben einen ähnlichen Effekt.

Wenn die Gefahr weiterbesteht, reißen die Tiere oft den Mund auf und signalisieren damit, daß sie bereit sind zu einer Beißerei. Wenn die Füße beim Kampf eingesetzt werden, so gibt es viel Gescharre, Gestampfe und Tritte in die Luft. Dabei starren sich die Tiere gegenseitig in gespannter Haltung an oder beginnen sich gegenseitig zu umkreisen, ständig auf der Lauer, ob der andere mit dem Angriff beginnt. Mit aggressiven Lautäußerungen, Körpervergrößerungen und Scheinangriffen versuchen sich die Rivalen eine Zeitlang gegenseitig einzuschüchtern. Schließlich gibt entweder einer auf und gesteht damit seine Niederlage ein, oder es kommt zu einem richtigen Kampf. Doch selbst in dem Fall geht dem Ausbruch ernsthafter Gewalt noch ein Stadium voraus. Die meisten Kämpfe, die wir in der freien Wildbahn beobachten, sind nämlich ritualisiert. Wir bezeichnen sie auch als Komment- oder Turnierkämpfe.

Der Kommentkampf ist eine verhältnismäßig harmlose Kampfform. Jeder der beiden Gegner könnte seinem Rivalen zwar schwere Verletzungen zufügen, doch das würde nur zu Vergeltungsschlägen gleicher Art führen. So ist es für beide sinnvoll, sich in der Gewaltanwendung zu beschränken. Es kommt dabei wohl zu tatsächlichem Körperkontakt,

Bengalwarane kämpfen wie Sumo-Ringer miteinander. Sie packen einander und versuchen sich gegenseitig umzuwerfen. Die großen Warane richten sich zur Einschüchterung des Gegners drohend auf den Hinterbeinen auf, bevor sie mit dem Kampf beginnen.

doch sind die Angriffe stilisiert und werden nicht mit voller Wucht durchgeführt. Oftmals verfügen die Männchen über gefährliche Waffen, setzen diese aber in der Regel überhaupt nicht oder nur in einer Weise ein, daß für lebenswichtige Organe wie die Augen der Rivalen kaum Gefahr besteht.

Bei Kämpfen unter Wasservögeln gibt es zwei Techniken, um den Gegner zur Aufgabe zu zwingen. Das Bläßhuhn (oben) tritt nach dem Gegner und schlägt mit dem Schnabel auf dessen Kopf ein. Die Kanadagans (ganz oben) packt den Gegner mit dem kräftigen Schnabel am Hals oder an der Brust und schlägt dann mit der Flügelkante auf ihn ein.

Im Frühjahr hört man in einigen Gegenden Hörner oder Geweihe aufeinanderkrachen. Der Zuhörer mag das Schlimmste befürchten. In Wirklichkeit haben die Gegner am Ende eines solchen langen Kampfes höchstens etwas Kopfweh. Nur gelegentlich kommt es zu einer Tragödie, wenn zum Beispiel innere Organe zerreißen. In seltenen Fällen kommt es auch vor, daß zwei Geweihe sich so ineinander verkeilen, daß die Tiere nicht mehr voneinander loskommen, egal wie hart und lang sie miteinander kämpfen. Dann sterben beide Gegner schließlich an Entkräftung. Im Normalfall endet ein Kampf unter Hirschen aber so, daß sich ein Männchen zurückzieht, während sich das andere triumphierend in seinem Territorium zeigt. Auch bei Warzenschweinen haben sich die Kampfrisiken verringert. Ihre gekrümmten Hauer müssen ursprünglich eine große Gefahr für die Augen gewesen sein. Im Laufe der Evolution entwickelte die Art jedoch dicke Fettpolster, zwei unterhalb der Augen und zwei auf den Wangen. Das sind die »Warzen« der Warzenschweine. Sie dienen als Barrieren, schützen empfindlichen Teile des Kopfes vor Verletzungen und machen die Kommentkämpfe damit weniger gefährlich.

Viele Tiere bevorzugen als Kampftechnik Kopfstöße, statt sich auf gefährliche Beißereien einzulassen. Damit können sie den Gegner schlagen, ohne ihm ernsthafte Verletzungen zuzufügen. Die Meerechsen der Galapagos-Inseln haben gepanzerte »Schutzhelme« auf ihren Köpfen entwickelt, und damit rammen sie sich gegenseitig. Die Bitterlinge entwickeln im Frühjahr auf dem Kopf hornige Warzen, und bei ihren Territorialkämpfen rammen sich die Männchen mit dem Kopf. Andere Fische benutzen einen Wasserstrahl als Waffe und fügen sich auf diese Weise Schmerzen zu. Sie schlagen kräftig mit den Schwänzen und erzeugen dabei Wasserströmungen, die gegen die empfindlichen Seitenpartie des Gegners gerichtet sind, wo sich eine Art Gleichgewichtsorgan befindet. Wenn sich die Fische statt dessen gegenseitig Schuppen ausreißen würden, wären Infektionen wohl die schnelle Folge. Die Giraffen rangeln mit ihren langen Hälsen und versuchen sich gegenseitig am Kopf zu treffen. Wen man bedenkt, daß Giraffen mit einem einzigen Fußtritt einen Löwen töten können, sind diese Halskämpfe eine harmlose Form der Auseinandersetzung.

Wenn ein Kommentkampf die Streitigkeiten nicht beenden kann, kommt es schließlich zum richtigen Angriff, bei dem Blut fließt. Damit ist der Endpunkt der tierischen Aggression erreicht. Im äußersten Fall treten Krallen und Zähne in Aktion, und alles ist erlaubt. In den seltenen Fällen, in denen es zu einem solchen Kampf kommt, nimmt er meistens ein schnelles Ende. Nur wenn außergewöhnliche Umstände es verlangen, dauert er länger als ein paar Sekunden. Der Verlierer ist schnell überwältigt und läuft um sein Leben. Er braucht aber kaum je zu befürchten, verfolgt zu werden, denn das Ziel des Kampfes unter Tieren ist der Sieg, nicht die Vernichtung des Gegners. Ein besiegtes Tier ist für den Sieger nicht mehr von Interesse.

Tierkämpfe, die von Menschen organisiert werden, sind eine andere Sache. Hundekämpfe zwischen trainierten Pit-Bull-Terriern können bis zu zweieinhalb Stunden dauern. Die Tiere sind am Ende völlig erschöpft und übel zugerichtet. Solche Kämpfe sagen mehr über die Menschen aus, die sie organisieren, als über die Natur tierischer Aggression. Die entsprechenden Hunde werden einem ausgeklügelten Training unterworfen, und die Kämpfe finden unter Bedingungen statt, die gewährleisten, daß sie möglichst lange dauern. Solche Tiere sind keine normalen Hunde mehr, und sie sind tausendmal aggressiver als ihr so gefürchteter Vorfahr, der Wolf. Die Pit-Bull-Terrier zeigen uns aber, wie weit sich eine normale Aggressivität unter besonderen Bedingungen verstärken läßt. Das müßte eine heilsame Lektion für uns Menschen sein.

Demutsverhalten

Einer der Gründe, warum Kämpfe unter Tieren so selten sind, besteht darin, daß schwächere Tiere eine ganze Reihe von Verhaltensweisen zur Verfügung haben, um Gegner, die ihnen überlegen sind, von Feindseligkeiten abzuhalten. Sie zeigen ein besonderes Demutsverhalten und teilen dabei mit: »Du bist der Sieger, ich gebe auf.« Nur in äußerst seltenen Fällen ignoriert der Angreifer ein solches Signal. Denn wenn er den Kampf gewonnen hat, besteht kein Grund mehr für ihn, ein unnötiges Risiko einzugehen, indem er mit dem Kampf fortfährt. Schließlich könnte der Gegner in seiner Verzweiflung zu einem letzten Vergeltungsschlag ausholen.

Zwei Schakale begegnen sich. Das Tier links starrt drohend das Tier rechts an, das seinerseits wegsieht. Den Blick nicht zu erwidern, ist ein Zeichen von Unterwürfigkeit und läßt auf einen niederen Rang schließen.

Es gibt eine goldene Verhaltensregel für ein unterlegenes Tier: Das Demuts- und Beschwichtigungsverhalten sollte sich vom Drohverhalten soweit wie möglich unterscheiden. Das heißt, es sollte in so vieler Hinsicht, wie der Körper erlaubt, das genaue Gegenteil darstellen.

Ein Beispiel mag dies erläutern. Wenn Zwergstichlinge miteinander kämpfen, droht das Männchen auf mehrere Weisen: 1. Es senkt den Kopf. 2. Die Haut wird dunkel wie Tinte. 3. Es spreizt die weißen Strahlen der Bauchflossen ab. 4. Es legt die Rückenflosse an. 5. Es spreizt die Schwanzflosse. Das Männchen, das bei einem Kampf unterliegt, nimmt sofort eine Demutshaltung ein: 1. Es hebt den Kopf. 2. Die Haut wird hell und nimmt eine Tarnfärbung an. 3. Die Bauchflossen werden angelegt. 4. Es spreizt die Rückenflosse. 5. Es faltet die Schwanzflosse so weit wie möglich zusammen. Mit anderen Worten: Das unterlegene

Der Schakal in der Bildmitte drückt sich in einer Demutshaltung, den Hals gesenkt, die Hinterbeine eingeknickt und den Schwanz zwischen ihnen eingeklemmt.

Männchen verhält sich genau entgegengesetzt zu seinem Gegner. Auf diese Weise läßt es keinen Zweifel daran, daß es sich geschlagen gibt.

Die gleiche Haltung – mit gesenktem Kopf zum Zeichen für Drohung und gesenktem Schwarz für Unterwürfigkeit – kennen wir auch von anderen Fischarten, zum Beispiel den Guramis, den Schwertträgern, den Bärblingen und einigen Buntbarschen. Warum diese Körperhaltungen so weit verbreitet sind, weiß man nicht. Bei anderen Arten hat man allerdings auch das Gegenteil davon beobachtet. Der Feuermaul-Buntbarsch dreht sich auf den Rücken, wenn er seine Unterlegenheit ausdrücken will. Bei dieser Art befinden sich die Drohfarben zur Hauptsache an der Unterseite; nur einige liegen an den Körperflanken. Forscher konnten beobachten, wie ein Weibchen, das sich seinem recht aggressiven Partner näherte, auf die Körperseite legte. Dadurch bekam das Männchen nur die Rückenseite des Weibchens zu sehen. Sobald dieses an ihm vorbeigeschwommen war, kehrte es in die normale Schwimmhaltung zurück. Mit seiner Unterwürfigkeitsgeste hatte das Weibchen gekonnt sowohl die Drohfarben am Bauch als auch an den Flanken verborgen, damit sich die Aggressivität des Männchens auf ein Minimum verringerte.

Die Groppe hat bei Drohhaltungen einen dunklen, fast schwarzen Kopf, die Flossen und Kiemendeckel abgespreizt und das Maul geöffnet. Die Bauchflossen heben den Körper vom Boden ab. Während der Demutshaltung ist die Groppe hell gefärbt mit einem Tarnkleid. Alle Flossen legen sich dem Körper an, der Kiemendeckel ist geschlossen und

Der Weißstorch rechts im Bild ist gerade gelandet und begrüßt seinen Partner mit beschwichtigendem Klappern. Dabei öffnet und schließt er seinen Schnabel geräuschvoll und beugt seinen Hals zurück, bis er den Rücken berührt. Es handelt sich dabei um eine übertriebene Intentionsbewegung des Wegblickens und bedeutet, daß der Vogel nichts Böses im Schilde führt. »Ich will dir nichts antun«, sagt der Storch damit, um den Partner nach längerer Abwesenheit zu beruhigen.

ebenso das Maul, und der Körper wird flach dem Boden angelegt. Wiederum könnten sich die beiden Körperhaltungen nicht stärker voneinander unterscheiden.

Eine ähnlich gegensätzliche Haltung finden wir bei vielen Arten, doch sehen sie im Detail oft anders aus. Eine nordamerikanische Sonnenbarschart beispielsweise legt die Brustflossen beim Drohverhalten an den Körper an; diese sehen dann schwarz aus. Um ihre Unterlegenheit auszudrücken, spreizen sie die Brustflossen ab, die dann leuchtend weiß erscheinen.

Demutsgesten gibt es auch bei Reptilien. Eidechsen schalten die Aggressivität ihrer Artgenossen aus, indem sie mit den Vorderbeinen auf dem Boden trampeln und dabei mit dem Kopf nicken. Es sieht aus, als wollte das Tier weglaufen, es bleibt aber an Ort und Stelle. Dieses Auf-der-Stelle-Treten rührt sicher vom Fluchtverhalten her, dem das Tier in diesem Augenblick aber nicht stattgeben möchte. Die Demutsgeste verhindert einen Angriff und wird auch dann gezeigt, wenn sich ein dominantes Tier nähert, selbst wenn es sich nicht drohend verhält.

Bei Vögeln und Säugern sieht die häufigste Demutsgeste so aus, daß sie sich kleiner machen. Zu beobachten ist auch eine charakteristische Bewegungslosigkeit. In dieser geduckten kriecherischen Haltung sieht das Tier wie das genaue Gegenteil des aufgereckten, aufgeplusterten, vergrößerten und dominanten Individuums aus. Dieser Kontrast ist auch in der menschlichen Gesellschaft nicht unbekannt. Wir teilen ihn mit unseren nächsten Verwandten, den Schimpansen.

Rangniedrige Schimpansen begrüßen dominante Tiere in demütiger Haltung, wenn sie oder diese sich ihnen nähern. Die rangniedrigen Tiere stoßen einen leichten Grunzlaut aus, ähnlich wie ein schweres Hecheln, und machen sich körperlich soviel kleiner, daß sie zu ihrem ranghöheren Gefährten aufsehen können. Sitzt dieser bereits auf dem Boden, so ist das gar nicht so einfach und erfordert ein geradezu unwürdiges Kriechen. Zusätzlich macht das schwächere Tier einige schnelle Verbeugungen, die ein bißchen wie Knickse aussehen.

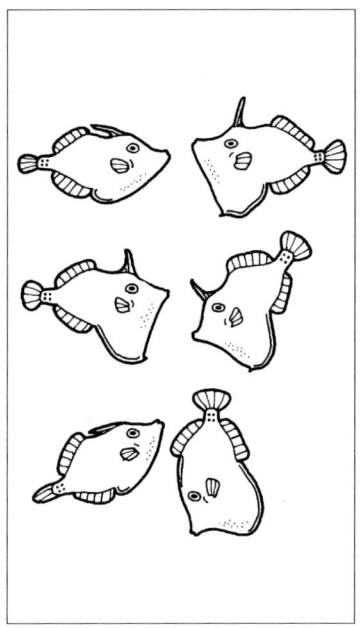

Der aggressive Drückerfisch senkt seinen Kopf, der unterlegene hebt ihn. Das dominante Tier spreizt die Flossen ab, das rangniedere faltet sie eng an den Körper. Demuts- und Drohverhalten sind oft genau entgegengesetzt.

Gelegentlich bringen die rangniedrigen den dominanten Tieren auch einen kleinen Gegenstand, etwa ein Blatt oder einen Stecken. Den Höhepunkt dieser Unterwürfigkeit aber bildet das Küssen der Füße. Wenn man bedenkt, daß viele dieser Gesten früher zum kirchlichen Ritual gehörten, so überrascht es wohl nicht, daß Bischöfe schon mit Primaten verglichen wurden.

Solche Verhaltensweisen sind meistens bei unterwürfigen männlichen Schimpansen zu beobachten. Die Weibchen zeigen ein eher sexuell geprägtes Verhalten und bieten dem dominanten Tier ihren Körper zum symbolischen Beschnüffeln oder vielleicht sogar Besteigen an. Es handelt sich dabei um Beschwichtigungsverhalten, damit keine Aggression aufkommt. Andere Gesten zum Zeichen von Unterwürfigkeit stam-

Viele Tiere legen sich zur Fortpflanzungszeit ein Hochzeitsgewand zu, wie dieser Moçambique-Barsch. Beim Demutsverhalten gehen diese Farben aber schnell verloren. Bei diesem Zusammentreffen nimmt der Fisch rechts einen höheren Rang ein. Das unterlegene Individuum wird bereits dunkler und verliert damit seine hellen Hochzeitsfarben.

men aus dem kindlichen Verhaltensrepertoire und aus der sozialen Hautpflege. Auch ein »Abschalten« mit geschlossenen Augen und verdecktem Gesicht ist weit verbreitet. Diese ganze Palette von Demutsgesten dient dazu, überlegene, zornige und dominante Tiere innerhalb einer Gesellschaft zu besänftigen. Die Gesten sind wichtig, weil sie Streitigkeiten und Kämpfen ein Ende bereiten und es schwächeren Tieren ermöglichen, in der Nähe von stärkeren zu bleiben, ohne daß immer wieder Kämpfe ausbrechen. Ohne Demutsverhalten wäre ein enges Zusammenleben in komplexen Tiergesellschaften nicht möglich.

Balzverhalten

Zu Beginn der Fortpflanzungszeit zeigen die Tiere ihre außergewöhnlichen Verhaltensweisen. Sie hüpfen, tanzen, drehen und wenden sich. Sie sträuben ihre Federn, stellen die Körperhaare und Stacheln auf und blähen Luftsäcke auf. Der Körper, der sonst unauffällig gefärbt ist, prangt in bunten Farben und auffälligen Mustern. Die angehenden Eltern stolzieren einher, nicken und verdrehen sich und verhalten sich ganz allgemein so feurig und intensiv, daß sich Tierbeobachter nur über den Verhaltensreichtum wundern können.

Seit Jahrhunderten fasziniert das Liebesspiel der Tiere die Forscher. Bis vor kurzem hat sich aber kaum jemand die Mühe gemacht zu analysieren, was genau geschieht, und es auch zu verstehen. Die merkwürdigen Verhaltensweisen wurden einfach als »lustige Possen« empfunden, und dabei beließ man es. Sie erschienen oft so übertrieben und unökonomisch, daß man den Eindruck bekommen konnte, die Tiere würden das Problem der Fortpflanzung und der Brutpflege auf unseriöse und unfachmännische Weise angehen. Nichts hätte jedoch weiter von der Wahrheit entfernt sein können als diese Auffassung. Selbst das bizarrste Balzverhalten ist total zweckorientiert und absolut notwendig. Wenn die dabei durchgeführten Handlungen und die eingenommenen Haltungen dem menschlichen Betrachter ziemlich merkwürdig

Die Balzsignale des weiblichen Atlasspinners sind Düfte, die von Luftströmungen über weite Entfernungen transportiert werden. Die stark gefiederten männlichen Fühler können diese Duftsignale über Entfernungen von mehreren Kilometern wahrnehmen. Bei einigen Spinnerarten gelang der Nachweis, daß die Männchen bereits ein einziges Molekül des weiblichen Duftes registrieren können und das noch in einer Entfernung von über zehn Kilometern.

Die Lautäußerungen der Frösche schwanken zwischen tiefdunklem Quaken, grillenähnlichem Zirpen und einem hellen Glockenton, je nach Struktur und Resonanzfähigkeit ihrer Schallblasen. Wenn ein Frosch ruft, hält er seinen Mund geschlossen und erzeugt einen Laut, indem er die Luft zwischen Lunge und Schallblase hin und her bewegt. Jede Art hat ihren eigenen typischen Ruf.

und unerwartet erschienen, so ist das kein Zufall. Ihre Eigentümlichkeit und das Überraschungselement sind ein wesentlicher Bestandteil dieser Kommunikationsform, die dem Ziel dient, die Aufmerksamkeit des möglichen Partners zu erregen. Und nichts könnte das besser bewirken als plötzlich aufblitzende leuchtende Farben oder plötzliche Bewegungen mit Lautäußerungen.

Die Balz ist ein Drama, keine Komödie, und die dramatischen Zurschaustellungen haben alle eine besondere Bedeutung. Man muß nur wissen, worauf man achten muß.

Die Lieder des Buckelwals sind unter Wasser über Hunderte von Meilen zu hören. Er hat den längsten und komplexesten Gesang im ganzen Tierreich. Ein einziges Lied kann bis zu dreißig Minuten dauern.

Am ehesten versteht man das Balzverhalten der Tiere, wenn man sich mit den Problemen befaßt, denen Männchen und Weibchen vor der Paarung gegenüberstehen. Zunächst muß jedes Tier einen potentiellen Geschlechtspartner *finden*. Dann muß es sich *vergewissern*, daß er der richtigen Art zugehört und Geschlecht und Alter stimmen. Drittens muß es ihn in seine Nähe *locken*. Viertens muß es den Partner sexuell so *erregen*, daß er physiologisch gesehen paarungsbereit ist. Und fünftens muß die geschlechtliche Erregung zwischen beiden Partnern perfekt *synchronisiert* werden. Erst dann kann mit Erfolg eine Paarung stattfinden.

Einige Arten erreichen diese fünf Ziele mit Leichtigkeit, und die Balz ist ganz einfach oder praktisch nicht existent. Viele niedere Tierformen reagieren nur auf Umweltbedingungen, zum Beispiel auf Licht oder Wärme und auf chemische Signale von Geschlechtspartnern. Sie kommen dazu zusammen, geben ihre Ei- und Samenzellen ab

und gehen gleich wieder getrennte Wege. In solchen Fällen sind keine Tänze oder Balzrituale zu beobachten. Bei höher entwickelten Arten ist das Sozialleben jedoch reicher und komplexer, und die Schwierigkeiten nehmen zu. Das erste Problem ist, einen passenden Geschlechtspartner zu finden.

Tiere, die das ganze Jahr über in festgefügten Gruppen zusammenleben, haben keine Probleme, einen Partner zu finden. Viele Arten begeben sich jedoch auf jahreszeitlich bedingte Wanderungen zwischen verschiedenen Nahrungsrevieren. Wenn sie sich dann im Frühjahr wieder versammeln, stehen sie vor der Schwierigkeit, einen Partner zu finden oder wiederzufinden. Viele Vogelarten, die dauerhafte Paare bilden, können sich genau die Lage des Nestes merken und finden es selbst nach Reisen wieder, die Tausende von Kilometer weiter wegführten. Viele andere Arten und auch Jungtiere, die vor ihrer ersten Paarungszeit stehen, müssen aber Werbesignale abgeben, um auf dem neubesetzten Brutplatz auf sich aufmerksam zu machen.

Diese Signale können den Geruchssinn ansprechen oder akustischer oder optischer Natur sein. Man kann es kaum glauben, wie unerhört empfindlich einige Insekten auf Balzgerüche der eigenen Art reagieren. Das Weibchen des Seidenspinners entsendet ein chemisches Signal in die Luft, ein Pheromon mit der Bezeichnung Bombykol. Noch in zehn Kilometer Entfernung kann das Männchen es wahrnehmen. Wenn das Weibchen sich in Paarungsstimmung befindet, flattert es mit den Flügeln und verbreitet den Duft, der von besonderen Drüsen am Hinterleib produziert wird. Er breitet sich in unvorstellbar kleinen Mengen in der Luft aus, bis Moleküle davon die Fühler weit entfernter Männchen erreichen. Diese Fühler sehen ein bißchen wie Fernsehantennen aus und nehmen alle eintreffenden Gerüche wahr, überprüfen und analysieren sie. Wenn der richtige Duft kommt, fliegen die Männchen in der Richtung davon, aus der der Geruch kommt. Je mehr sie sich der Duftquelle nähern, desto stärker werden die winzigen Bombykolspuren in der Luft, und so finden die Männchen die Weibchen, von denen der Lockduft ausgeht.

Die Wahrnehmungsfähigkeit dieser und anderer Insekten erschien so unglaublich, daß man versucht war anzunehmen, sie besäßen ein bisher noch unbekanntes Sinnesorgan, um sich gegenseitig zu finden. Genaue Untersuchungen haben jedoch zweifelsfrei bewiesen, daß dies nicht der Fall war. Nur Gerüche spielten bei der Anziehung eine Rolle. Die Forscher produzierten im Labor synthetisches Bombykol und verwendeten es, um die Reaktionen der männlichen Fühler zu testen. Dabei ergab sich überraschenderweise, daß die Rezeptorzellen auf den Fühlern schon ein einziges Duftmolekül wahrnehmen und identifizieren konnten. Ein solches Maß an Empfindlichkeit ist für uns mit unserem unterentwickelten Geruchssinn kaum vorstellbar. Es wäre wohl einfacher, einem blinden Menschen zu erklären, was ein Regenbogen ist, als einen Eindruck vom Leben in einer solchen Geruchswelt zu vermitteln.

Viel leichter ist es für uns, die sexuellen Werbesignale der Vögel zu verstehen, bei denen Lautäußerungen eine wichtige Rolle spielen. Die Männchen kehren im Frühjahr kurz vor den Weibchen aus ihren Winterquartieren zurück, nehmen jeweils von einem bestimmten Territorium Besitz und beginnen dann mit ihren lauten Gesängen, die sie immer wieder neu ertönen lassen. Damit machen sie mögliche Geschlechtspartner auf sich aufmerksam. Unsere Ohren sind – im Gegensatz zu unseren Nasen – so empfindlich, daß wir die Gesangsmuster gut unterscheiden und ebenso wie die lauschenden Vogelweibchen die Arten danach bestimmen können.

Das Männchen des australischen Zebrafinken zeigt Zeichnungsmuster, die auf den ersten Blick unnötig kompliziert erscheinen. Die Art lebt jedoch mit 21 nahverwandten Arten zusammen. Sie alle weisen ähnliche Zeichnungselemente auf. Nur durch seine einzigartige Kombination der Farbflecken wird der Zebrafink zu einer deutlich unterscheidbaren, einzigartigen Spezies. Links vom Männchen ein Weibchen.

Die Anwesenheit vieler verschiedener Vogelarten an einem Ort führte im Lauf der Entwicklung dazu, daß immer komplexere Gesangsmuster entstanden, denn jede Lautäußerung muß sich von der anderen deutlich unterscheiden und leicht zu erkennen sein.

Die Vögel sind nicht die einzigen Sänger, aber sie haben sicher die schönsten Melodien. Zur Fortpflanzungszeit hören wir auch Insekten zirpen, Frösche quaken und Säugetiere heulen und bellen. Selbst einige Fische schaffen es, sich unter Wasser durch Laute bemerkbar zu machen. Die sogenannten lautlosen Tiefen des Ozeans sind in Wirklichkeit weit davon entfernt, ein Ort der Stille zu sein. Die lärmigsten unter den Unterwassersängern sind jedoch nicht Fische, sondern die riesigen Buckelwale. Sie stimmen die längsten und komplexesten Gesänge im ganzen Tierreich an. Ein einzelner  Gesang ist niemals kürzer als sechs Minuten und kann über eine halbe Stunde lang dauern. Und gleich darauf wird der nächste Gesang angestimmt. Jedes Lied besteht aus einer Reihe von Themen und jedes Thema aus mehreren Sätzen. Der Grund für das stundenlange Singen der Buckelwale während der Fortpflanzungszeit scheint darin zu liegen, daß die Qualität der Schallübertragung in den Meeren sehr unterschiedlich ist. Unter ungünstigen Bedingungen ist der Gesang nur wenige Meilen weit zu hören, unter guten Bedingungen hingegen erstaunlicherweise über Hunderte von Meilen weg. In einer Umwelt mit begrenzter Sichtweite verfügen diese Riesentiere über ein bemerkenswert effizientes Kommunikationssystem und – vom menschlichen Fernsehen abgesehen – damit wohl über die beeindruckendste Nachrichtenübermittlung über weite Entfernungen hin.

Im Vergleich dazu sind alle optischen Signale in ihrer Reichweite stark beschränkt. Dennoch spielen sie für überwiegend visuell geprägte Tiere eine wichtige Rolle bei der Balz. Viele Arten entwickeln in der Mauser kurz vor der Fortpflanzungszeit ein auffälliges Gefieder. Die

Die Fische der Korallenriffe, etwa der Schmetterlingsfisch auf der gegenüberliegenden Seite und der Drückerfisch oben, zeigen unerhört komplizierte Zeichnungsmuster. Sie sind für die Identifikation ihrer Arten notwendig, denn im Riff leben viele Tiere mit ähnlichen Mustern. Der abgebildete Drückerfisch heißt auch Picassofisch und auf hawaiianisch humuhumu-nukunuku-a-puaa.

Männchen – seltener die Weibchen – suchen sich dann gut sichtbare Standorte und stellen ihr buntes Federkleid für die Artgenossen zur Schau.

Alle diese Verhaltensweisen bedeuten für den, der sie zeigt, ein Risiko. Sofern es sich nicht um eine Art handelt, die keinerlei Feinde hat, können die Balzrituale neben Geschlechtspartnern auch gefährliche Räuber anziehen. Einige unter ihnen nutzen das Bedürfnis der Tiere aus, ihre sexuelle Präsenz ankündigen zu müssen. Bestimmte Fledermäuse orientieren sich am Quaken balzender Frösche, stürzen sich in der Dunkelheit der Nacht auf sie und packen sie mitten im Lied. Auch die Schnappschildkröte jagt auf ähnliche Weise, und in der Fortpflanzungszeit ist ihr Tisch reich gedeckt.

Bei der Balz ist ein feines Gleichgewicht vonnöten. Übertreiben die Tiere zu sehr bei der Werbung, sterben sie. Machen sie zuwenig auf sich aufmerksam und finden sie deswegen keinen Geschlechtspartner,

so stirbt die Art aus. Wie sehr die Tiere auf sich aufmerksam machen können, hängt von der Verwundbarkeit der betreffenden Art ab. Wale können beispielsweise länger singen als Delphine, und giftige Frösche können länger und lauter quaken als genießbare.

Hat ein Tier Leib und Leben riskiert, um einen Geschlechtspartner auf sich aufmerksam zu machen, so ist die erste Hürde genommen, doch sogleich folgt die zweite: Identifikation. Bevor die eigentliche Balz beginnt, muß jedes Tier sicher sein, daß es tatsächlich mit einem Mitglied der eigenen Art zu tun hat. Bei einigen Arten helfen die Signale, die auf weite Entfernung wirksam sind, auch bei der Identifikation aus nächster Nähe. Andere Arten haben jedoch noch zusätzliche Erkennungszeichen.

Wo viele verschiedene Arten denselben Lebensraum bewohnen, muß sich jede deutlich mit eigenen Erkennungszeichen ausrüsten. Wenn große Menschenmengen zu Wettkämpfen wie den Olympischen Spielen zusammen-

Polygame Vögel wie der Pfau zeigen oft einen deutlichen Sexualdimorphismus, wobei die Männchen ein extrem auffälliges Gefieder im Verhältnis zu ihren Weibchen haben. Beim Pfau steht jedes Männchen in direkter Konkurrenz mit anderen um die Weibchen. Dadurch entstand ein Selektionsdruck zur Bildung noch auffälligerer Musterzeichnungen. Das Weibchen, im Vergleich zum Männchen unscheinbar, kann es sich allerdings nicht leisten, Räubern aufzufallen, da es ganz allein das Nest baut und die Jungen aufzieht.

strömen, verwenden wir Nationalflaggen und Nationalfarben zur Unterscheidung. Auch Tiere müssen sich bei hohen Populationsdichten solch eindeutiger Zeichen bedienen. Je mehr Arten in einem Lebensraum vorkommen, um so komplizierter werden zwangsläufig diese Erkennungszeichen. Die Hunderte von Fischarten, die in Korallenriffen leben, zeigen die auffälligsten und kompliziertesten Muster im ganzen Tierreich. Ähnliches kann man auch von den Wasservögeln behaupten, die sich an Seen treffen und oft auffällig bunt gemustert sind.

Entsprechendes gilt auch für die Prachtfinken von Grasgebieten. Der männliche Zebrafink ist im wesentlichen grau gefärbt, zeigt aber auf seinem Körper zehn verschiedene Farbmuster: 1. einen weißen Fleck am Rumpf, 2. kastanienbraune Flecke hinter den Augen, 3. einen weißen Bauch, 4. einen roten Schnabel, 5. orangefarbene Beine, 6. kastanienbraune, weißgefleckte Federn an den Flanken, 7. eine dunkle Querbänderung auf der Brust, 8. eine fein schwarz und weiß quergebänderte Kehle, 9. einen schwarzweiß gebänderten Schwanz, und 10. schwarz eingefaßte weiße Wangen.

Der Zebrafink kommt überall in Australien vor, und sein Verbreitungsgebiet überlappt sich mit dem 21 weiterer nahverwandter Prachtfinkenarten. In dreißig Fällen treten Zeichnungselemente des Zebrafinken in derselben Form auch bei anderen Arten auf, und in weiterer sechzig Fällen sind diese Zeichnungen ähnlich, aber nicht genau identisch. Mit anderen Worten: Was uns als unnötig komplizierte Anhäufung von

Viele Arten haben besondere Signale zur Kennzeichnung des Geschlechts. Beim amerikanischen Kupferspecht zeigt das Männchen (oben) einen roten »Schnurrbart«. Beim Weibchen fehlt er völlig (ganz oben). Weibchen, die von Forschern einen solchen roten Schnurrbart aufgemalt bekamen, mußten feststellen, daß sie danach wie männliche Rivalen behandelt wurden.

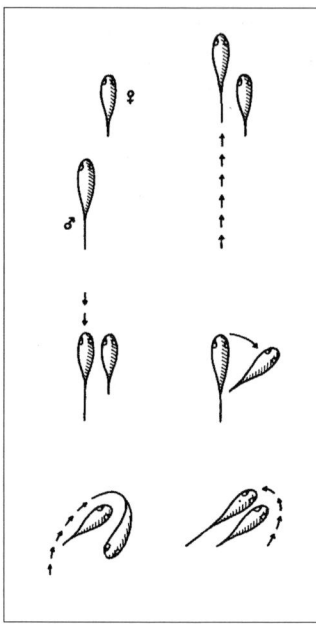

Beim Balztanz bewegt der Schwert-träger sein Schwert vor dem Kopf des Weibchens hin und her. Durch sein ritualisiertes Verhalten verhin-dert er, daß das Weibchen sich ihm entziehen kann. Auf diese Weise ge-lingt es ihm, das Weibchen wieder-holt zu stimulieren, bis es paa-rungsbereit ist.

Mustern bei den Zebrafinken erschei-nen mag, erweist sich bei näherem Hinsehen als wesentlich für die ge-naue Arterkennung.

Es ist wohl nicht von ungefähr, daß eine Unterart des Zebrafinken, die auf der Insel Timor lebt, wo es weni-ger Prachtfinkenarten gibt, eine ein-fachere Zeichnung aufweist.

Abgesehen von der Arterkennung, stellt sich noch zusätzlich das Pro-blem, Männchen von Weibchen und erwachsene Tiere von Jungtieren zu unterscheiden. Das kann über Laute, Gerüche oder Bewegungen gesche-hen. In manchen Fällen spielen aber visuelle Signale die Hauptrolle. Bis-weilen sind die Unterschiede gering wie beim vertrauten Wellensittich. Er zeigt sein Gesicht an der Farbe eines kleinen Hautflecks gerade oberhalb des Schnabels an. Bei den Männchen ist er hellblau, bei den Weibchen braun. Färbt man bei Männchen die-sen Fleck braun, so werden sie von anderen Männchen umworben. Macht man das Umgekehrte bei Weibchen, so verlieren sie augenblicklich ihren Sex-Appeal und wer-den wie rivalisierende Männchen behandelt.

Ähnlich verhält es sich auch beim mexikanischen Kupferspecht. Der einzige sichtbare Unterschied zwischen Männchen und Weibchen be-steht ebenfalls in einem kleinen Farbfleck am Kopf. In diesem Fall ist es jedoch ein roter »Schnurrbart« im Schnabelwinkel des Männchens. Als man Weibchen einfing, mit einem falschen Bart versah und wieder frei-ließ, wurden sie sofort wie Männchen angegriffen. Erstaunlicherweise geschah dies sogar bei einem Paar, das sich bereits gefunden hatte. Das mit Schnurrbart versehene Weibchen wurde vom eigenen Partner angegriffen, was beweist, wie enorm wichtig dieses kleine Signal zur Unterscheidung der Geschlechter ist.

Viele Arten haben ebenso wirksame Signale für die Jungtiere. Der junge Zebrafink hat einen schwarzen Schnabel. Das ist der einzige sichtbare Unterschied zwischen dem Jungtier und dem erwachsenen Weibchen, das einen roten Schnabel aufweist. Färbt man den Schnabel eines jungen Zebrafinken mit Nagellack rot, wird er sofort von erwach-

---

Die Männchen vieler Arten zeigen während der Balz ritualisierte Bewegungen und besondere Stellungen. Damit wollen sie ihre Partner geschlechtlich erregen, so daß am Ende die Paarung stattfinden kann. Das Weibchen kann zu Beginn zuviel Angst haben oder zu aggressiv sein. Dann sind wiederholte Bewegungsfolgen notwendig, um diese sexfeindlichen Gefühle abzubauen. Das Weibchen muß so weit geschlechtlich erregt werden, daß es eine Paarung zuläßt. Die Männchen nehmen dazu auffällige Haltungen und Stellungen ein. Im Bild breitet ein männlicher Reifelvogel aus Neuguinea die Flügel aus und zeigt seinen hellgelben Rachen.

senen Männchen, selbst vom eigenen Vater, umworben. Auch hier ist dieses eine Signal wichtiger als alle anderen Merkmale, die Auskunft geben über die Identität des Vogels. Sobald man die rote Farbe mit Nagellackentferner entfernt, tritt das »Anti-Sex-Signal« wieder in Funktion, und der Jungvogel wird in Ruhe gelassen.

Die Einfachheit und Stärke dieser Reaktionen erscheinen uns merkwürdig. Jeder Ehemann würde seine Frau noch erkennen, auch wenn sie einen falschen Schnurrbart trüge, und jeder Vater seine Tochter, selbst wenn sie kräftiges Lippenrot aufgetragen hätte. Bei den Vögeln jedoch sind nur gewisse Schlüsselsignale wichtig. Daraus müssen wir etwas lernen: Wenn wir Tiere verstehen wollen, müssen wir die Welt von ihrem Gesichtspunkt aus betrach-

Ist ein Körperteil hell oder bunt gefärbt, so bedeutet das fast immer, daß er bei mindestens einer Verhaltensweise eine entscheidende Rolle spielt. Bei der Balz tanzt dieser Blaufußtölpel, wie nicht anders zu erwarten, an Ort und Stelle, was durch die ungewöhnliche Fußfärbung betont wird.

ten. Vielleicht fällt uns das schwer. Aber wir dürfen ihre bunten Federn nicht nur als »schön« betrachten, sondern müssen einsehen, daß jede Farbe eine entscheidende Rolle in ihrem Sozialleben spielt.

Viele lange Debatten hat die Frage ausgelöst, warum fast immer die Männchen auffälliger gefärbt sind, während die Weibchen meist eher unscheinbar aussehen. Bei vielen Arten liegt der Grund darin, daß die Männchen während der Fortpflanzungszeit weniger wichtig sind als die Weibchen. Es ist nicht ungefährlich, bunte Farben zu tragen, weil dadurch auch Räuber angelockt werden. Die Weibchen tragen die Hauptlast der Fortpflanzung und können es sich nicht leisten, solche Risiken auf sich zu nehmen.

Bei polygamen Arten ist dies sinnvoll. Die auffallend gefärbten Männchen bieten sich den unauffälligen, gut getarnten Weibchen an und versuchen sich mit möglichst vielen von ihnen zu paaren. Diese verlassen dann das Männchen, brüten die Eier aus und kümmern sich um die Jungvögel. Wird eines der Männchen von einem Räuber getötet,

nimmt ein Rivale seinen Platz ein, und kein Weibchen geht ohne Begattungspartner aus. Das leuchtet ein. Der Streit beginnt jedoch bei der Frage, warum monogame Vögel ein ziemlich unterschiedliches Geschlechterkleid zeigen. Man spricht in diesem Zusammenhang auch von Sexualdimorphismus. Wenn sich Männchen und Weibchen in die Elternpflichten teilen und auch von einer engen Paarbindung zusammengehalten werden, wo liegt dann der Vorteil, daß die Männchen auffälliger sind? Unter solchen Umständen müßte man eigentlich erwarten, daß die beiden Geschlechter gleichermaßen getarnt sind. Aber dies ist nicht immer der Fall. Eine klare Antwort darauf können wir nicht geben, doch mindestens einige Hinweise.

Das Männchen des Dreistachligen Stichlings nimmt im Frühjahr Hochzeitsfarben an. Es baut ein Nest und wartet dann auf ein Weibchen. Wenn sich ein legebereites Weibchen nähert, vollführt das Männchen einen flotten Zickzacktanz. Dabei bewegt es sich erst so, als wollte es seine zukünftige Partnerin angreifen, hält dann aber inne und schießt wieder zum Nest zurück. Daraus ergibt sich ein langes Hin und Her. Ist das Weibchen zur Eiablage bereit, so senkt es seinen Schwanz und folgt dem Männchen zum Nesteingang. Der Zickzacktanz führt zur geschlechtlichen Erregung des Weibchens und leitet es zum Nest.

Natürlich ist das Weibchen entscheidend wichtig, weil es die Eier legt. Diese Arbeit kann ihr das Männchen nicht abnehmen, wohl aber den Nestbau, das Bebrüten der Eier, die Aufzucht der Jungen und die Verteidigung des Nestes. Kann das Weibchen einige dieser Aufgaben nicht selbst übernehmen, so ist die ständige Verfügbarkeit des Männchens ebenfalls lebenswichtig. Wenn eine »Witwe« jedoch, trotz aller

Schwierigkeiten, allein zurechtkäme, so ist ihre Rolle wichtiger, selbst wenn sich unter normalen Bedingungen die beiden Geschlechter die Pflichten teilen. In solchen Fällen könnte das Männchen dennoch weiterhin auffälliger gefärbt sein, so daß ein Sexualdimorphismus deutlich wird.

Doch auch wenn der Beitrag des Männchens unerläßlich ist, gibt es noch Fälle von Sexualdimorphismus. Das läßt sich unter anderem damit erklären, daß diese nichts mit Fortpflanzung, sondern mit der Ernährung zu tun haben. Wenn zum Beispiel die Männchen größer sind und stärkere Schnäbel aufweisen, so kann es zu einer Spezialisierung kommen, welche den Nahrungswettbewerb unter den Partnern verringert. Dieser Vorteil liegt nicht gerade auf der Hand, scheint aber bei einigen Fällen eine Rolle zu spielen.

Es stellt sich noch eine andere Frage: Warum überhaupt bunte Farben? Wenn die Männchen dadurch einer Gefahr ausgesetzt sind, warum haben sie dann nicht ein Tarnkleid wie die Weibchen? Offensichtlich bewirken leuchtende Farben eine Abkürzung der Balz. Unauffällig gefärbte Männchen müssen die Weibchen allein durch ihre Balztänze, Bewegungen und Körperhaltungen sexuell erregen. Das kann viel Zeit kosten. Wenn sie hingegen einen kräftigen Farbfleck mit sexueller Signalwirkung vorzuweisen haben, so geschieht die Erregung viel schneller.

Für das Weibchen ist es wichtig, daß es ein gesundes kräftiges Männchen als Vater für ihre Nachkommen findet. Eines der sichersten Anzeichen für die Gesundheit eines Vogels ist geschmeidiges Gefieder. Sehr glatte Federn stehen daher hoch im Kurs. Jede Entwicklung, die dazu führt, daß die Federn schimmern und leuchten, ist deswegen von positiver Bedeutung. Das Schimmern und Leuchten läßt sich leicht durch bunte Farben verstärken. Dies muß der Weg gewesen sein, an dessen Ende das Pfauenmännchen mit seinem Rad steht. Die meisten Arten haben es nicht so weit getrieben. Irgendwann war der Aufwand zu groß, und die Männchen fallen dann leicht Räubern zum Opfer. Beim Pfau waren es die besonderen Umstände der Balzrituale, die zu dieser Entwicklung führten. In der freien Natur produzieren sich meist mehrere Männchen gemeinsam, und das Weibchen paart sich mit dem Männchen, das seine Aufmerksamkeit am meisten erregt hat. Man kann sich gut vorstellen, wie unter solchen Umständen immer spektakulärere Muster entstanden. Der Preis dafür ist jedoch hoch, denn Pfauenmännchen fallen dadurch leicht Raubtieren zum Opfer.

Das dramatischste Balzverhalten zeigen Fische, Reptilien und Vögel. Bei Säugern spielen Gerüche eine größere Rolle, und sie sind daher insgesamt erheblich weniger bunt. Es gibt hier aber einige bemerkenswerte Ausnahmen, besonders unter den Affen.

Doch gleichgültig, welches Sinnesorgan bei der Anziehung der Geschlechter die größte Bedeutung hat – beginnt die nächste entscheidende Phase der Balz, die der geschlechtlichen Erregung. Und dabei ist wichtig, daß nicht nur ein Partner, sondern beide Geschlechter erregt werden. Die Synchronisierung der Erregung ist die wichtigste Aufgabe

---

Das Balzverhalten der Lappentaucher ist ein weiteres Beispiel dafür, wie Männchen und Weibchen ihre sexuelle Erregung zeitlich aufeinander abstimmen. Beide sind gleichzeitig angsterfüllt, aggressiv und geschlechtlich erregt. Die paarungsfeindlichen Stimmungen müssen durch die Balz eliminiert werden. Dazu dient eine Reihe von Verhaltensweisen, zum Beispiel synchrones Wassertreten.

des nun folgenden Balzrituals. Das erklärt, warum die Balztänze und -rituale so komplex und merkwürdig sind.

Bei der gegenseitigen geschlechtlichen Erregung ergibt sich das Problem, daß ein Geschlecht fast immer dem anderen etwas voraus ist. Bevor aber eine Paarung stattfinden kann, muß der geschlechtlich weniger erregte Partner in einen höheren Grad von Erregung versetzt werden. Das macht normalerweise eine mehrmalige Wiederholung der Balzhandlungen notwendig. Und diese Wiederholung ist es eben, durch die das Ganze seinen Zeremoniencharakter bekommt. Einige Beispiele mögen dies näher erläutern. Der Schwertträger ist ein kleiner tropischer Fisch der Neuen Welt. Das Männchen weist eine stark verlängerte Schwanzflosse auf, das sogenannte Schwert, das jedoch ganz weich ist und keinerlei aggressive Bedeutung hat. Es soll als visuelles Signal das sexuelle Interesse des Weibchens wecken. Um nun das Weibchen zu erregen, muß das Männchen das Schwert nahe vor ihrem Gesicht schütteln, damit sie seine »Männlichkeit« voll mitbekommt. Schwimmt das Männchen jeweils auf das Weibchen zu, so erschrickt dieses und flieht, so daß sie gar keine Gelegenheit dazu bekommt, auf das sexuelle Signal zu reagieren. Der Balztanz des Schwertträgers hat daher eine gewisse Ähnlichkeit mit einem Tango: Das Männchen schwimmt dabei wiederholt um das Weibchen, so daß dieses, gleichgültig wie es sich dreht und wendet, immer wieder neu einen Blick auf sein Schwert erhascht.

Beim Balztanz des Schwertträgermännchens lassen sich mehrere Phasen unterscheiden. In der ersten schwimmt der Partner hinter ihr her, überholt sie und hält dann plötzlich inne. Er befindet sich nun vor ihr, so daß sie nicht nach vorne fliehen kann, wie sie es eigentlich gerne getan hätte. Statt dessen hält auch sie inne, und in diesem Augenblick beginnt das Männchen mit der zweiten Phase und schwimmt rückwärts, so daß es auf gleiche Höhe mit dem Weibchen gelangt. Diese Stellung ist für die Paarung notwendig, doch sie ist noch nicht genügend erregt und wendet sich von ihm ab. Sobald sie dazu ansetzt, tritt die dritte Phase ein. Das Männchen schwimmt in einer U-förmigen Kehre um das Weibchen herum und präsentiert ihr dabei sein farbiges Schwert in voller Länge. Nun kann sie weder nach links noch nach rechts ausweichen. Er umschließt sie, und zumindest für einen Augenblick muß sie stillhalten. Dieses Zögern nutzt das Männchen aus, um wieder um ihren Kopf herum rückwärts zu schwimmen und dann wieder auf gleicher Höhe mit ihr zu sein.

Dieser Balztanz kann sehr lange dauern. Das Weibchen flieht entweder oder wird durch die sexuellen Signale des Männchens mehr und mehr erregt. Schließlich hält es still und gestattet ihm damit die Paarung.

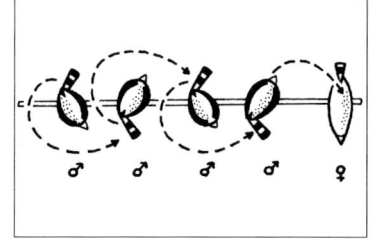

Einige Balztänze verraten ganz deutlich, daß sie aus dem Konflikt zwischen Angst und sexueller Anziehung entstanden sind. Dies gilt vor allem für Zebrafinken.

Wichtig an diesem Balzverhalten ist, daß es beim Weibchen gleichzeitig die Angst verringert und sexuelle Erregung auslöst. Ein großes Problem bei der Balz ist nämlich, daß die Männchen und Weibchen in der Fortpflanzungszeit nicht nur paarungsfreudig gestimmt sind, sondern einige unter ihnen auch ein ausgeprägtes Territorialverhalten entwickeln. Das bedeutet, daß sie zu Beginn der Balzsaison ziemlich kampflustig sind, auch wenn ihr Endziel gleichzeitig Paarung und Fortpflanzung sind. Kampflust ist notwendig bei Auseinandersetzungen mit Rivalen um einen Brutplatz, kann aber bei geschlechtlichen Begegnungen störend wirken. Sie muß unterdrückt werden, damit die Sexualität letzlich siegt.

Hinzu kommt, daß künftige Partner auch Angst davor empfinden können, einander nahe zu kommen, obwohl sexuelle Signale sie dazu auffordern. Die meiste Zeit halten die Tiere einen bestimmten Individualabstand ein, selbst wenn es nur einige Zentimeter sind. Der enge Körperkontakt, der mit der Begattung verbunden ist, kann Angst auslösen, und das wiederum bedeutet, daß auch diese Angst für die Paarung unterdrückt werden muß.

Während einer Balz gibt es also drei widersprüchliche Tendenzen bei einem Tier: Angst, Aggression und Fortpflanzungstrieb. Englische Forscher sprechen auch vom FAM-Komplex (für FEAR, AGGRESSION und MATING). Ist die Aggressivität sehr stark und die Angst gering aus-

Nur zur Fortpflanzungszeit sucht der Wanderalbatros, der leicht um den ganzen Erdball fliegen könnte, festen Boden unter den Füßen. Er führt dann einen längeren Balztanz auf, der von merkwürdigen Lautäußerungen begleitet ist. Die Tiere nicken dabei häufig mit dem Kopf, klappern mit den Schnäbeln und richten den Kopf in die Höhe, so daß der Schnabel zum Himmel weist. Es handelt sich dabei um eine Intentionsbewegung, die zeigt, daß sich der Vogel nicht so ganz wohl fühlt, was allerdings nicht weiter überraschend ist, da er sich während seines 4000 Meilen weiten Fluges zum Brutgebiet nicht an nahe Gesellschaft gewöhnen konnte.

geprägt, so kommt es zwischen Männchen und Weibchen zu Angriffen, die mit zunehmender geschlechtlicher Erregung immer schwächer werden. Überwiegt die Angst, so unternehmen einer oder beide Partner wiederholte Fluchtversuche. Auch sie werden mit der Zeit allerdings immer schwächer.

Die Balztänze und -rituale der verschiedenen Arten scheinen sich im Laufe der Evolution den Bedürfnissen der einzelnen Arten entsprechend herausgebildet zu haben. Fluchtbewegungen wurden dabei ritualisiert, Attacken modifiziert, so daß sie heute nur noch abgeschwächtere Versionen des eigentlichen Verhaltens darstellen. Oft werden diese Bewegungen rhythmisch und stereotyp wiederholt. Die Muster unterscheiden sich aber deutlich von Art zu Art. Dadurch beugen auch sie vor, daß es zu Paarungen zwischen verschiedenen Arten kommt.

Zwei Beispiele mögen dies weiter erläutern. Stichlinge richten im Frühjahr in Strömen und Flüssen Reviere ein. Jedes Männchen baut ein Nest und wartet darauf, daß ein eiertragendes Weibchen in die Nähe kommt. Sobald dies geschieht, wird es vom Männchen angegriffen. Dieses ist nämlich durch die Kämpfe mit benachbarten Männchen so aufgepeitscht, daß es alles und jeden angreift, der es wagt, in sein kleines, verteidigtes Flußbettrevier einzudringen. Männchen oder Weibchen ohne Eier kämpfen oder flüchten, wenn sie auf diese Weise angegriffen werden. Das legereife Weibchen hingegen bleibt einfach stehen und zeigt seinen geschwollenen Bauch. Das erregt das Männchen und es schießt vom Weibchen sofort auf das Nest zu, wo sie nach seinem Willen die Eier ablegen soll. Sie beginnt ihm zu folgen. Doch schon schießt das Männchen erneut auf das Weibchen zu, als ob er es angreifen wollte. Als nächstes schwimmt er wieder zurück zum Nest, dann wieder auf sie zu, und das wiederholt sich weiter nach einem bestimmten festgelegten Rhythmus. Damit offenbart das Männchen seinen Konflikt: Es will den Eindringling angreifen und das Weibchen zum Nest führen. Da Eindringling und Weibchen dasselbe Individuum sind, kann das Männchen diesen Konflikt nicht lösen. Daraus entstand im Laufe der Evolution der Zickzacktanz, der dazu führt, daß das Weibchen doch endlich zum Nest gelangt. Dort gerät das Männchen in so starke sexuelle Erregung, daß seine Aggressivität verschwindet. Nun folgt die nächste Phase seiner Balz. Mit der Schnauzenspitze zeigt er ihr den Nesteingang. Wenn sie darauf reagiert und hineinschwimmt, steigt die sexuelle Erregung noch. Mit schnell aufeinanderfolgenden Schnauzenstößen stupst das Männchen gegen das Hinterende des Weibchens. Dieser Berührungsreiz löst das Ablaichen aus. Gleich darauf verläßt das Weibchen das Nest, und sofort schwimmt das Männchen durch die Neströhre und besamt die Eier. Nach der Eiablage ist der Körper des Weibchens schlank geworden, und damit ist ihr in den Augen des männlichen Stichlings der Sex-Appeal abhanden gekommen; er greift sie an und vertreibt sie von seinem Territorium. Nur er wird sich nun um die Eier kümmern und die Jungtiere aufziehen.

In diesem Fall ist die Sexualität stärker als die Aggressivität. Der Zebrafink zeigt eine andere Art des Verhaltens. Sein Balztanz ist eine ritualisierte Form seines Konflikts zwischen Angst und Paarung. Wenn er sich auf dem Zweig seiner zukünftigen Partnerin nähert, verdreht er seinen Körper seitwärts, während er hochhüpft. Bei jeder dieser Bewegungen dreht sich der Schwanz noch weiter von ihr fort als sein Körper, als ob er von ihr wegfliegen wollte, dabei rückt er ihr in Wirklich immer näher. Bei jedem neuen »Anlauf« kommt er, seinem Paarungstrieb folgend, erst ihr näher, dann wendet er sich, seinem Fluchttrieb gehorchend, wieder ab. Sobald er sich aber vom Weibchen abgewandt hat, hat er das Verlangen, sich ihr wieder zu nähern. Das Ganze setzt sich so lange fort, bis er seine Partnerin besteigen und sich mit ihr paaren kann. Der Balztanz des Männchens ist dabei im Laufe der Entwicklung ballettartig und rhythmisch geworden: hüpfen und nach links drehen, hüpfen und nach rechts drehen. Die Ursprünge sind allerdings noch klar erkennbar. Erregt der Balztanz das Weibchen, so lädt es ihn ein, indem es mit dem Schwanz zittert. Dann findet die Paarung statt.

Fast alle Dreh-, Schwing- und Nickbewegungen beim Balztanz lassen sich durch Konflikte zwischen Paarungs-, Aggressions- und Fluchttrieb erklären. Diese Konflikte finden ihren Ausdruck in rhythmisch wiederholten Bewegungsabläufen und wurden zu Vehikeln für die Zurschaustellung leuchtender Hochzeitsfarben. Damit haben sie eine neue sexuelle Bedeutung gewonnen. Ein entscheidendes Element vieler dieser Verhaltensweisen ist längere Wiederholung. Damit wird dem Partner genügend Zeit gelassen, selbst genügend in Erregung zu geraten, ja sogar einen Moment perfekter Übereinstimmung in dieser Beziehung abzuwarten. Wenn der Augenblick der Paarung oder Kopulation dann gekommen ist, sind beide bereit für die sexuelle Klimax. Die Balztänze mögen Menschen zwar recht komisch erscheinen, spielen aber bei der Fortpflanzung einer Art eine lebenswichtige Rolle.

Arenabalz

Die überwiegende Mehrheit der 8700 heute lebenden Vogelarten entwickelt Paarbindungen, bei denen Männchen und Weibchen sich die Elternpflichten teilen. In der Regel besetzt das Männchen ein Revier. Das Weibchen kommt zu Besuch, und es kommt zur Paarbildung. Das Männchen wirbt um das Weibchen, das Nest wird gebaut und Eier werden gelegt. In das Ausbrüten, die Fütterung und die Aufzucht der Jungen teilen sich die Eltern.

Dieses monogame System ist für die Vögel von Vorteil. Ihre Elternpflichten wiegen schwer. Indem sie sich gegenseitig während der Brutzeit helfen, vergrößern sie die Überlebenschancen ihrer Nachkommen. Es gibt jedoch auch andere Systeme und eine seltene, aber krasse Alternative. Männchen und Weibchen treffen sich dabei nur kurz. Sie paaren sich, und jeder geht wieder seine eigenen Wege. Die Arbeitsteilung sieht hier ganz anders aus. Die Männchen verbringen den größten Teil ihrer Zeit mit der Balz, und die Weibchen übernehmen die gesamten Elternpflichten. Nur 85 Arten – weniger als ein Prozent aller Vögel – haben diesen Weg eingeschlagen, darunter einige der außergewöhnlichsten und seltsamsten Vogelarten.

Der Grund, warum diese Vögel, die keine Paarbindung kennen, so merkwürdig sind in Aussehen und

Kampfläufer treffen sich jedes Jahr an bestimmten Turnierplätzen. Die Männchen erobern sich dort jeweils ein kleines Territorium. Die Turnierplätze werden von Weibchen besucht, die sich dort ein bestimmtes Männchen aussuchen und sich mit ihnen paaren. Gleich darauf verläßt das Weibchen den Turnierplatz wieder und zieht die Jungen dann alleine auf. Im Bild zu erkennen ein Weibchen ohne Halskrause, das von aufgeregt balzenden Männchen umgeben ist.

Das Beifußhuhn hat riesige Arenen, wo sich oft Hunderte von Männchen treffen. Bei der Balz blasen sie Luftsäcke auf und lassen einen weithin schallenden Laut ertönen. Die Weibchen besuchen sie in diesen Arenen und wählen sich die besten Männchen für die Paarung aus. Einige wenige Platzhähne führen den weitaus größten Teil der Paarungen durch. Die direkte, unmittelbare Konkurrenz zwischen den Männchen führte zu einer sehr auffälligen, extremen Form der Balz.

Verhalten, liegt darin, daß die Männchen, von allen Elternpflichten befreit, zu »Sexual-Spezialisten« werden. Ihre ganze Lebensweise ist auf die Balz ausgerichtet. Sie entwickelten dabei überaus merkwürdige Gefiedertypen und die auffälligsten Verhaltensweisen in der gesamten Vogelwelt. Da keine Paarbildung existiert, kann jedes Männchen sich theoretisch mit so vielen Weibchen paaren, wie es dazu verlocken kann. Zwischen den Männchen herrscht eine direkte Konkurrenz. Je intensiver also die sexuellen Signale ausfallen, um so größer ist die Chance, die Aufmerksamkeit eines Weibchens auf sich zu ziehen. Das Männchen mit den buntesten Farben, den explosivsten Lautäußerungen, den auffälligsten Balztänzen ist Tagessieger. Unter diesen Vogelarten gewinnt das Supermännchen. Nur etwas bremst die Entwicklung allzu extravaganter Formen und Verhaltensweisen, nämlich die Gefahr, auch für Raubtiere auffällig zu werden.

Für ein solches Männchen ist es äußerst wichtig, einen besonderen Balzplatz zur Verfügung zu haben, wo es sich mit seinen Farben richtig in Szene setzen kann. Die Weibchen fühlen sich zu Gruppen hingezogen, wo sie zwischen mehreren Männchen wählen können. Das führt dazu, daß ganze Gruppen von Männchen sich an festen Stellen zu treffen pflegen. Man spricht dabei von Balzarenen. Diese Arenen dienen ausschließlich sexuellen Aktivitäten. Weder Nestbau noch Futtersuche finden dort statt. Eine Arena kann einem Männchen allein oder einer Gruppe gehören.

Die Männchen von Arten mit Arenabalz verändern ihren Körper in beträchtlichem Maße, um ihre Weibchen zu beeindrucken. Sie vergrößern sich zum Beispiel erheblich. Überraschende Veränderungen im Aussehen ziehen die Aufmerksamkeit der Weibchen auf sich und erinnern an Marktschreier, die mit ihrem Getue Kunden anlocken. Die Arten müssen sich dabei deutlich voneinander unterscheiden, damit es zu keinen Verwechslungen kommt. Daraus geben sich überraschende Farben, Haltungen und Bewegungen. Auf den Bildern sind das Präriehuhn (oben links), der Birkhahn (oben rechts), die Riesentrappe (unten links) und das Felsengebirgshuhn (unten rechts) zu sehen.

Bekannt für seine Arenabalz ist in Europa vor allem der Kampfläufer. Das Männchen trägt im Frühjahr Ohrbüschel und eine Halskrause, beide von ganz unterschiedlicher Färbung. Die Männchen sich in Gruppen auf kleinen Hügeln in offenem Gelände, und die einzelnen Vögel richten sich in der gemeinsamen Balzarena auf kleinen Plätzen ein, die einen Durchmesser von ungefähr 30 Zentimetern haben und bald frei von jeglicher Vegetation sind.

Zwischen den »Grundstücken« der Individuen liegt ein Abstand von 1 bis 1,20 Meter. Das ist der ganze Raum, den die Männchen dieser Art als persönliches Territorium beanspruchen, und während der Paarungszeit verbringen sie die meiste Zeit auf diesem Fleck und warten darauf, daß ein Weibchen vorbeikommt.

Zu Beginn der Brutzeit finden zwischen den Männchen heftige Kämpfe statt. Dabei wird festgelegt, wer die besten »Grundstücke« bekommt. Die Weibchen bevorzugen anscheinend immer Männchen, die sich nahe dem Zentrum der Arena, also der Hügelkuppe, aufhalten. Dorthin gelangen denn auch die dominantesten Männchen und schaffen sich ihre Tanzplätze. Sobald ein Weibchen eintrifft, werfen sich die Männchen alle in eine steife werbende Pose. Dabei spreizen sie ihr Balzgefieder ab. Das Weibchen wandert von einem Männchen zum andern, trifft schließlich ihre Wahl und

Das Männchen des Leierschwanzwidas baut sich für seine Balz eine eigene Arena. Um ein Grasbüschel herum tritt es ringförmig die Vegetation nieder. Wenn eines der eintönig gefärbten Weibchen in die Nähe kommt, tanzt und hüpft das Männchen frenetisch, während das Weibchen ruhig zusieht. Nach der Paarung geht das Weibchen weg und legt seine Eier nach Kuckucksart in die Nester anderer Vogelarten. Die Jungen werden dann von den Pflegeeltern großgezogen.

geht in die Hocke. Das Männchen besteigt die Partnerin, und es kommt zur Paarung. Dann geht sie wieder. Die ganze Beziehung dauert nur wenige Minuten.

Merkwürdig an der Arenabalz der Kampfläufer ist, daß es zwei Arten von Männchen gibt, nämlich Platzhähne und untergeordnete Männchen. Die Platzhähne besitzen ein Grundstück und haben dunkle Halskrausen. Die untergeordneten Männchen haben keinen eigenen Grund und Boden und sind durch helle Halskrausen gekennzeichnet. Sie halten sich in der Nähe der Platzhähne auf, nehmen aber nie an den Turnierkämpfen teil und werden von den Grundstücksbesitzern toleriert. Warum ist das so? Was haben sie von ihrem »Obdachlosensein«? Warum gibt es sie überhaupt?

Das Ganze erklärt sich dadurch, daß sie durch ihr Vorhandensein den Turnierplatz für ein Weibchen noch verlockender machen. Die Weibchen bevorzugen Orte, wo viele Männchen versammelt sind – wahrscheinlich weil die Auswahl größer ist. So ist es für die Platzhähne von Vorteil, wenn sie von untergeordneten Geschlechtsgenossen umge-

Die Männchen der Leierschwänze haben getrennte Territorien, innerhalb derer sie ungefähr zehn erhöhte Balzplätze auf dem Waldboden anlegen. Sie besuchen diese Plätze jeden Tag, führen ihre Tänze vor und lassen ihre Gesänge hören. Die beiden großen leierförmigen Federn strecken sie dabei waagrecht aus. Von den übrigen Schmuckfedern wird der Vogel, der sich darunter befindet, fast völlig verdeckt.

Der Zahnlaubenvogel oder Tennenbauer sammelt große Blätter und legt sie in seiner kreisförmigen Arena mit der Unterseite nach oben auf den Boden, damit sie auf dem dunklen Hintergrund stärker auffallen. Bei der Balz vor dem Weibchen nimmt der Vogel einzelne Blätter in den Schnabel.

ben sind. Der Vorteil für die nichtaggressiven untergeordneten Männchen liegt darin, daß sie eine schnelle Kopulation ergaunern können, wenn die Platzhähne davonstürzen, um Rivalen anzugreifen, was recht häufig geschieht – und die Weibchen geduldig auf deren Rückkehr warten. Auf diese Weise bleibt das ungewöhnliche Zweiklassensystem der Männchen erhalten.

Eine Arenabalz auf offenem Gelände führen auch Birkhuhn, Präriehuhn und Beifußhuhn auf. Die Männchen dieser Arten zeigen auffällige Verhaltensweisen, spreizen Federn auf übertriebene Weise ab, lassen explosive Laute hören und blasen dazu Luftsäcke auf. Am auffälligsten ist das Beifußhuhn. Das Männchen bläst zwei Luftsäcke an der Brust auf, die dann wie ein mächtiger Busen aussehen. Seine Rufe sind in der Beifußsteppe Nordamerikas weithin zu hören. Diese Art verfügt über große Arenen, die bis zu 700 Meter lang und 200 Meter breit sind. Bis zu 400 Männchen können sich dort aufhalten, jedes auf einem eigenen Territorium. Die Reviere liegen ungefähr zehn Meter auseinander. Wie im Fall der Kampfläufer scheinen die Weibchen auch hier die Männchen im Zentrum der Arena zu bevorzugen. Fast alle Paarungen finden hier statt, in der Nähe der Mittellinie dieser langgezogenen Arena. Die Konkurrenz zwischen den Beifußhähnen ist groß, und nur die stimmgewaltigsten unter ihnen können hoffen, ein Weibchen zu erobern. Von 400 Männchen einer Arena, die genau beobachtet wurden, begatteten vier Platzhähne fast alle Weibchen – um genau zu sein, 74 Prozent. Fast alle übrigen Hähne balzten vergebens.

Balzarenen gibt es nicht nur in offenem Gelände, sondern auch in Wäldern. Beim außergewöhnlichen, orangefarbenen Felsenhahn der südamerikanischen Tropen teilen sich Clans von Männchen eine gemeinsame Balzarena. Auch sie ist in viele kleine Reviere unterteilt, Flecken nackten Waldbodens, die von den jeweiligen Besitzern verteidigt werden. Mit heftigen scharrenden Bewegungen ihrer Flügel halten sie sie von Abfällen sauber. Wenn sich ein Weibchen der Arena nähert, fliegen die Männchen in atemberaubender Geschwindigkeit auf den Waldboden zu ihren Revieren und legen sich flach auf den Boden. Die Köpfe drehen sich seitlich, so daß ihre »römischen« Kampfhauben sich deutlich vom dunklen Boden abheben. Sie werfen sich so lange in Positur, bis das Weibchen Interesse zeigt. Schließlich wählt es einen Partner zur Paarung aus. Obwohl die Männchen untereinander um ihre persönlichen Reviere in der gemeinsamen Balzarena kämpfen, tun sie sich zusammen, sobald ein fremdes Männchen eindringt, und zwingen es zum Rückzug. Trotz der Konkurrenz untereinander halten sie also – im Gegensatz zu anderen Arenagemeinschaften – auch als »Verein« zusammen.

In australischen Wäldern lebt der ebenso bemerkenswerte Leierschwanz. Die Männchen haben erstaunlich lange, prächtige Schwanzfedern. Der Vogel unterscheidet sich von allen anderen Arten insofern, daß jedes Männchen über ein größeres Revier verfügt. Dort baut es ungefähr zehn kreisrunde Hügel mit einem Durchmesser von ungefähr einem Meter auf dem Waldboden. Das Männchen sucht diese Plätze in regelmäßigen Abständen auf und

Der Alleebauer wie dieser Braunbauch-Laubenvogel baut aus gesammelten Zweigen zwei parallel verlaufende Wände aus einem geräumigen Stück Waldboden. Vor diesen Lauben legt er eine Sammlung bunter Gegenstände ab. Diese nimmt er während der Balz vor dem Weibchen abwechselnd in den Schnabel. Das Weibchen befindet sich dabei meistens im Innern der Laube.

zeigt dort seine Balz. Es hält seine prächtigen Federn wie ein Sonnenschirm über den Kopf, tanzt, paradiert und singt laut.

In den Wäldern Australasiens leben auch die einzigartig schönen Paradiesvögel. Einige zeigen ihre Balz auf besonderen Ästen, andere auf sorgfältig vorbereiteten Arenen auf dem Boden. Der männliche Prachtparadiesvogel zum Beispiel verbringt viel Zeit damit, Äste und Zweige über seinem Balzplatz zu entfernen, bis ein heller Sonnenstrahl den dunklen Wald durchdringen kann, um seine Bühne wie ein Spotlight anzustrahlen. So kommt sein prächtiges Gefieder bei seinen Balzdarbietungen mit herrlichen Glanzlichtern so richtig zur Geltung, und jedes Weibchen in der Nähe wird sofort aufmerksam.

Obwohl diese Vögel nicht in richtigen, gemeinsamen Arenen zusammenkommen, zeigen sie doch ein ähnliches Verhalten. Ihre persönlichen Territorien liegen weiter auseinander, doch singen sie so laut, daß benachbarte Männchen sie hören können. Die Balz findet Jahr für Jahr in ganz bestimmten traditionellen Regionen statt.

Das wohl eigentümlichste Arenaverhalten im Wald zeigen die australasischen Laubenvögel. Es sind achtzehn Arten; sie gehören wohl zu den merkwürdigsten Tieren auf der Erde. Am einfachsten ist noch der Zahnlaubenvogel oder Tennenbauer. Das Männchen räumt einen kreisrunden »Hof« mit einem Durchmesser von ungefähr 2,50 Meter. Es entfernt jeden Stiel, jedes Blatt und jeden Zweig, bis die Arena so aussieht, als sei sie mit einem Besen gekehrt worden, und makellos sauber ist. Einem Laubenvogel reicht dies aber noch nicht. Diese Tiere sind nämlich Sammler. Die Männchen jeder Art suchen sich spezielle Ge-

---

Gegenüberliegende Seite: Jede der acht Alleebauerarten sammelt Gegenstände mit einer ganz bestimmten Farbe und legt sie vor der eigentlichen Laube nieder. Die Präsentation der Sammlung ist dabei je nach Art verschieden. Der Dreigang-Laubenvogel (oben links) sammelt rote und graue Gegenstände, trennt sie dann aber nach Farbe. Der Braunbauch-Laubenvogel (oben rechts) sammelt hellgrüne Beeren und plaziert sie direkt vor dem Laubeneingang oder befestigt sie auch an den Innenwänden. Der Graulaubenvogel (unten links) legt weiße Gegenstände direkt vor die Laubeneingänge sowie grüne Gegenstände zu beiden Seiten der weißen. Der Seidenlaubenvogel (unten rechts) verteilt leichtend blaue Gegenstände um die ganze Laube herum, niemals aber in deren Innern.

genstände, die sie auf dem Boden plazieren und die sie während der Balz verwenden.

Der Tennenbauer schneidet mit seinem ungewöhnlichen gezähnten Schnabel große frische Blätter von bestimmten Bäumen, Blätter, die oft viel größer als der Vogel selbst sind. Er schafft jeden Tag ungefähr zehn herbei und legt sie in seiner »Tenne« nieder. Dann dreht er die Blätter mit viel Mühe um, so daß deren helle Unterseite zu sehen ist. Klappt ein solches Blatt zufälligerweise um, so wird es vom Tennenbauer gleich wieder umgedreht. Eine große Tenne kann mit bis zu hundert Blättern bedeckt sein. Sobald auch nur eines davon welk wird oder schrumpft, entfernt es der Tennenbauer und ersetzt es durch ein frisches. Die hellgrünen Blätter heben sich deutlich von der dunklen Erde ab, und kein Weibchen dieser Art, das im Wald unterwegs ist, kann sie übersehen. Man nimmt an, daß sich das Weibchen dem Männchen hingibt, das die größten und schönsten Blätter gesammelt und auch am aufregendsten angeordnet hat und außerdem beim Erscheinen des Weibchens auch noch mit der besten Gesangs- und Tanzdarbietung aufwarten kann. Dabei hüpft das Männchen in der Arena herum und nimmt mal dieses, mal jenes große Blatt in den Schnabel.

Noch bemerkenswerter sind die acht Arten der Alleebauer. Auch diese Männchen sind passionierte Sammler, wobei jede Art eine eigene Lieblingsfarbe hat. Der Fleckenlaubenvogel liebt weiße Gegenstände. Die Laube eines Männchens dieser Art enthielt über tausend kleine weiße Knochen, ferner weiße Kiesel, Steine und Schneckenschalen. Der Braunbauch-Laubenvogel hält es mit grünen Gegenständen, der Seidenlaubenvogel mit leuchtend blauen. Diese letztgenannte Art wurde bisher am sorgfältigsten studiert. So wissen wir ziemlich viel darüber, wie das Männchen seine Laube baute und wie es sie benutzt.

Der Seidenlaubenvogel kommt in den Wäldern Ostaustraliens vor. Das Männchen zeigt ein tiefdunkel schimmerndes blauschwarzes Gefieder mit leuchtend blauen Augen. Das Weibchen ist nicht weiter auffällig und gut getarnt. Für den Bau seiner Laube räumt das Männchen ein Stück Boden frei und bedeckt es mit einer Schicht aus Grashalmen und Zweigen. An einer Seite errichtet es dann eine Allee aus senkrechten Zweigen zu beiden Seiten. Der Durchgang ist ungefähr zwölf Zentimeter breit. Die parallelen Wände erreichen eine Höhe von ungefähr 40 Zentimetern und sind ungefähr zehn Zentimeter dick. Sie bestehen aus sorgfältig hergerichteten und am unteren Ende der Plattform verwobenen Zweigen, die sich zur Mitte der Allee neigen und sich ein wenig überlappen, so daß es sich um eine halb geschlossene Laube handelt. Auf dem eigentlichen Balzplatz vor der Allee legt das Männchen eine Sammlung buntgefärbter Gegenstände an. Sie werden nie in der eigentlichen Allee abgelegt, sondern ausschließlich auf dem flachen Balzplatz am Nordeingang. Die Laube steht nämlich immer in Nordsüdrichtung. Wenn sich das Männchen auf dem Balzplatz produziert, schaut das Weibchen vom Innern der Laube aus zu. Die Federn des Männchens werden von den Sonnenstrahlen getroffen und leuchten dadurch besonders attraktiv.

Wenn sich der Seidenlaubenvogel zu Beginn der Paarungszeit an den Bau seiner Laube macht, fliegt er auf der Suche nach Gegenständen in seinen Lieblingsfarben weit umher. Er bringt die unterschiedlichsten Dinge zurück: blaue Papageienfedern, blaue Blumen, blaue Beeren, blaue Glas- und Tonscherben, blaue Lumpen, blaue Knöpfe und sogar blaue Bustickets, wenn er in der Nähe der Zivilisation lebt. Ganz besonders scharf ist er auf die blauen Plastiksäcke der Wäschereien. Wenn man Seidenlaubenvögel in gemischten Volieren gefangenhält, werden sie so frustriert, daß sie kleine blaue Vögel töten und ihre Kadaver vor ihren Lauben deponieren.

Jeden Tag überprüft der Seidenlaubenvogel seine Sammlung. Gegenstände, die ihre Farben über Nacht verloren haben, werden entfernt. Und wenn zufällig eine rote Frucht in die Sammlung geraten ist, so nimmt sie der Vogel auf und trägt sie weit weg in den Wald.

In der Morgendämmerung beginnt das Männchen mit der Balz. Unter den Augen des Weibchens sucht er sich sorgfältig einen seiner blauen Gegenstände aus, nimmt ihn in den Schnabel und erzeugt einen merkwürdig schwirrenden Laut. Dann spreizt er seine Schwanzfedern und beginnt in kurzen, abgehackten Bewegungen mit Schwanz und Flügeln zu zucken, wobei es den Kopf bei ausgestrecktem Hals niedrig hält. Seine Bewegungen wirken bedrohlich. Je nachdem, wie es sich bewegt, schimmert und glänzt das Gefieder im Sonnenlicht. Von seinem

Das Männchen des Seidenlaubenvogels ist blauschwarz gefärbt, das Weibchen deutlich heller (Bilder oben). Das Männchen achtet darauf, daß seine blauen Sammlungsgegenstände nicht innerhalb der Laube liegen. Die Innenwände dekoriert es jedoch mit Farbe. Es vermischt dabei gefärbte Fruchtsäfte oder Holzkohle mit seinem Speichel und streicht diese Farbe an die Zweige. Dazu verwendet es eine Art »Pinsel«, den es aus einem Stückchen Rinde gefertigt hat. Im Bild auf der gegenüberliegenden Seite sind solche schwarz bemalten Zweige zu sehen.

Verhalten angelockt, nähert sich das Weibchen. Oft hält es sich im Innern der Laube auf, von wo es weiterhin zuschaut, ohne selbst aktiv zu werden. Meistens verhält es sich still und erscheint müßig. Gelegentlich jedoch gluckst es leise und gibt sich einen kleinen Ruck, wenn das Männchen eine besonders schöne Balz zeigt.

Merkwürdigerweise scheinen die Balzhandlungen gar nicht ihr gewidmet zu sein. Wenn das Männchen steif herumhüpft, erst diesen und dann jenen Gegenstand in den Schnabel nimmt, so scheint es sie gar nicht zu beachten und seine Aufmerksamkeit einzig und allein seiner Sammlung zu widmen. Wenn das Weibchen aber plötzlich wegfliegt, hört das Männchen sofort mit der Balz auf und beginnt nach ihr zu rufen, bis sie wieder zurückkommt. Offensichtlich ist sie also doch wichtig für die Balz.

Diese Handlungen sind ja schon merkwürdig genug, doch das Verrückteste kommt erst noch. Wenn das Männchen gerade keine Balz aufführt, verbringt es den größten Teil seiner Zeit mit der Reparatur und Verschönerung seiner Laubenwände. Es steckt die vertikalen Zweige fester in den Boden und tut dabei sehr geschäftig. Den letzten Glanz bekommt die Laube aber erst, wenn das Männchen die Innenseiten bemalt. Dies geschieht auf wahrhaft außergewöhnliche Weise. Der Vogel sucht eine Feuerstelle und nimmt einen Schnabelvoll Holzkohle. Diese vermischt er mit Speichel in seinem Mund. Dann holt er sich ein Stückchen Rinde und bearbeitet es so, daß eine Seite schwammartig weich wird. Diesen Holzklumpen nimmt der Vogel in seinen Schnabel. Dabei bliebt dieser etwas offen, was zur Folge hat, daß Speichel herausläuft, während das Männchen mit seinem »Pinsel« über die Innenseite seiner Laube fährt. Der Seidenlaubenvogel malt also das Innere seiner Laube mit schwarzer Farbe an.

Leider wird diese von schweren Regenfällen schnell abgewaschen, so daß das Männchen die Bemalung fast jeden Tag erneuern muß. Waldbrände liefern aber so viele Holzkohle, daß kein Mangel an schwarzer Farbe herrscht.

Einige Vögel verwenden anstelle von Holzkohle blaue Fruchtsäfte für die Bemalung. Es ist überaus merkwürdig, daß das Männchen keinen einzigen blauen Gegenstand im Innern seiner Laube haben will, deren Wände aber mit blauer Farbe bemalt. Offensichtlich ist das Brutverhalten des Seidenlaubenvogels alles andere als einfach.

Wie läßt sich dieses komplizierte Verhalten erklären? Was bedeutet die Laube für den Vogel? Sie ist kein Haus, kein Ruheplatz, kein Nest, kein Bett, keine Verteidigungsanlage, und auch kein Futterplatz. Sie ist einzig und allein für die Balz da. Warum macht sich das Männchen die

*Der Säulengärtner baut um zwei Schöß-
linge herum eine derart komplizierte
Konstruktion.*

enorme Mühe, eine Laube zu
bauen und zu schmücken, anstatt
sich einfach vor sein Weibchen
hinzustellen, zu tanzen und zu
singen, wie es so viele andere Vogelarten tun? Das Weibchen verwendet beim Nestbau nicht einmal die Zweige, mit denen die
Laube gebaut ist. Was ist also der
Sinn dieser Bautätigkeit des
Männchens? Die Antwort scheint
darin zu liegen, daß die Laube für
den Seidenlaubenvogel eine Er-
weiterung des eigenen Körpers
darstellt. Die übrigen Vögel mit
Arenaverhalten, die Paradiesvögel und die Leierschwänze, haben
stark verlängerte geschmückte
Federn. Dadurch werden sie allerdings schwerfällig. Die Laube
selbst ist natürlich auch schwerfällig, aber der Besitzer muß sie

nicht die ganze Zeit mit sich herumschleppen. Wenn der Laubenvogel
in den Wald fliegt, ist er ein kleiner, schlanker unauffälliger kräftiger
Vogel, kein Bühnenstar in phantastischer Aufmachung. Vielleicht ist seine Art der Balz effizienter. Im Vergleich zum Wachstum und zur Reinigung riesenhaft vergrößerter Federn nimmt der Bau der Laube jedoch
sehr viel Zeit in Anspruch. Doch selbst darin liegt vielleicht ein verbor-
gener Vorteil. Das Männchen kann nämlich die Aufmerksamkeit des
Weibchens, schon lange bevor dieses paarungsbereit ist und ein Nest
baut, auf sich lenken. Das Weibchen ist damit eigentlich schon verge-
ben, lange bevor es Eier legen kann. Im Laufe der Evolution scheint
sich der Zeitpunkt des Laubenbaus immer weiter vorverlegt zu haben,
sozusagen nach dem Sprichwort: »Morgenstund hat Gold im Mund.« So
sind die Männchen schon Wochen, bevor das Weibchen paarungsbereit

ist, voll aktiv. Der lange Laubenbau führt dazu, daß sich die Weibchen an gewisse Männchen mit ihren Lauben gewöhnen und zur Paarungszeit auch zu diesen zurückkehren.

Der Bau der Laube dient offenbar in erster Linie dazu, das Weibchen so zu plazieren, daß es das Männchen während der Balz im günstigsten Licht der ersten Sonnenstrahlen sieht. Die dunkle Farbe der Innenwände bewirkt, daß sich das blauschwarz schimmernde Gefieder dem Gedächtnis des Weibchens noch stärker einprägt.

Ursprünglich wurzelt das Bemalen der Laube wohl im Balzfüttern oder im Füttern der Jungtiere, und der Bau der Laube läßt sich wohl vom Nestbau ableiten. Wie alle Vögel mit Arenabalzverhalten beteiligt sich auch der Seidenlaubenvogel nicht am eigentlichen Nestbau und an der Fütterung der Jungen. Das bedeutet allerdings nicht, daß er seine Erinnerung an diese Tätigkeiten völlig verloren hat. Wenn er Zweige herbeischleppt, kleine Gegenstände sammelt und die Laubenwände mit seinem Speichel bestreicht, so erinnert das alles an das Verhalten der Eltern bei anderen Vogelarten. Diese sammeln kleine Nahrungsbrocken, geben sie ihren Jungen zu fressen und helfen beim Nestbau. Der Unterschied liegt hier allerdings darin, daß keine Eier in dieses »Nest« gelegt werden. Deswegen kann es auch eine Form aufweisen, die seiner neuen Rolle als Balzplatz am besten gerecht wird.

Da die Lauben niemals als Nistplatz dienen, können sie auch die unterschiedlichsten Farben annehmen. Abgesehen von den Alleebauern gibt es noch die Maibaumbauer und die Gärtner. Ihre Konstruktionen sind noch beeindruckender. Beim Säulengärtner können sie die erstaunliche Höhe von 2,70 Meter erreichen. Einige Gärtnervögel legen Bauten an, die wie richtige Hütten aussehen. Sie weisen in der Mitte eine tragende Stütze auf, und die Dächer reichen schräg hinunter bis zu den Seiteneingängen. Vor den Bauten liegt der eigentliche Balzplatz, der mit Moos bedeckt und mit farbigen Blumen, Früchten und Beeren geschmückt ist. Als die ersten Weißen diese merkwürdigen Bauten tief in den australischen Wäldern entdeckten, konnten sie nicht glauben, daß sie allein das Werk von Vögeln waren, und bestanden darauf, es müsse sich bei ihnen um geheime Grotten der australischen Ureinwohner, der Aborigines, handeln.

Obwohl dieses Balzverhalten genetisch bedingt ist und nur in geringem Maße durch individuelle Lernprozesse und kulturelle Traditionen beeinflußt wird, gibt es doch eine bemerkenswerte Parallele zu gewissen Aspekten der menschlichen Gesellschaft. Auch wir verlagern einen großen Teil unseres Verhaltens nach außen, verwenden Kleidung, Bauwerk und andere Dinge, um unsere Rangstufe und unsere Stimmung auszudrücken. Anhand der Laubenvögel läßt sich erkennen, was geschieht, wenn bei einem Tier, das nur ein Vogelgehirn aufweist, ein ähnlicher Wettbewerbsdruck einsetzt. Und das ist für uns Anlaß genug zu der Überlegung, inwiefern unser eigenes Schmuck- und Bauverhalten genetisch bedingt und nicht von kulturellen Traditionen bestimmt ist.

Paarungsverhalten

Hat das Balzverhalten zum Ziel geführt und die beiden Partner in sexuelle Erregung versetzt, so bleibt doch noch das schwierige Problem, wie es zur Befruchtung zwischen Samen und Eizellen kommt. Die synchrone Erregung durch die Balz hat beide Partner paarungsbereit gemacht, und so könnte man glauben, die Paarung sei nur noch eine Kleinigkeit. Das trifft aber nicht zu, da die unerläßlich wichtigen Geschlechtszellen so klein und verwundbar sind. Vorerst befinden sie sich im Innern der Geschlechtspartner. Diese müssen in ihren Verhalten besondere Rücksicht auf die Samen und Eizellen nehmen. Und diese Erfordernisse führten zu zwei entgegengesetzten Strategien: der inneren und der äußeren Befruchtung.

Viele Tiere befolgen die Taktik der Massenproduktion von Geschlechtszellen und überlassen ihre Nachkommen ihrem eigenen Schicksal. Die Ei- und Samenzellen werden außen abgegeben, und es kommt zu einer äußeren Befruchtung. Die Eier entwickeln sich dann ungeschützt im Wasser. Viele fallen Feinden zum Opfer. Aber dank der großen Zahl überleben immer genügend für eine neue Generation. Die Frosch- und Krötenmännchen – im Bild eine goldgelbe Kröte aus Costa Rica – besteigen den Rücken des Weibchens und halten sich mit besonderen Brunftschwielen an der Partnerin fest. Wenn sie ihre Eier ausstößt, befruchtet das Männchen diese sofort mit seinen Samenzellen.

Die äußere Befruchtung ist ein primitives und verschwenderisches Verfahren, hat sich jedoch bei vielen niederen Lebensformen als erfolgreich erwiesen. Im einfachsten Fall werden Samen und Eizellen gleichzeitig freigelassen. Die Männchen und Weibchen kommen im selben Augenblick zum sexuellen Höhepunkt und geben ihre Geschlechtsprodukte ins Wasser ab, wo sie sich in einer dichten Wolke vermischen. Es kommt zu Tausenden von

Befruchtungen, und die befruchtete Eizellen sind dann ohne weitere Schutzmaßnahmen von seiten der Eltern einer feindlichen, hungrigen Welt ausgeliefert. Die meisten Larven werden gefressen, und nur wenige überleben – gerade so viele, daß sich diese Methode trotz allem lohnt. Der Fortpflanzungserfolg beruht hier also auf der großen Zahl der abgegebenen Geschlechtszellen, und das einzige ernsthafte Problem dabei ist die zeitliche Abstimmung. Werden die Eier in die Außenwelt abgegeben, so müssen sie sich schnell eine widerstandsfähige äußere Schutzschicht zulegen. Die Samenzellen müssen also rasch mit den Eizellen in Kontakt treten, bevor dieser Prozeß eingesetzt hat. Bei der äußeren Befruchtung ist deswegen Eile geboten. Die Männchen müssen sich in der Nähe der Weibchen befinden, wenn diese ihre Eimassen ausstoßen.

Viele Fische machen Gebrauch von dieser Massenproduktion und kennen eine äußere Befruchtung. Die Paarung geschieht fast immer

Molche haben ungewöhnliche Paarungsstellungen. Hier packt ein Rippenmolchmännchen mit seinen Vorderbeinen die Vorderbeine des Weibchens. Die Hinterbeine hat es frei zum Schwimmen. Wenn das Männchen paarungsbereit ist, setzt es sein Samenpaket (Spermatophore) auf einer Unterlage ab. Dann schiebt das Männchen seine Partnerin mit einer plötzlichen Bewegung so, daß deren Kloake genau über dem Samenpaket zu liegen kommt. Das Weibchen nimmt die Spermatophore auf, und die Befruchtung erfolgt in dessen Körperinnern.

an bestimmten Brutgründen, wo sich die Männchen und die Weibchen zur Fortpflanzungszeit einfinden. Die Anzahl der produzierten Eier kann astronomisch sein. Es gibt zum Beispiel in der Nordsee einen Laichgrund, wo sich jeden Winter fünfzig Millionen Schollen einfinden.

Die Zahl der produzierten Eier liegt dort bei 8 750 000 000 000, in Worten 8,75 Billionen. Sobald die Eier von den Männchen befruchtet sind, verteilen sie sich, indem sie zur Wasseroberfläche aufsteigen und von Meeresströmungen verfrachtet werden. Diese Art der Fortpflanzung kann man auch beim Hering, Dorsch, Seehecht, Barrakuda sowie bei Makrele, Thunfisch, Knurrhahn und Kugelfisch beobachten. Die Eier anderer Arten, etwa Forelle und Lachs, schweben nicht frei im Wasser. Die Weibchen legen sie auf Geröll und Kies am Gewässerboden ab, wo sich die Tiere nach einer langen Wanderung fortpflanzen. Die Wanderung flußaufwärts ist so anstrengend, daß die Tiere nach der Paarung völlig erschöpft sind und meistens sterben. Immerhin legen sie teilweise über fünfzig Kilometer am Tag zurück, und das zwei Monate lang, was einer Gesamtstrecke von über 3300 Kilometer entspricht.

Die Weibchen vieler Fische, die auf dem Gewässerboden laichen, sorgen für einen gewissen

Lachse legen Tausende von Meilen zurück, um wieder in die Gewässer zu gelangen, wo sie selbst auf die Welt gekommen sind. Nach der langen Reise hebt das Weibchen im seichten Wasser eine flache Grube aus. Es legt sich dabei auf die Seite und schlägt mit dem kräftigen Schwanz wiederholt nach unten (ganz oben). Auf diese Weise kann es auch größere Geröllstücke wegheben. Männchen und Weibchen legen sich dann über der Grube nebeneinander und geben gleichzeitig die Eier und die Samenflüssigkeit ab. Forellen paaren sich auf ähnliche Weise. Im Bild oben die Bachforelle.

Schutz ihrer Brut, indem sie mit dem Schwanz durch seitliche Schläge eine flache Grube ausheben. Dann schwimmen Männchen und Weibchen nebeneinander über die Laichgrube und geben ihre Samen- bzw. Eizellen ab. Die befruchteten Eier fallen in die Grube. Das Weibchen deckt nach der Eiablage seinen Laich mit Kies wieder zu. Danach sind die heranwachsenden Larven sich selbst überlassen und erfahren keine weitere Pflege mehr von seiten der Eltern. Sie bleiben bis zum Schlüpfen in der Kiesgrube. Danach kämpfen sie sich zur Wasseroberfläche hoch.

Die meisten Amphibienarten wenden eine ähnliche Technik wie die Fische an. Die Frösche und Kröten wandern zu den Weihern zurück, in denen sie selber geschlüpft sind, und finden immer wieder den Weg dorthin zurück. Man weiß aber noch nicht genau, auf welche Weise sie sich orientieren. Dort angekommen, bilden die Amphibien Paare. Die Männchen klammern sich an den Weibchen fest, bleiben auf deren Rücken, bis die Paarung beendet ist. Das bedeutet, daß die Partner dauernd in einem physischen Kontakt stehen. Sobald das Weibchen mit dem Ablaichen beginnt, reagiert das Männchen sofort mit dem Ausstoßen seiner Samenmassen. Die befruchteten Eier bilden im Gewässer entweder lange Schnüre oder große Laichballen.

Die Groppe legt ihre Eier am Dach ihrer Höhle ab, die sich normalerweise unter einem Stein befindet. Das Männchen bewacht die Höhle und zwingt das Weibchen hinein. Dort besichtigt die Partnerin das Höhlendach und legt schließlich an einer geeigneten Stelle ihre Eier ab. Während dieser Zeit legt sich das Männchen quer vor den Ausgang und vertreibt alle Rivalen. Schließlich befruchtet das Männchen die Eier, verstößt das Weibchen und übernimmt die Brutpflege. Es fächelt den Eiern frisches Wasser zu, hält Verunreinigungen fern und verteidigt sie. Für dieses Bild mußte der Fotograf den Stein umdrehen, unter dem sich das Groppengelege befand.

Wie gesagt hält sich das Männchen längere Zeit am Weibchen fest. Dabei helfen ihm Brunftschwielen, um sich am oft glitschigen Körper des Weibchens festzuhalten. Es handelt sich dabei um dunklere Hautstellen mit rauher Oberfläche, vorwiegend an den Vorderbeinen, in einigen Fällen auch auf der Brust. Mit diesen Schwielen gleiten die Männchen nicht von den Weibchen ab, besonders wenn ein Rivale auf der verzweifelten Suche nach einem Weibchen das bereits verpaarte Männchen besteigt, wie man es oft beobachten kann. Bei einigen Arten sind die Weibchen jedoch so dick und beinahe kugelförmig, daß sich das Männchen einfach nicht mit den Vorderbeinen festhalten kann. Sie mußten eine andere Paarungsstellung entwickeln. Unerläßlich dazu ist eine Art Leim – ein sehr klebriger Stoff, den Drüsen auf der Bauchseite des Männchens absondern. Die Männchen kleben sich damit buchstäblich an den Weibchen fest, und die beiden sind nicht voneinander zu trennen, ohne daß ihre Haut dabei beschädigt wird. Erst nach der Paarung gehen sie wieder ihre eigenen Wege.

Die Männchen einiger maulbrütender Buntbarsche haben auf den Afterflossen Flecken, die wie Eier aussehen. Sobald das Weibchen seine Eier ins Wasser abgelegt hat, nimmt es sie in den Mund auf. Dort genießen sie Schutz bis zum Schlüpfen. Durch die Flossenzeichnung irritiert, meint das Weibchen, einige Eier vergessen zu haben, und versucht diese auch in den Mund aufzunehmen. Dabei berührt das Weibchen die Afterflossen des Männchens und löst dadurch die Ejakulation aus. Dann nimmt sie die Samenflüssigkeit in den Mund auf, wo die Befruchtung stattfindet.

Normalerweise verteilen die einzelnen Paare ihren Laich auf verschiedene Teile des Gewässers. Es gibt jedoch auch Formen, die insofern gemeinschaftlich laichen, als sie ihre Eier zu einer großen Masse vereinigen, die einen Durchmesser von mehreren Metern erreichen kann. Eine solche Konzentration hat auch ihre Vorteile: Die Eier im Innern sind besser geschützt.

Einen Schritt weiter von diesem undifferenzierten Ablaichen führt die sorgfältige Ablage der Eier auf besondere Oberflächen. Klebrige Eier vieler Fischarten heften sich an Felsoberflächen in kleinen Höhlungen fest. Hier sind sie geschützt vor Meeresströmungen. In dieser gesicherten Lage wachsen die Larven besser heran und können bei Bedarf auch von den Eltern behütet werden. Das setzt voraus, daß die Partner

Zwergfadenfische bauen Schleimnester aus Hunderten Luftblasen. Männchen und Weibchen paaren sich direkt unter diesem Schwimmnest und winden ihre Körper dabei eng umeinander. Gleichzeitig stoßen sie die Eier bzw. die Samenflüssigkeit aus. Auf dem Bild links oben ist zu erkennen, wie befruchtete Eier aufsteigen. Oben angekommen werden sie in die Schaummasse des Nestes eingebettet, genießen dadurch Schutz vor Räubern und bekommen genügend Sauerstoff. Eine ähnliche Fortpflanzungsstrategie befolgt auch der hechtähnliche afrikanische Süßwasserfisch (im Bild links unten). Er hält an seinem Nest Wache und schützt es vor Angriffen.

vor der Paarung einen geeigneten Laichplatz gesucht haben. Die Paarung selbst hat dann in engem Kontakt an der betreffenden Stelle zu erfolgen. Für viele Arten wie die Groppe bedeutet dies, daß sie sich dazu ein Territorium erobert. Das Männchen wählt eine Höhlung unter einem Stein aus, fegt sie frei und vergrößert sie durch Grabarbeiten mit dem Maul. Dann legt sich das Männchen in den Eingang und wartet auf ein Weibchen. Sobald eines vorbeischwimmt, schießt das Männchen heraus und packt das Weibchen mit seinen großen Kiefern am Kopf. Er kehrt zurück zu seiner Höhle, spuckt sie hinein und legt sich dann quer vor den Eingang, um ihn zu blockieren. Diese Höhlenbewohnertaktik hat beim reifen Weibchen großen Erfolg. Es beginnt das Dach der Höhlung zu untersuchen und wählt die beste Stelle für die Eiablage aus. Wenn schließlich Männchen und Weibchen bereit sind, drehen sie sich auf den Rücken und legen sich Seite an Seite an das Dach der Höhlung. Das Weibchen laicht ab, das Männchen befruchtet die Eier, und diese bilden sofort danach eine widerstandsfähige Außenhülle. Das Weibchen schwimmt dann weg, das Männchen hingegen bleibt, um seinen Laich vor hungrigen Eierdieben zu schützen.

Fische, die in Lebensräumen ohne Höhlen leben, müssen sich anders behelfen. Einige Arten bauen Schaum- oder Pflanzennester und legen die Eier dort ab. Treibt das Nest an der Wasseroberfläche, so paaren sich die Geschlechter darunter mit engen Umschlingungen, welche sie so erregen, daß es zur Ei- und Samenabgabe kommt. Die befruchteten Eier treiben nach oben und verfangen sich im Schaumnest.

Festsitzende Tiere wie diese Seepocken, die zu den Krebsen gehören, haben bei der Paarung besondere Schwierigkeiten zu überwinden. In diesem Fall haben die Tiere einen überaus langen Penis, der den Kontakt mit dem Nachbarn möglich macht. Dabei besteht keine Gefahr, daß Sperma auf ein Tier des falschen Geschlechts übertragen wird, denn die Seepocken sind alle Zwitter.

Einige Fische finden in ihrer Umgebung keinen geeigneten Nistplatz. Wenn die Eier Schutz benötigen, sind besondere Maßnahmen nötig. Dann werden die Eier entweder in eine Bruttasche am Körper eines der beiden Eltern oder in die Mundhöhle aufgenommen.

Beide Verfahren machen eine besondere Art der Paarung erforderlich.

Bei den Seepferdchen trägt der Vater die Eier aus. Er tut das in einer Bruttasche an der Unterseite des Schwanzes. Die Begattung findet Bauch an Bauch statt. Das Weibchen spritzt ihre zweihundert Eier in die Bruttasche des Männchens, und dieses bedeckt sie mit seinem Samen. Das Weibchen verwendet dazu eine Verlängerung des Eileiters. Diese wird in die Bruttasche des Männchens gesteckt, daß das Weibchen bei der Paarung merkwürdig männlich aussieht. Der Vater behält die befruchteten Eier ungefähr einen Monat lang in seiner Bruttasche. Dann schlüpfen die kleinen Seepferdchen und können selbst schwimmen.

Einige Fischarten sind zu Maulbrütern geworden. Das ist deswegen bemerkenswert, weil es von den betreffenden Tieren eine enorme Selbstbeherrschung verlangt. Sie können während der Brutzeit nämlich nicht fressen. Obwohl Fischeier gut schmecken und der Hunger immer peinigender wird, verschluckt der maulbrütende Fisch nachweislich nie seine eigenen Eier. Bei dieser Art der Brutpflege ist auch die Paarung bemerkenswert. Das Männchen des Zwergmaulbrüters aus der Familie der Buntbarsche gräbt mit Flossenschlägen eine Grube in den Sand. Dann lockt es das Weibchen zu dieser Grube und wirbt um sie. Daraufhin kommt es zur Eiablage. Das Weibchen nimmt die Eier aber unmittelbar danach in seinen Mund auf, bevor das Männchen sie befruchten kann. Dort würden sie dann nutzlos und unbefruchtet verbleiben, wenn sich das Männchen nicht einen außerordentlichen Trick ausgedacht hätte. An seiner Afterflosse trägt es Zeichnungen, die solche Eier imitieren. Es handelt sich um kleine orangefarbene Flecken, die den richtigen Eiern so täuschend ähnlich sehen, daß das Weibchen glaubt, es habe einige von seinen abgelegten Eiern übersehen. Es versucht diese Eier

Bei der Paarung umarmen sich der männliche und der weibliche Krake innig mit ihren vielen Tentakeln. Beim Zwergkraken (oben) packt das Männchen die Unterseite des Weibchens, so daß beide Tiere in dieselbe Richtung sehen. Das Männchen hat einen besonders gebauten Tentakel, dem die Aufgabe zufällt, das Samenpaket (Spermatophore) auf das Weibchen zu übertragen. Er versenkt es tief in der Mantelhöhle der Partnerin. Dieser Tentakel dient also dem Kraken als langer Penis.

ins Maul zu nehmen, schnappt dabei nach der Afterflosse des Männchens und löst damit bei ihm die Ejakulation aus. Das Weibchen versucht weiter, die »falschen« Eier in den Mund zu nehmen, und saugt dabei automatisch den Samen ein. Bei diesen Maulbrütern findet die Befruchtung also im Mund statt.

Der nordamerikanische Schwanzfrosch ist ein seltenes Beispiel eines Lurchtiers mit penisähnlicher Ausstattung. Bei der Paarung stößt das Männchen seinen Penis zwischen den Beinen des Weibchens nach vorne. Diese Art der Paarung ist in diesem Fall unumgänglich, weil der Schwanzfrosch schnellfließende Gewässer bewohnt, wo die freie Abgabe der Samenflüssigkeit zu nichts führen würde.

Die äußere Befruchtung, bei der Samen- und Eizellen abgegeben werden, ist stets eine risikoreiche Sache. Eine plötzliche Störung, und alles ist verloren. Die Lösung dieses Problems ist die innere Befruchtung. Dabei vermischen sich Samen- und Eizellen im Innern des weiblichen Körpers. Dazu ist meistens eine Kopulation erforderlich, bei der die Geschlechtsteile des Männchens und des Weibchens in direktem Kontakt miteinander treten, um die Samenübertragung zu gewährleisten. Diese Art der Befruchtung gibt es bei allen höheren Lebewesen,

Das Paarungsverhalten der Spinnen ist vielfältig und einzigartig. Das Männchen verwendet umgebaute vordere Gliedmaßen, die Pedipalpen, zur Samenübertragung auf das Weibchen. Die Spitzen der Pedipalpen sind ungeheuer kompliziert aufgebaut und passen genau in die weibliche Geschlechtsöffnung – wie ein Schlüssel in sein Schloß. Die Samenübertragung kann aber erst nach einer umfangreichen Balz erfolgen. Die Männchen sind allgemein kleiner als die Weibchen. Im Bild hat ein Wolfsspinnenmännchen sein Weibchen bestiegen und versucht gerade im Laufe der Paarung mit seinen Pedipalpen an den Hinterleib des Weibchens zu gelangen.

Reptilien, Vögeln und Säugern, aber auch bei vielen Wirbellosen, besonders Insekten. In einigen besonderen Fällen erfolgt die Samenübertragung vom Männchen auf das Weibchen auf indirektem Weg, zum Beispiel bei den Kraken und Kalmaren. Die Männchen dieser Tintenfische haben einen bestimmten Tentakel, der zur Samenübertragung dient. Er nimmt Samenkapseln (Spermatophoren) von den männlichen Geschlechtsteilen auf und überträgt sie auf das Weibchen. Bei anderen Tintenfischarten entwickelt dieser Tentakel eine Falte, so daß sich dieser Röhre entlang die Samenpakete bis zum weiblichen Körper fortbewegen können. Mit anderen Worten: Einer der Krakenarme fungiert sozusagen als Penis.

Ein ähnliches Organ verwenden auch die meisten Spinnenmännchen. Sie nehmen ihren Samen in eine eigens dafür umgestaltete Gliedmaße, den Pedipalpus, auf und führen diesen in das weibliche Geschlechtsorgan ein. Weitere penisähnliche Organe haben sich unabhängig voneinander auch bei vielen anderen Tieren entwickelt. Um das Problem einer sicheren Samenübertragung zu lösen, wurden verschiedene Körperteile dazu benutzt. Die lebendgebärenden Zahnkarpfen haben röhrenförmig eingerollte Afterflossen, durch die das Sperma ausgestoßen werden kann. Beim männlichen Hai sind die Bauchflossen zu paarigen hohlen Organen geworden. Während der Paarung führt das Männchen diese in den weiblichen Körper ein und überträgt damit seinen Samen.

Die Amphibienmännchen haben keinen Penis und keine penisähnlichen Gebilde. Nur in einigen wenigen Fällen hat sich ein Organ zur Samenübertragung entwickelt. Insgesamt ist es bisher nur von zehn Arten bekannt. Der nordamerikanische Schwanzfrosch hat zum Beispiel ein solches Organ, das an seinem Hinterende hervorsteht und wie ein kurzer Stummelschwanz aussieht.

Die meisten Vögel kommen bei der Paarung ohne Penis aus. Im typischen Fall steigt das Männchen auf den Rücken seiner Partnerin, dreht seine Kloakenöffnung nach unten und legt sie auf die des Weibchens. Die beiden Mündungen liegen eng aufeinander, so daß die Samenflüssigkeit leicht vom Männchen auf das Weibchen übergehen kann. Dann trennt sich das Paar. Bei einigen Vögeln reichte diese Art der Paarung jedoch nicht aus, und sie entwickelten einen echten Penis. Die flugunfähigen Vögel wie Strauß, Emu und Kasuar sind so groß, daß der Weg für die Spermien zu lang und ein Penis zur Samenübertragung unumgänglich wurde. Die männlichen Geschlechtsorgane sind im Ruhezustand verborgen und können auf dem Höhepunkt der Balz durch besondere Muskeln vorgestülpt werden.

Vögel, die sich im Wasser paaren, stehen vor einem weiteren Problem. Wenn die beiden Kloakenmündungen nicht genau aufeinanderliegen, kann Wasser eindringen und die Samenübertragung stören. Deshalb haben Enten, Gänse und Schwäne alle einen Penis entwickelt. Er bleibt normalerweise im Körper des Männchens verborgen und wird nur während der Paarung vorgestülpt. Wenn man dies weiß, kann man die alte griechische Sage von Leda und dem Schwan besser verstehen.

Fast alle Reptilienmännchen haben einen Penis. Nur die primitive Brückenechse oder Tuatara hat keinen. Dieses lebende Fossil paart sich wie ein Vogel, Kloake an Kloake. Bei den Reptilien gibt es zwei ver-

---

Die innere Befruchtung ist viel sicherer als die äußere, bei der einfach Eier und Samenzellen in die Umwelt abgegeben werden. Es stellen sich dabei allerdings eigene Probleme. Wie gelangt die Samenflüssigkeit in den Körper des Weibchens? Die Körperformen vieler Tiere erscheinen an diese Aufgabe überhaupt nicht angepaßt, und die Paarung ist oft alles andere als elegant und leicht. Schwer tun sich zum Beispiel Meeresschildkröten, bei denen es gelegentlich auch zu unerwünschter Konkurrenz kommt.

schiedene Typen männlicher Geschlechtsorgane. Der Penis der Schild-kröten und Krokodile ist von der üblichen Art, wie wir ihn auch von den Säugetieren kennen. Die Begattungsorgane der Echsen und Schlan-gen hingegen sind eher ungewöhnlich. Hier besitzen die Männchen zwei Penisse. Das Tier trägt sie normalerweise im Körperinnern und stülpt sie erst kurz vor der eigentlichen Kopulation aus. Ursprünglich glaubte man, die beiden Penisse würden gleichzeitig eingeführt, und hielt sie daher für Halb-Penisse. Tatsächlich tritt pro Begattung nur ei-ner in Funktion, und jeder der beiden ist ein vollständiger Penis, al-lerdings von merkwürdiger Form. Er wird nämlich nicht wie bei den Säugern erigiert, sondern von innen nach außen gestülpt. Die Begat-tungsorgane sind leuchtend bunt, meist rot oder violett, und haben eine kleine Rinne, durch die die Samenflüssigkeit läuft. An der Oberfläche befinden sich merkwürdige Strukturen, zum Beispiel Haken, Dornen, Vertiefungen und Falten. Sie sind je nach Art unterschiedlich. Hat das Männchen seinen Penis in die Kloake des Weibchens eingeführt, so kann dieser erst wieder zurückgezogen werden, wenn die Besamung stattgefunden hat. Beim Umstülpen treten nämlich eine Art Dornen her-vor, die das Männchen fest im Weibchen verankern. Selbst wenn das Weibchen die Paarung unterbrechen und das Weite suchen will, gelingt ihm das nicht. Es kann sich nicht lösen und zieht das Männchen nur hinter sich her. Ob es nun mag oder nicht: Wenn es einem Männchen die Paarung gestattet hat, muß es auch eine längere Kopulation erdul-den. Das Männchen braucht erstaunlich lange bis zur Ejakulation, oft über eine Stunde, gelegentlich sogar mehrere Stunden. Den Rekord hält eine Klapperschlange, die 22 $^3/_4$ Stunden in Paarungsstellung ver-brachte. Das ist länger als die Begattungsdauer aller Säugetiere.

Einige Schlangenweibchen bewahren die Samenflüssigkeit in ihrem Körper auf und nutzen sie in regelmäßigen Abständen zur Befruchtung. Forscher beobachteten, daß ein Pfeilotterweibchen nach einer einzigen Paarung viermal hintereinander in monatlichen Abständen befruchtete Eier legte. Diese verzögerte Befruchtung ist von verschiedenen Tieren bekannt, darunter auch einigen Fledermausarten. Sie paaren sich im Herbst, doch die Befruchtung findet erst im nächsten Frühjahr statt. Den Rekord in dieser Hinsicht hält wiederum eine Schlange: Eine ame-

Die Männchen der Javaneraffen (oben) haben etwas zu kurze Beine. Viele Tierarten, die sonst an die unterschiedlichsten Fortbewegungsweisen angepaßt sind, finden den Augenblick der Paarung schwierig und wirken dabei nicht immer besonders elegant.

Die Paarung ist für die Löwin und für andere Weibchen der Katzenfamilie schmerzvoll. Der Penis des Männchens weist eine Art Widerhaken auf, die dem Weibchen beim Zurückziehen Schmerzen bereiten. Deswegen dreht sich das Weibchen nach der Paarung oft blitzschnell um, um das Männchen anzugreifen (unten). Der Schmerz ist allerdings notwendig, um die Eireifung in Gang zu bringen und die Befruchtung zu ermöglichen.

rikanische Katzenaugennatter legte nach der erstaunlichen Zeit von sechs Jahren noch befruchtete Eier.

Die Säuger paaren sich nach einem allgemein gültigen Muster. Das Männchen besteigt das Weibchen, führt einige Stöße mit dem Becken durch, überträgt seinen Samen und zieht sich zurück. Nur in der Dauer der Begattung gibt es große Unterschiede. Bei einer Art der australischen Beutelmäuse sind Paarungen von elf, bei einer anderen Art sogar von zwölf Stunden Dauer bekannt. Einige der fleischfressenden Beuteltiere sollen sogar noch mehr Zeit dazu brauchen. Am anderen Ende der Skala stehen die Paviane, die für eine Paarung nur 8 – 20 Sekunden brauchen und dabei im Durchschnitt nur sechs Beckenbewegungen machen. Zwischen diesen beiden Extremen bewegen sich beispielsweise kleine Raubtiere wie das Frettchen, bei dem die Paarung oft drei Stunden dauert, und sogar so große Arten wie die Nashörner, die mit ihren Weibchen bis zu einer halben Stunde vereinigt bleiben.

Normalerweise dauert die Paarung bei Säugern aber nur kurz. Der Grund dafür ist leicht ersichtlich: Während der Begattung sind die Tiere wehrlos gegen Angriffe. Für die meisten Arten ist es daher besser, die Paarung schnell durchzuführen, um rasch wieder fluchtbereit zu sein.

Da die Geschlechtspartner während der Fortpflanzungszeit sexuell stark erregt sind, können sie sich immer wieder paaren. Normalerweise kommt es in der Zeit, in der sich das Weibchen in Hitze befindet, zu vielen Besteigungen. Wildlebende Ratten paaren sich in zehn Stunden bis zu 40mal, und eine Mongolische Rennmaus kopulierte innerhalb von zwei Stunden 224mal. Ein Goldhamster brachte es während seiner Brunftzeit auf 175 Kopulationen, die jeweils nur wenige Sekunden dauerten. Bei größeren Tieren ist die Brunftzeit länger. Ein Pavianweibchen wurde dabei beobachtet, wie es sich während der Brunft, die fünf Tage dauerte, 93mal mit drei verschiedenen Männchen paarte.

Wölfe und Hunde zeigen ein ungewöhnliches Paarungsverhalten. Die Besteigung erfolgt schnell, aber danach bleibt der Rüde an die Hündin »gefesselt« und kann sich nicht von ihr lösen. Das Paar muß dann bis zu einer halben Stunden zusammenbleiben. Der Rüde ist nämlich nicht imstande, seinen Penis zurückzuziehen. Viele Forscher haben Spekulationen über die Bedeutung dieser langen Verbindung angestellt.

Viele niedere Tierarten sind Zwitter, so daß aus der Paarung eine Doppelhochzeit wird. Dies gilt beispielsweise für Regenwürmer (Seite 246 oben), Weinbergschnecken (oben) und Nacktschnecken (Seite 246 unten). Vor allem das Paarungsverhalten der Nacktschnecken ist spektakulär. Das Paar beginnt hoch oben auf einem Zweig oder einer Mauer mit einer engen Umschlingung. Dabei liebkosen sich die Tiere mit ihren Fühlern. Diese Phase kann bis zu neunzig Minuten dauern, wobei die Tiere mit zunehmender Erregung große Schleimmengen abgeben. Schließlich seilen sich beide von ihrem erhöhten Standpunkt an einem gemeinsamen Schleimfaden ab. Dieser kann bis zu über fünfzig Zentimeter lang werden. Die Tiere stülpen nun ihre langen, bleichen Penissäcke aus, hier deutlich zu erkennen, unterhalb der Köpfe. Mit wachsender Erregung verändern die Säcke ihr Aussehen. Schließlich winden sie sich unter weiterer Gestaltsveränderung umeinander, und es kommt am Ende zur Samenübertragung.

Als Beobachter hat man den Eindruck, als litten die Tiere unter diesem Zustand. Außerdem kann das Paar während dieses Zeitraums nicht vor Feinden oder Rudelgenossen fliehen. Gelegentlich versucht ein Weibchen sich zu befreien, aber immer nur mit dem Erfolg, daß es das Männchen hinter sich herzieht. Der Grund für diese lang dauernde Verbindung besteht darin, daß die Männchen dieser Arten lange Zeit brauchen, um die Samenübertragung zu vollenden. Damit nichts schiefläuft,

schwillt der Penis nach dem Einführen an und wird erst wieder kleiner, wenn die Ejakulation abgeschlossen ist. Ist der Penis angeschwollen, kann er nicht zurückgezogen werden, wie sehr sich auch die beiden Partner darum bemühen.

Bei Katzen gibt es bei der Begattung andere Besonderheiten. Bei ihnen findet die Ovulation erst dann statt, wenn sich das Weibchen bereits gepaart hat. Die Paarung löst also die Eireifung aus und sorgt dafür, daß es auch zur Befruchtung kommt. Eine sanfte Paarung reicht aber als Reiz nicht aus. Damit die Reaktion beim Weibchen in Gang kommt, muß der Paarungsakt intensiv, ja schmerzhaft sein. Erst dieser Schock löst die physiologischen Vorgänge der Eireifung aus. Dafür sorgen einige scharfe, nach hinten gerichtete Widerhaken an der Spitze des Penis. Bei der Einführung des Geschlechtsteils machen sie sich nicht bemerkbar, wohl aber beim Zurückziehen.

Wenn das Männchen sich zurückziehen will, reißen die Widerhaken am Penis die Scheidenwand des Weibchens auf. Es schreit und wirbelt herum, um das Männchen anzugreifen. Erfahrene Männchen haben gelernt, dem Prankenschlag des Weibchens auszuweichen, und springen zurück, so schnell sie können. Dieser intensive Schmerz schreckt die Weibchen jedoch nicht vor weiteren sexuellen Begegnungen ab. Es dauert nicht lange, und das Weibchen ist wieder bereit, sich mit demselben Männchen oder einem anderen zu vereinen.

Viele Säugermännchen packen das Weibchen während der Paarung mit den Zähnen im Nacken. Dieser Nackenbiß sieht aggressiv und sogar brutal aus, ist es jedoch nicht. In Wirklichkeit handelt es sich um einen kleinen Verhaltenstrick der Männchen. Sie können das Weibchen dann ohne große Schwierigkeiten besteigen. Der Nackenbiß beruhigt und immobilisiert. Um den Grund für dieses Verhalten zu finden, müssen wir in die Jugend der Säuger zurückgehen, wenn die Mutter ihre Nachkommen transportieren muß. Sie packt sie mit den Zähnen zart an der Nackenhaut. Die Jungen reagieren darauf, indem sie sich völlig bewegungslos verhalten und sich nicht etwa zu befreien versuchen. Das ist im Notfall wichtig, wenn sie schnell an einen sicheren Ort gebracht werden müssen. Auf den Nackenbiß des Partners reagiert das Weibchen wie damals in seiner Jugend. Damals bedeutete dieser Biß stillhalten und sich nicht rühren. Diese automatische Reaktion funktioniert auch noch im späteren Leben. Reaktionen aus der Jugendzeit können also im Erwachsenenalter genutzt werden, um eine problemlose Kopulation zu ermöglichen.

Alle bisherigen Beispiele basieren auf der Voraussetzung, daß ein Männchen ein Männchen ist und ein Weibchen ein Weibchen und daß sich auch nichts daran ändert. Das gilt zwar für die meisten Lebewesen, doch es gibt Ausnahmen. Viele Würmer und Schnecken sind Zwitter (Hermaphroditen). Jeder Geschlechtspartner verfügt dabei über männliche und weibliche Geschlechtsorgane. Wenn es zur Paarung kommt, handelt es sich sozusagen um eine doppelte Hochzeit. Einige Nackt- und Gehäuseschnecken haben vor der eigentlichen Paarung eine aufwendige Balz. Dabei stellt sich das Problem, wer »die Führung übernimmt«, denn beide Partner sind sowohl Männchen als auch Weibchen. Während der Vorbereitungen übernimmt ein Partner die Rolle des Männchens, der andere die des Weibchens. Die Rollen werden aber oft getauscht. Jeder Partner trägt übrigens eine Art Waffe in einem Säckchen mit sich. Es handelt sich um einen kurzen scharfen Pfeil aus demselben Stoff, aus dem auch das Gehäuse besteht. Während der Balz stoßen die Partner sich gegenseitig den Liebespfeil in den Körper. Bei einigen Arten ist er groß und schmerzhaft, bei anderen eher klein und weniger schlimm. Offensichtlich ist bei jeder Art die Größe des Liebespfeiles auf die sexuellen Bedürfnisse abgestimmt.

Bei einigen Lebewesen sind die Geschlechter auf herkömmliche Weise nach Weibchen und Männchen getrennt, dennoch wechselt jedes Individuum zu bestimmten Zeitpunkten im Laufe seines Lebens sein Geschlecht. Gewisse Garnelenarten beginnen das Erwachsenendasein als Männchen. Dann werden sie zu Weibchen. Bei einigen Austernarten ändert sich das dauernd, und eine Auster wechselt mehrmals im Jahr vom männlichen zum weiblichen Geschlecht und zurück. Solche Wechsel sind bei höheren Lebewesen selten, finden sich aber noch bei den Fischen. Der Schwertträger ist das beste Beispiel dafür. Die Männchen sind kleiner als die Weibchen. Unter sich haben sie eine männliche Hierarchie und Rangordnung. Normalerweise stehen die größten Männchen ganz oben auf der sozialen Stufenleiter. Wenn aber ein Weibchen sein Geschlecht ändert, so nimmt es dank seinem viel schwereren Körper automatisch einen sehr hohen Rang ein. Deswegen kann man in jeder Gesellschaft von Schwertträgern beobachten, wie die größten Männchen von den noch größeren Weibchen-Männchen dominiert werden. Diese haben bereits Nachkommen gezeugt und sind nun für die zweite Hälfte ihres Lebens zu Männchen geworden. In diesem Zusammenhang stellt sich noch eine Frage: Warum kennen viele Arten, auch unter den Fischen, eine Geschlechtsumkehr oder einen Hermaphroditismus, während die meisten Tiere lebenslänglich mit dem einfacheren heterosexuellen Prinzip auskommen?

Schlafverhalten

Der Schlaf ist eines der geheimnisvollsten Verhaltensmuster in der Tierwelt, und wer Tiere beim Schlafen beobachtet, kann am Ende deren Schlaf noch weniger verstehen.

Betrachten wir einmal die Fakten. Wir Menschen schlafen durchschnittlich acht Stunden am Tag. Dabei wechseln die Phasen mit leichtem und tiefem Schlaf ab. Während des Tiefschlafs haben wir lebhafte Träume. Solche Phasen treten ungefähr alle neunzig Minuten auf, so daß wir in einer Nacht normalerweise fünfmal träumen. Wir wachen erfrischt auf und sind bereit, einen neuen Tag zu beginnen.

In Afrika suchen die Blutschnabelweber in riesiger Zahl Ruhebäume auf, so daß diese oft unter deren Gewicht zusammenbrechen. Auch die Stare (unten rechts) versammeln sich in Scharen zur Ruhe. Bisweilen sind es bis zu Hunderttausende. Wie Menschenmassen bei einem Fußballspiel halten sie sich durch ihre gegenseitige Körperwärme warm, selbst wenn sie sich nicht gegenseitig berühren. Die Ruheplätze der Stare sind auch ein wichtiges Informationszentrum. Hungrige Vögel folgen frühmorgens wohlgenährten zu ihren Futterplätzen. Große Schwärme bieten auch Schutz vor Räubern. Wohlgenährte Tiere besetzen das Zentrum des Ruheplatzes und sind dadurch besser geschützt. Die schwächeren sind näher an der Peripherie anzutreffen. Die Außenseiter im wahrsten Wortsinn sind also leichter verwundbar, bekommen aber von den besser genährten Tieren immerhin Informationen über Futterplätze.

Schimpansen machen sich jeden Abend einen neuen Schlafplatz zurecht. Niemals verwenden sie denselben Schlafplatz zweimal. Auf diese Weise vermeiden sie Verschmutzung und Parasitenbefall. Für den Aufbau des Schlafplatzes brauchen sie nur wenige Minuten. Aus Ästen stellen sie eine Art Federmatratze her. Affenjunge schlafen bis zum Alter von drei Jahren bei ihren Müttern. Dann richten sie neben dem Schlafplatz der Mutter eigene Schlafplätze her. Erwachsene Schimpansen schlafen nie zusammen, selbst wenn sie gute Freunde sind.

Für uns ist der Schlaf ein Erholungsprozeß, bei dem wir »unsere Batterien wiederaufladen«. Es ist aber keineswegs klar, worin dieses »Wiederaufladen« in physiologischer Hinsicht genau besteht. Eine Theorie besagt, daß eher das Gehirn eine Ruhepause braucht als die Muskeln und daß die Träume dieses Bedürfnis widerspiegeln. Die Traumbilder wären dann ein schwacher Widerschein des Aussortierens, das während des Schlafens in unserem Gedächtnis und damit unseren Gehirnzellen stattfindet. Es sieht so aus, als müßten am Ende eines Tages viele Dinge sortiert werden. Informationen, die schwer zu gewichten und einzuordnen sind, kehren dann in Form von Traumsequenzen zurück. Durch die lange Schlafzeit, bei der Außenreize nicht wahrgenommen werden, gelingt es aber schließlich, im Gehirn Ordnung zu schaffen. Dann sind wir bereit, aufzuwachen und den neuen Tag zu beginnen. Wenn wir nur unsere müden Muskeln ausruhen wollten, so wäre dies auch durch Ruhe im Wachzustand und völlige Entspannung des Körpers möglich. Wenn wir die Außenwelt beim Schlafen ausschalten, müssen wir offensichtlich ein besonderes Bedürfnis nach Ruhe für das Gehirn haben.

Das ist die orthodoxe Ansicht über die Funktion des Schlafes. Wie aber paßt das mit unserem Wissen über das Schlafverhalten bei Tieren zusammen? Nicht besonders gut, könnte man kurz antworten. Zunächst einmal schlafen die unterschiedlichen Tierarten nicht gleich lang. Das

Faultier macht seinem Namen alle Ehre, denn es schläft bis zu 20 Stunden am Tag. Gürteltiere und Fledermäuse schlafen fast genausoviel, nämlich 19 Stunden. Hamster und Hörnchen schlafen 14 Stunden, Ratten und Mäuse 13. Schimpansen und Kaninchen benötigen zehn Stunden, Meerschweinchen und Kühe nur sieben. Ein Pferd kommt mit nur fünf Stunden, eine Giraffe mit vier Stunden aus. Und die Spitzmäuse schlafen überhaupt nicht.

Mit diesen wenigen Zahlenbeispielen ergibt sich schon ein Problem für die Theorie von der Erholungsfunktion. Warum sollten Fledermäuse und Spitzmäuse, die beide einen sehr schnellen Stoffwechsel haben, so unterschiedlich viel Schlaf brauchen? Wenn der Schlaf die Erholung des Körpers bewirkt, dann müßten die stets geschäftigen Spitzmäuse wie die Fledermäuse einen großen Teil des Tages verschlafen. Das tun sie aber nicht. Und wenn der Schlaf zur Erholung des Gehirns wichtig ist – um all die neuen Eindrücke aus der vergangenen Wachperiode zu verarbeiten und einzuordnen –, warum brauchen dann Faultier und Gürteltier doppelt soviel Schlaf wie wir Menschen? Wenn der Schlaf vornehmlich dem Sortieren der im Wachzustand erhaltenen Eindrücke diente, dann müßten wir Menschen den größten Schlafbedarf unter allen Lebewesen haben, doch davon sind wir weit entfernt.

Nachts scheiden gewisse Papageienfische um den Körper eine Art Schleimschicht ab, die ihnen als Schutz dient. Die Fische bedecken sich völlig mit diesem losen Schild. Damit verringert sich für sie das Risiko, von einer umherstreifenden Muräne gefressen zu werden. In der Schleimhülle bleibt nur ein kleines Loch, durch das Frischwasser eintreten kann.

Elefanten schlafen sehr wenig. In Ge-
fangenschaft legen sich die Tiere pro
Tag nur für zweieinhalb Stunden hin.
Bevor sie das tun, legen sie Gräser,
Zweige und Blätter auf den Boden, so-
zusagen als Kissen für den Kopf und die
Körperseiten.

Die Theorie von der Erholungs-funktion gerät auch ins Wanken, wenn man die Qualität des tierischen Schlafes untersucht. Ein ähnliches Muster wie beim Menschen mit wiederholten Phasen des aktiven sogenannten REM-Schlafes findet sich nur bei den höheren Säugetieren und den Vögeln. Beim Schnabeltier und beim Ameisenigel, den primitivsten Säugetieren, fehlen diese Phasen genauso wie bei allen Reptilien, Amphibien und Wirbellosen. Mit anderen Worten: Katzen und Kamele, Papageien und Tauben können träumen, nicht jedoch Schlangen und Salamander, auch nicht Elritzen und Nachtschmetterlinge. Die Vorstellung, wir würden schlafen, um zu träumen und um die gewonnenen Eindrücke zu verarbeiten, kann also nicht für alle Arten gelten. Wenn Reptilien ohne das auskommen, warum nicht auch Vögel? Die Theorie von der Erholung bietet darauf keine Antwort. Wir müssen uns daher nach einer anderen Erklärung umsehen. Wenn aber die Erholung nach einer Erschöpfung nicht die Aufgabe des Schlafes ist, was kommt dann in Frage?

Eines ist klar: Schlaf ist nicht ein Fehlen von Verhalten, er ist vielmehr eine ganz spezifische, positive Verhaltensweise. Sie tritt alle 24 Stunden in einem bestimmten Rhythmus auf, der allerdings von Art zu Art verschieden ist. Einige Tiere schlafen tagsüber, andere nachts. Wiederum andere schlafen um die Tagesmitte und um Mitternacht und werden nur in der Morgen- und Abenddämmerung aktiv. Diese drei Tiergruppen bezeichnen wir auch als tagaktive, nachtaktive und dämmerungsaktive Tiere. Sich zur Ruhe zu legen bedeutet auch ein entsprechendes Appetenzverhalten. Darunter versteht man einleitende Aktivitäten wie das Herrichten eines Schlafplatzes, allgemeine Ruhe, Aufsuchen eines sicheren Ortes, Rückzug in ein Lager oder ein Nest und Einnehmern einer typischen Schlafhaltung. Während des Schlafens wird die Körperhaltung häufig geändert, um zu verhindern, daß sich die Muskeln verkrampfen und steif werden. Vor dem Schlaf wie nach dem Wiedererwachen strecken sich die Tiere und gähnen.

Giraffen legen sich beim Schlafen hin. Den Kopf tragen sie aber die meiste Zeit aufrecht. Nur für kurze Phasen kennen sie Tiefschlaf. Dabei legen sie den langen Hals bogenförmig zurück, so daß der Kopf auf dem Rumpf aufliegt. Dieser Tiefschlaf dauert pro 24 Stunden nicht länger als insgesamt zwanzig Minuten.

Es gibt ein Merkmal, das für den Schlaf charakteristisch ist und ihn von der gewöhnlichen Ruhe unterscheidet: Die Sinneswahrnehmungen sind so drastisch verringert, daß man sich schlafenden Tieren nähern und sie fangen kann, bevor sie aufwachen. In der Sicherheit unserer verschlossenen Häuser und Wohnungen können wir in Schlaf sinken, ohne uns Sorgen über unsere leichte Verwundbarkeit zu machen. Für ein Tier in der freien Natur sieht die Lage ganz anders aus. Trotz der Sicherheit eines Nestes oder eines Baus besteht ein enormes Risiko darin, die Eindrücke von der Außenwelt einfach auszuschalten. Alle normalen Abwehrmechanismen sind außer Kraft gesetzt, und herumstreichende Räuber können leicht zuschlagen, bevor das Opfer Zeit zu reagieren hat. Wenn der Schlaf einen so großen Nachteil aufweist, muß er, um diesen aufzuwiegen, auch einen enormen Vorteil haben.

Viele Beutetiere können es sich nicht leisten, sehr lange zu schlafen. Die Räuber sind in dieser Hinsicht besser dran. Die Großkatzen wie der Löwe (gegenüberliegende Seite) und der Leopard (oben) verbringen ungefähr zwei Drittel ihres Lebens im Schlaf.

Eine faszinierende neue Theorie behauptet, die eigentliche Aufgabe des Schlafes sei nicht Erholung, sondern Ruhigstellung des Körpers. Der Schlaf, so sagt die Theorie, diene der Immobilisierung. Es sei für die Tiere besser, wenn sie für einen Teil der 24 Stunden eines Tages nicht in der Lage zu handeln seien. Im Schlaf seien sie zwar verwundbar, doch im Wachzustand seien sie es noch mehr.

Wenn es tagsüber oder nachts einen Zeitabschnitt gibt, in dem die Tiere nicht aktiv sein müssen oder können, weil all ihre Bedürfnisse befriedigt sind oder weil es zu dunkel oder zu hell, zu kalt oder zu heiß ist, dann bestünde ein Vorteil darin, sie durch Schlafen auszuschalten. Diese Ruhigstellung sei besser als herumsitzen und sich über die eigene Inaktivität zu ärgern oder bei der leisesten Störung gleich hochzuspringen und damit auf sich aufmerksam zu machen. Diese Theorie argumentiert folgendermaßen: Nur Arten, die sozusagen non-stop fressen müssen, und solche, die sich Tag und Nacht in hohem Maße vor Räubern in acht nehmen müssen, würden einen Nutzen daraus ziehen, wenn sie die ganze oder doch meiste Zeit wach bleiben. Der Theorie von der Erholungsfunktion zufolge müßten solche Arten alle 24 Stunden eine richtige Ruheperiode einschalten. Doch das entspricht nicht den Befunden. Die Tatsachen stützen die Theorie von der Inaktivierung deutlich besser. Stark gefährdete Lebewesen wie die Antilopen schlafen nämlich kaum. Huftiere ganz allgemein, die sich im offenen Gelände niederlegen müssen, haben nur einen sehr kurzen Schlaf, der höchstens ein paar Stunden pro Nacht dauert. Merkwürdigerweise schläft auch der Elefant sehr wenig, im Durchschnitt $2 \frac{1}{4}$ Stunden pro Nacht. Dieses riesige Tier hat von Feinden kaum etwas zu befürchten,

Das Gähnen, hier bei einem Jaguar, einem Löwen und einem Gorilla, steht im Zusammenhang mit dem Strecken des Körpers. Ursprünglich handelt es sich wahrscheinlich nur um ein Strecken der Kaumuskeln.

dafür aber mit einem anderen Problem zu kämpfen, mit seinem enormen Gewicht. Wenn der Elefant zu lange auf einer Seite schläft, werden die inneren Organe in Mitleidenschaft gezogen. Deswegen bleibt die Schlafzeit auf ein Minimum beschränkt.

Wenn der Schlaf nur eine Erfindung der Evolution ist, damit Tiere in schwierigen Zeiten keinen Schaden nehmen, warum bereitet dann Schlafentzug uns Menschen solche Probleme? Menschen, die in Experimenten über längere Zeit ihres Schlafes beraubt werden, leiden im Laufe der Zeit beträchtlich. Das gilt als unwiderlegbarer Beweis für die Theorie von der Erholungsfunktion des Schlafes. Wenn die Versuchspersonen sich hinlegen und ruhen, reicht das nicht aus. Sie müssen völlig abschalten, oder sie leiden früher oder später unter geistigen Störungen. Die Theorie von der Inaktivierung hält dem entgegen, daß solche künstlichen Tests nur einen mächtigen angeborenen Trieb frustrieren. Es sei diese Frustration und nicht der lange Wachzustand, die solche Schäden verursache. In diesem Zusammenhang wird auch darauf hingewiesen, daß es vereinzelt Menschen gibt, die mit außergewöhnlich wenig oder gar keinem Schlaf auskommen. Sie leiden unter der extremen Situation ebensowenig wie Säuger, die überhaupt nicht schlafen, etwa Spitzmäuse.

Betrachtet man die Evolution des Schlafs, so finden sich weitere Indizien zur Unterstützung der Ruhigstellungs-Theorie. Drehen wir das Rad der Geschichte zurück, als Reptilien die Erde beherrschten. Vögel und Säuger gab es noch nicht, und alle damaligen Tierarten waren »Kaltblütler« oder, besser gesagt, ungleichwarm. Sie hatten eine variable Körpertemperatur; tagsüber wärmten sie sich auf, nachts kühlten sie aus. In den kalten Nächten waren sie sehr träge oder mußten in dieser Zeit sogar reglos verharren. Wie wir heute wissen, hatten sie in dieser Phase keine tiefen Träume. Der Schlaf war nur sehr leicht und nicht mehr als eine zeitweilige Erstarrung.

Eine Tiergruppe, die gegen die Übermacht der riesigen Reptilien antreten wollte, mußte dieses Verhaltensmuster durchbrechen. Die Säuger und die Vögel taten dies jeweils auf ihre Weise. Die ersten Säuger waren klein, schnell und nachtaktiv. Ihr Geheimnis war die

Ganz oben: Das Futter der Koalas ist so arm an Nährstoffen, daß sie offensichtlich sehr viel Schlaf brauchen. Achtzehn Stunden am Tag verbringen sie eingerollt auf einem Eukalyptusast. Die Körpertemperatur eines Kleinsäugers im Winterschlaf wie dieser Haselmaus (oben) kann auf wenige Grad über Null absinken. Innerhalb von nur drei Stunden kann das Tier allerdings seine normale Körpertemperatur wiedererlangen. In sehr kalten Gebieten verbringen die Haselmäuse neun Monate im Winterschlaf.

konstante, hohe Körpertemperatur. Diese Warmblüter (Gleichwarme) fielen nachts nicht wie die Reptilien in einen Erstarrungszustand, sondern waren unterwegs, während die Giganten schliefen. Alle primitiven Säuger waren damals nachtaktiv, und viele dieser Arten leben noch heute. Tagaktive Säuger entwickelten sich erst viel später. Sie besetzten damit die ökologischen Nischen, welche die Reptiliengiganten durch ihr Aussterben hinterließen.

Die ersten Säugetiere hatten allerdings das Problem, daß sie tagsüber gefährdet waren, wenn sich die Reptilien in der Sonne aufgewärmt hatten und aktiv wurden. So wurde ein Form von Schlaf notwendig, die trotz der Wärme und des Sonnenlichts tagsüber möglich war. Damit wären die Säugetiere dann in der Sicherheit ihrer Nester und Lager und bewahrten ihre Energien bis zur Nachtzeit auf. Die Lösung dieses Problems war eine neue, fortgeschrittene Form von Schlaf, vielleicht schon mit Traumphasen, um ein zu starkes Abschalten des Gehirns während der Phasen des Tiefschlafs und der stärksten Muskelerschlaffung zu verhindern. Mit anderen Worten: Das Träumen sollte das Gehirn in einer Phase ansonsten völliger Immobilisierung auf Trab halten.

Die neuaufgetretenen Säugetiere waren also imstande, selbst im prallen Sonnenlicht zu schlafen. Bei den Vögeln, die nun auch entstanden, stellte sich das Problem anders. Sie entgingen der Gefahr durch Raubtiere, indem sie sich in die Luft begaben. Dazu brauchten sie aber eine konstant hohe Körpertemperatur. Ohne sie konnten sie nicht ausdauernd fliegen. Zum Fliegen brauchten sie aber auch Tageslicht. Nachtspezialisten wie die Eulen entstanden erst sehr viel später. Die primitivsten Vögel mußten deswegen im Gegensatz zu den frühen Säugern nachts ruhen. Ihre Körpertemperatur blieb aber aufgrund der physiologischen Bedingungen für ihre verbesserte Flugtauglichkeit auch in dieser Phase hoch. Im Gegensatz zu den Reptilien, die in eine Starre fielen, mußten sich die Vögel während der Dunkelheit zurückhalten, bei einer Störung in Panik auf und davon zu fliegen und sich damit in Gefahr zu bringen. So bestand auch für die Vögel ein mächtiges Bedürfnis nach einer weiterentwickelten Form von Schlaf, und sie entwickelten wie die Säuger einen Tiefschlaf, bei dem sich die Muskeln entspannten, das Gehirn aber aus Sicherheitsgründen nicht ganz abgeschaltet wurde. Aus zwei ganz verschiedenen Gründen wurden so die Vögel und die Säuger Warmblüter und Träumer.

Diese neue Schlaftheorie ist noch ziemlich umstritten, und es wird noch einige Zeit brauchen, bis sie die herkömmliche Meinung verdrängt hat, die im Schlaf primär die Erholungsfunktion sieht. Weil wir uns nach dem Schlaf erholt fühlen, neigen wir natürlich automatisch zu dieser Theorie, obwohl die Fakten aus der Tierwelt gar nicht gut dazu passen. Vielleicht wird es am Ende eine dritte Theorie geben, die eine Synthese der beiden heutigen darstellt. Ohne Zweifel gibt es zu diesem Thema noch vieles zu erforschen und entdecken.

Ein Wort noch zum Winterschlaf. Für einige Säuger reicht der normale Schlaf nicht aus. Sie leben in Gegenden, wo es im Winter sehr kalt und die Nahrung knapp wird. Daher müssen sie zum Schutz vor lebensgefährlichen Aktivitäten noch stärker immobilisiert werden. Der Winterschlaf ist eine noch extremere Form des Schlafes. Die Stoffwechsel-

---

Einige Vögel, wie die Flamingos, sind nachts sehr verwundbar und schlafen oft mit einem offenen Auge. Man nimmt an, daß bei diesen Tieren immer nur eine Hirnhälfte schläft. Während der Ruhepause öffnen und schließen die Tiere die Augen von Zeit zu Zeit abwechselnd. Die Flamingos erwachen am Ende erfrischt und mit ausgeruhtem Gehirn, obwohl sie die ganze Zeit Eindrücke von der Außenwelt empfangen haben.

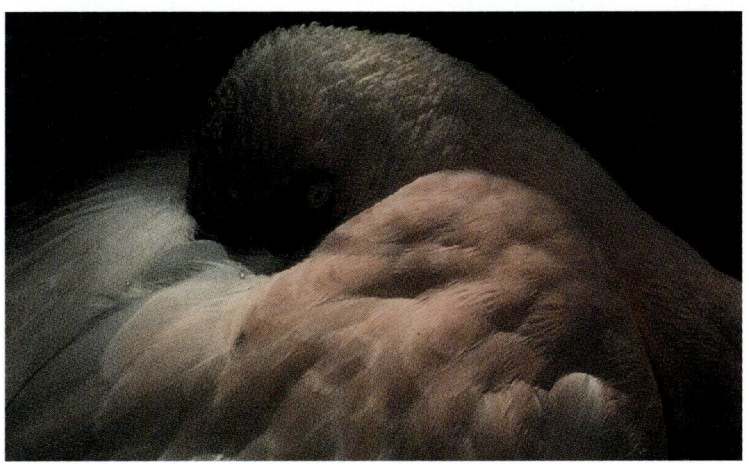

prozesse sind dabei so weit verlangsamt, daß man von einer Art Scheintod reden kann. Bei vielen Kleinsäugern sinkt die Körpertemperatur auf wenige Grad über der Temperatur ihrer Umgebung ab. Die Energieumsetzung wird auf ein Siebzigstel reduziert. Bei großen Säugern wie Bären ist die Veränderung nicht so drastisch. Sie kennen aber immerhin eine Winterruhe, bei der sich ihre Stoffwechselrate ungefähr um die Hälfte verringert.

In einem gewissen Sinn ist der Winterschlaf ein Schritt zurück, denn diese Säuger kehren zur Kältestarre ihrer Reptilienvorfahren zurück. Im Sommer allerdings sind sie absolut gleichwarm und damit völlig unabhängig von den Temperaturschwankungen während des Tages und der Nacht.

Wie bei so vielen Aspekten des tierischen Verhaltens müssen wir auch über offensichtlich so einfache Dinge wie das Schlafen noch eine Menge lernen. Der größte Teil unseres Wissens stammt von Laboruntersuchungen, deren künstliche Bedingungen uns aber in die Irre führen können. Bislang sind Tiere nur selten in ihrer natürlichen Umwelt beim Schlafen beobachten worden. In Zukunft müssen noch viel mehr Freilandstudien durchgeführt werden. Es liegt noch ein weiter Weg vor uns, bevor wir diese merkwürdige Verhaltensweise begreifen, die immerhin rund ein Drittel des menschlichen Lebens ausmacht. Wie bereits erwähnt, gibt es Menschen, die wenig oder keinen Schlaf mehr brauchen. Wir kennen die Gründe dafür allerdings noch nicht. Wenn wir durch Untersuchungen an Tieren diese Frage beantworten können, würde es vielleicht in Zukunft möglich sein, unsere Wachperiode zu verlängern.

Sollte es je so weit kommen, so stünden wir bei den Tieren, mit denen wir diesen kleinen Planeten teilen, noch tiefer in der Schuld. Für echte Tierbeobachter wäre dies allerdings von sekundärer Bedeutung. Für uns ist es am wichtigsten, daß wir uns an den Tieren um ihrer selbst willen freuen. In der Vergangenheit haben wir unser Wissen zu oft zur Ausbeutung der Tiere benutzt, anstatt sie als Lebewesen zu bewundern. Es ist an der Zeit, dies zu ändern. Je besser wir bei der Beobachtung der Tiere werden, um so leichter wird diese Änderung vonstatten gehen.

Register

Desmond Morris

»Der Gedanke mag ernüchternd sein, aber Hunde und Katzen sind im allgemeinen loyaler, vertrauenswürdiger und verläßlicher als Menschen.«

19/183

Weitere Titel von Desmond Morris im Heyne-Taschenbuch:

Warum wedeln Hunde mit dem Schwanz?
19/214

Warum scharren Pferde mit den Hufen?
19/239

Körpersignale:
Vom Scheitel bis zum Kinn
19/250

Körpersignale:
Vom Dekolleté bis zum Zeh
19/251

Babywatching
19/315

Wilhelm Heyne Verlag
München

Desmond Morris
Körpersignale

„Desmond Morris checkt den obersten Primaten Glied für Glied durch und weist ihm dabei die niedersten Instinkte nach. Aber auch eine hochentwickelte Phantasie, wenn es um die Erzeugung wonnigster Lustgefühle geht..." *STERN*

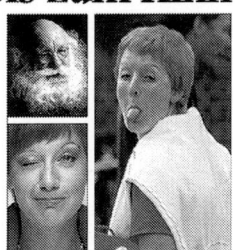

19/250

19/251

Wilhelm Heyne Verlag
München

Knoff-Hoff!

Joachim Bublath zeigt, wie Naturwissenschaft Spaß
machen kann.

19/339

Außerdem erschienen:

Joachim Bublath
Das Knoff-Hoff-Buch
Das Buch zur ZDF-Show
19/27

Das neue Knoff-Hoff-Buch
19/60

Wilhelm Heyne Verlag
München

HEYNE BÜCHER

Ulrich Wickert

»Wir gehen jetzt erst mal um die Ecke ins Café de Flore, den ehemaligen Literatentreff, einen Café Crème und ein paar Croissants bestellen. Doch das ist eigentlich eine andere Geschichte.«

19/336

Weitere Titel von Ulrich Wickert im Heyne-Taschenbuch:

Frankreich
Die wunderbare Illusion
19/161

Weltblicke
*New York - Tokyo - Paris
in 50 Tagen um die Welt*
19/188

Wilhelm Heyne Verlag
München

Umfassende Nachschlage-
werke zur Mythologie der
Völker im Heyne Sachbuch

MYTHEN, SAGEN UND LEGENDEN
LEXIKON
DER INDISCHEN
MYTHOLOGIE

Außerdem erschienen:

Herbert Gottschalk
Lexikon der Mythologie
19/266

John und Caitlín Matthews
**Lexikon der keltischen
Mythologie**
19/280

Jan Knappert
**Lexikon der afrikanischen
Mythologie**
19/338

19/314

Wilhelm Heyne Verlag
München